ÓSCAR FÁBREGA

Eso no estaba en mi libro del Nuevo Testamento

ALMUZARA

Editorial Almuzara • Colección Historia
Director editorial: Antonio Cuesta
Editora: Ángeles López
Corrección: Mónica Hernández
Maquetación: Joaquín Treviño

www.editorialalmuzara.com
pedidos@almuzaralibros.com - info@almuzaralibros.com

Editorial Almuzara
Parque Logístico de Córdoba. Ctra. Palma del Río, km 4
C/8, Nave L2, nº 3. 14005 - Córdoba

Imprime: Liberdúplex
ISBN: 978-84-11318-25-9
Depósito legal: CO-1203-2023
Hecho e impreso en España - *Made and printed in Spain*

A Raquel, como siempre, por las horas robadas, por su extraordinaria paciencia, por pasarme tranchetes por debajo de la puerta de mi estudio y por leer con atención mis cosicas, pese a lo cansinísimo que puedo llegar a ser.

A Roberto y a Kido, nos veremos en la resurrección de los muertos.

A don Antonio Piñero, por todo, pero especialmente por aquel viaje a las islas Cíes mientras hablábamos del Jesús de la historia.

A mis lectores beta, que han tenido la gentileza de leer este libro y expresarme sus opiniones: Mar Contreras, Mayte Medina, Francisco Diego Álamo, José Ramón Ibáñez y, claro está, Raquel.

«Pero quien aguante hasta el final se salvará»
(Marcos 13, 13).

«Y fueron juzgados los muertos por lo que estaba escrito en los libros, según sus obras»
(Apocalipsis 20, 12).

Índice

A modo de prólogo:
más preguntas que respuestas

¿Nació Jesús en Belén de Judea, como dijo el evangelista Lucas, debido a que la familia tenía que registrarse en un censo ordenado por el gobierno romano?, ¿o nació en Belén porque era de allí? De ser cierto el episodio de los Reyes Magos, la estrella de Belén y la matanza de los inocentes ordenada por Herodes el Grande, ¿por qué solo lo contó Mateo?, ¿es que Lucas no conocía una historia que, de haber sido cierta, sería conocida por los seguidores de Jesús?, ¿por qué Marcos, el primer evangelista, no habló del nacimiento de Jesús?

¿Fue virgen la Virgen María?, ¿cómo es posible que solo dos de los cuatro biógrafos canónicos hablasen de esto mientras que los otros dos, Juan y Marcos (el más antiguo de ellos), no dijesen ni una palabra?, ¿acaso no sabían algo tan importante?, ¿qué fue del padre putativo, José, del que no se vuelve a hablar nada más en ninguno de los evangelios?, ¿tuvo Jesús hermanos, pese a la creencia católica de que María fue siempre virgen?, ¿por qué los dos evangelistas de la infancia aportaron genealogías distintas de Jesús?

¿Qué hizo Jesús entre su infancia y el comienzo de sus predicaciones?, ¿cómo explicar que ninguno de los evangelistas se hiciese eco de sus años de juventud, adolescencia y madurez?, ¿es que no lo sabían?, ¿por qué todos, a excepción de los dos que hablaron brevemente sobre su nacimiento, comienzan sus narraciones con el bautismo de Jesús en el Jordán a manos de Juan el Bautista? Dicho esto, ¿quién fue este señor?, ¿es posible que fuese el maestro de Jesús? De ser así, ¿por qué necesitaba el hijo de Dios un maestro?, ¿por qué aceptó ser bautizado cuando este rito, tal y como dice Marcos, se hacía para redimir los pecados?, ¿tenía el hijo de Dios pecados?, ¿es posible que Jesús, durante un tiempo, fuese el rival de Juan y que montase un culto paralelo al del Bautista? Si el papel de este era anunciar la llegada del que habría de venir, el Mesías, ¿por qué había juanistas incluso después de la muerte de Jesús?, ¿es que no hicieron caso al maestro cuando les anunció quién era realmente el Mesías?, ¿o es que nada de esto es así y Juan jamás reconoció a Jesús como el esperado?

¿Cuál fue el mensaje de Jesús?, ¿predicó el fin del mundo y la instauración inminente del Reino de Dios, como parece describirse en los evangelios, o, en cambio, vino para morir y resucitar, sacrificándose voluntariamente para el perdón de nuestros pecados, como afirmaba Pablo de Tarso?, ¿era realmente el Mesías esperado de los judíos? Si lo era, ¿por qué fracasó? Si no, ¿cuál era su papel?, ¿su mensaje iba dirigido a su pueblo, al pueblo judío, o a toda la humanidad? Si iba dirigido a toda la humanidad, ¿por qué no lo dejaron claro los evangelistas?, ¿acaso su movimiento fue más bien político, como algunos han planteado?, ¿pretendió ser el rey de los judíos o fue solo un reformista crítico con los poderes fácticos de su tierra, aliados de la pagana Roma?

¿Por qué le mataron como le mataron?, ¿fueron culpables los judíos de su muerte? En ese caso, ¿es justo que le condenasen por blasfemia, al pretender ser el hijo de Dios, y por amenazar con destruir el Templo de Jerusalén? Dado que no pudieron condenarle a muerte los judíos por temas legales, ¿por qué cambiaron las acusaciones para que los gobernantes romanos de Judea le incriminasen?, ¿es posible que Jesús cometiese sedición, delito penado según el derecho romano con la crucifixión? Solo eso explicaría esa muerte, pero, ¿por qué?, ¿acaso amenazaba a Roma con un movimiento puramente religioso? Aun siendo también político, ¿llegó a suponer una amenaza?, ¿le mataron para evitar algún tipo de insurrección?

¿Por qué huyeron todos los apóstoles tras la detención de Jesús?, ¿cómo es posible que ninguno estuviese presente durante su muerte, a excepción de María Magdalena y el discípulo amado, tradicionalmente identificado como Juan el Evangelista?, ¿quién era el discípulo amado?, ¿quién fue María Magdalena?, ¿cómo podemos explicar que una persona que estuvo presente durante los momentos cumbre de la historia de Jesús sea tan desconocida?, ¿por qué los evangelistas apenas dieron datos sobre ella?, ¿es posible que la omisión se deba a que todo el mundo sabía quién era?, ¿fue prostituta, como durante siglos defendió la Iglesia?, ¿fue la esposa de Jesús, como de un tiempo a esta parte se ha especulado?, ¿tuvieron hijos? De haber sido su esposa, ¿explicaría esto el silencio de los evangelistas sobre su persona?, ¿quisieron ocultar este matrimonio?, ¿por qué?

¿Por qué terminaba el evangelio de Marcos, el más antiguo, como terminaba?, ¿cómo es posible que, si quitamos los últimos doce versículos, añadidos posteriormente, termine este texto con la llegada de María Magdalena y las otras dos mujeres a la tumba vacía?, ¿por qué este evangelista no introdujo ninguna escena de Jesús resucitado?, ¿acaso no conocía ninguna?, ¿por qué Lucas y Mateo, que se limitaron a ampliar y corregir teológicamente el texto de Marcos, introdujeron varias escenas que no parecen casar del todo bien entre sí?, ¿de dónde las sacaron?, ¿es que no las conocía Marcos?

¿Resucitó Jesús o, como han planteado algunos descreídos, alguien robó su cuerpo para hacerlo parecer?, ¿es posible, como han propuesto otros, que no muriese realmente en la cruz y que todo fuese un montaje?, ¿alguien consiguió sanarle cuando parecía que había fallecido?, ¿es posible que la resurrección fuese más bien algo espiritual, algo que vivieron intensamente sus convencidos discípulos tras el *shock* de la cruz?

Por otro lado, ¿los evangelios fueron escritos por aquellos a los que tradicionalmente se les han adjudicado, Marcos, Mateo, Lucas y Juan? De no ser así, ¿quiénes fueron los autores de los evangelios?, ¿de dónde sacaron la información para redactarlos?, ¿cuándo y dónde fueron escritos? Y lo que es más importante: ¿por qué se contradicen en tantísimas ocasiones, hasta el punto de que parecen contar historias distintas sobre un mismo personaje?, ¿pueden ser útiles para intentar extraer información sobre el Jesús de la historia, al que se le fueron añadiendo un sinfín de elementos de carácter legendario?

¿Cómo se expandió el cristianismo tras la muerte de Jesús?, ¿creían todos los discípulos de segunda y tercera generación en lo mismo o fueron evolucionando las concepciones sobre Jesús, sus hechos y su mensaje a medida que los grupos cristianos se fueron expandiendo en el tiempo y en el espacio?

¿Por qué todo parece girar en torno a Pablo de Tarso, el apóstol más importante y exitoso, que, sin embargo, no conoció a Jesús en vida, sino mediante una revelación personal?

Y, para terminar, ¿cómo es posible que tres siglos después de su muerte la Iglesia católica terminase abrazándose con el Imperio romano, verdugo de Jesús y perseguidor de los cristianos durante todos aquellos años?, ¿cómo es posible que aquel bello mensaje de amar al prójimo como a uno mismo, el mandamiento esencial de Jesús, haya sido totalmente ignorado e incumplido, incluso por los mismos que se encargaban de enseñarlo?, ¿qué pensaría Jesús si regresase y viese en qué se ha convertido su movimiento?

¿Preguntas sin responder? No todas. Algunas tienen respuesta clara, aunque pueda resultar desoladora para determinados colectivos. Pero así es la historia, y esta historia que van a leer a continuación, sin duda, no estaba en mi libro de historia del Nuevo Testamento, una pequeña biblioteca de 27 libros que contienen de una forma más o menos velada todas esas preguntas que les acabo de exponer, y muchas más, y muchas de sus respuestas, que es lo guapo.

Introducción.
El milenarismo va a llegar...

Los judíos de la primera mitad del siglo I estaban convencidos de que el fin del mundo, tal y como lo conocían, estaba al caer y creían con fervor que acto seguido llegaría una nueva época de gloria en la que, por fin, Dios tomaría las riendas personalmente, aunque con la inestimable ayuda del Mesías, y daría el lugar que se merece a su pueblo más querido, ellos, los judíos, los que habían permanecido fieles a su dios pese al sinfín de tribulaciones que habían vivido.

Eso mismo pensaban los autoexiliados eremitas de Qumrán, un grupo de esenios que, convencidos de que serían la vanguardia del Reino de Dios, decidieron retirarse a un lugar recóndito a orillas del mar Muerto, para esperar con calma y ayudar en lo posible a que el plan divino saliese a las mil maravillas.

Y eso mismo pensaba, y enseñaba a quienes se acercaban a oírle, Juan, un predicador eremita que aseguraba eliminar el pecado con las aguas milagrosas y bendecidas del río Jordán, convencido de que la única manera de asegurarse estar a la vera de Dios en esos gloriosos tiempos venideros era acercarse a él limpio, puro y sin mácula.

Y claro, Jesús de Nazaret, que, como todos los anteriores, era judío, también estaba convencido de que había que prepararse para la inminente llegada del Reino de Dios. No en vano, como veremos, su maestro fue Juan el Bautista, aunque él fue mucho más allá y llegó a creer, presumen la mayoría de estudiosos, que era el enviado elegido por la divinidad para conducir al pueblo elegido, los judíos, a su destino merecido y vaticinado por las escrituras sagradas. También lo veremos, pero, con toda certidumbre, parece claro que Jesús llegó a pensar que era el Mesías profetizado.

Pero no queda aquí la cosa: Saulo, judío de la diáspora oriundo de Tarso (ciudad fuertemente helenizada que se encontraba en el centro de la península de Anatolia, a orillas del Mediterráneo, en la actual Turquía), renacido como Paulo (Pablo) tras su efervescente conversión al cristianismo, también tenía claro que vería el fin del mundo y la llegada del Reino de Dios, con Jesús el Mesías, resucitado, a la cabeza; y por ese motivo se lanzó a una intensa labor misionera que le llevó a fundar comunidades cristianas por gran parte del Mediterráneo oriental. Había urgencia.

Pero no fue así. Pablo no lo vio. Ni tampoco sus seguidores, ni el resto de cristianos que habían desarrollado otras ideas distintas a las suyas. Pero, aun así, todos ellos mantuvieron firme la creencia de que Jesús regresaría desde los cielos e instauraría un nuevo reino repleto de amor, dicha y gloria divina, siempre bajo la batuta de Dios, que desde allá arriba se encargaba de mover los hilos. Sí, aquello pasaría tarde o temprano, pero ya no era algo inminente, ya no era urgente. No había que cesar en el empeño de conducir al máximo de personas al redil de los elegidos, pero ya no había bulla. El momento nadie lo sabía, ni siquiera el hijo de Dios —ya saben, los designios del Señor son inescrutables—, pero llegar, llegaría.

Y en esas estamos, estimados lectores. Casi dos mil años después de aquel terrible drama que terminó con el aspirante a Mesías agonizando en un madero, sus seguidores, los cristianos, siguen esperando que su promesa, su regreso y la instauración del Reino de Dios, se haga efectiva de una vez por todas.

De hecho, como bien sabrán, muchos cristianos están convencidos, como los esenios, Juan, Jesús y casi todos los judíos del siglo I, de que el fin de los tiempos está a la vuelta de la esquina, y lo viven con fervor, y se entregan a una ardua y persistente labor proselitista, como ya hicieran Jesús y Pablo a mediados de aquel siglo. Y ojo, no solo algunos movimientos cristianos heterodoxos como los testigos de Jehová o los adventistas del séptimo día, sino también muchos católicos.

Les pongo un ejemplo que viví en primera persona no hace mucho: a finales de octubre de 2022, mientras estaba dando los últimos pespuntes a esta obra, Raquel, mi pareja, y yo tuvimos el privilegio de viajar junto al gran Jesús Callejo y su esposa a uno de los lugares más fascinantes y enigmáticos de esta nuestra España sagrada, San Sebastián de Garabandal.

Sin entrar en mucho detalle, en esta pequeña aldea cántabra, sucedió algo tan perturbador como maravilloso entre 1961 y 1965: cuatro niñas, de entre diez y doce años, que no eran familia, presenciaron un montón de apariciones de unos seres que se identificaron como el arcángel Miguel y la Virgen María. Las chicas entraban en unos extraños estados de trance que las llevaban a hacer cosas asombrosas, como correr mientras tenían la cabeza totalmente echada hacia atrás o mostrar resistencia al dolor. Fueron examinadas por varios doctores, que no encontraron nada raro, y por la Iglesia, que no consideró como auténticas aquellas apariciones, aunque permitió el culto que, desde entonces, se desarrolló en aquella pequeña localidad.

Un aspecto importante es que la presencia femenina que supuestamente se les manifestó les avisó de que, si la humanidad no hacía mucha penitencia y volvía a la fe, vendría un gran castigo; castigo que además parecía inminente, aunque sería anunciado por un aviso masivo y un gran milagro.

Aquello no pasó. Las niñas videntes, ya convertidas en mujeres, tuvieron destinos dispares. Pero aquel mensaje caló entre varios colectivos cristianos, pese a que algunas de ellas recularon con el paso del tiempo. Y San Sebastián de Garabandal, poco a poco, ha ido poblándose de un buen número de creyentes, muchos procedentes de Estados Unidos, que están convencidos de que los que allí vivan se salvarán cuando llegue el vaticinado gran castigo.

Con uno de ellos hablamos aquel día Jesús Callejo y yo, y nuestras respectivas parejas. Y lo que nos contó no pudo ser más alucinante. Aquel señor estaba convencido de que el fin del mundo estaba al caer, de que el aviso masivo ya se había producido por la epidemia de la covid 19 y la guerra de Ucrania, y de que solo nos quedaba centrarnos en la fe, llevar una vida prudente, con fe y libre de pecado, y hacer acopio de víveres ante lo que pudiera suceder. Eso sí, también nos dejó claro que los que vivíamos cerca del mar, como es nuestro caso, lo tendríamos especialmente jodido, ya que caería un enorme meteoro del cielo que provocaría un devastador tsunami. Vaya por Dios. Menos mal que aquel amable señor tuvo a bien regalarnos un libro de su autoría, titulado *¿Cómo actúa el demonio?*, con él podríamos solucionar nuestra impiedad antes de la llegada del cataclismo. Por si acaso, como nos encontramos con la iglesia del pueblo abierta, decidí que nada perdía por intentar que el párroco, como estaba haciendo con otros fieles, me bendijese. Y lo conseguí…

Por fortuna, aún no ha llegado el momento. Y probablemente no llegará. Pero la fe de estas gentes permanecerá inalterable, del mismo modo que la de los cristianos en general, que dos mil años después de la muerte de Jesús siguen creyendo que vendrá de nuevo para dar comienzo de una vez por todas a sus promesas apocalípticas.

Jesús Callejo junto al autor en el lugar que se produjo una de las apariciones del arcángel Miguel, en San Sebastián de Garabandal.

Sea como fuere, como les decía, pese a las afirmaciones de Jesús, Pablo y los primeros evangelistas, el fin del mundo no sucedió y no se instauró el ansiado Reino de Dios. ¿Qué había pasado?, ¿acaso se había equivocado el Mesías?, ¿acaso no era válida la revelación íntima y personal que había recibido Pablo? Los cristianos de finales del siglo I, tras la muerte de todos los que conocieron en vida a Jesús, tuvieron que enfrentarse a esta grave y profunda tribulación, pero rápidamente encontraron una explicación: se había producido un retraso porque Dios, siempre atento y omnisciente, y siempre dispuesto a rectificarse a sí mismo, había decidido que antes de que todo aquello sucediese había que congregar al máximo de gentiles dispuestos a salvarse y organizarlos en una iglesia, en una asamblea. Y claro, eso llevaba tiempo. Así que el fin del mundo y el reino se aplazaron *sine die*. Y en esas estamos.

Lo importante es comprender que las obras que forman el Nuevo Testamento abarcan, precisamente, ese arco narrativo que va desde la urgencia de Jesús y Pablo a la calma tensa de las cartas más recientes incluidas en esta pequeña biblioteca compuesta por veintisiete libros, más centradas en explicar cómo debía organizarse el colectivo cristiano.

LOS CRISTIANISMOS PRIMITIVOS

En menos de dos décadas desde la muerte de Jesús, cuya fecha exacta, como veremos, no se puede determinar con precisión, ya había cristianos en gran parte del Mediterráneo oriental y hasta en la propia Roma. Esto es algo tan importante como llamativo.

Los primeros seguidores de Jesús le adoraron en vida, pero tras su muerte, que fue, como es lógico, especialmente traumática, se vieron obligados a encontrar una explicación para lo sucedido. El que pensaban que era el Mesías que se iba a situar en la vanguardia del Reino de Dios, que estaba al caer, había sido condenado a muerte por sedición por los romanos, posiblemente con la connivencia de los gerifaltes judíos, y había perdido la vida en una cruz, tras ser torturado de una forma terrible, junto a otros condenados. Aquella no era una muerte digna para un Mesías, claro está. «¿Cómo pudo suceder?», debieron pensar sus conmocionados discípulos, que, además, según parece, no dudaron en abandonarle por completo y esconderse para evitar correr la misma suerte.

No tenía sentido. El Mesías ansiado, el salvador de la casa de David que acabaría con el dominio y la opresión romana, que exaltaría y devolvería al pueblo de Israel a su lugar merecido, que lideraría la inminente llegada de Dios para darle la vuelta a su creación, había muerto de la forma más cruel imaginable.

Pero claro, resulta que algunos de sus discípulos, o algunas discípulas, comenzaron a asegurar que le habían visto con vida, que había resucitado, que habían encontrado vacío el sepulcro en el que se había depositado su cadáver. La esperanza regresó de pronto. Sí, Jesús había muerto, pero Dios, siempre atento, le había resucitado, lo que demostraba que, de alguna manera, aquello formaba parte de un plan divino.

¿Un plan divino? Claro, todo lo que sucede es cosa de Dios, como es lógico. La muerte de Jesús también, por supuesto. Y su supuesta resurrección. Ahora bien, ¿habría alguna manera de averiguar más cosas sobre este plan? Al fin y al cabo, Dios nunca había sido demasiado claro a la hora de explicar sus inescrutables caminos, aunque, pensándolo bien, desde siempre, o al menos eso creían, y creen, los judíos, han existido elegidos que han gozado del privilegio de recibir información privilegiada sobre los planes de la divinidad. Igual era posible encontrar algo en las Escrituras, especialmente en las predicciones que los profetas judíos habían lanzado desde siglos atrás.

Y eso hicieron los desconsolados discípulos tras la tragedia de la cruz: convencidos de que aquello tenía que ser cosa de Dios, comenzaron a rebuscar entre sus libros sagrados para ver si daban con alguna explicación. Y claro, triunfaron. Los profetas llevaban siglos dando pistas, pero aquellas gentes no comprendieron nada, hasta que por fin se precipitaron los hechos con la muerte del Mesías en el madero.

Así, siguiendo una práctica más que habitual en aquellas gentes, acostumbradas de toda la vida a buscar en las Escrituras explicaciones y soluciones para sus tribulaciones diarias, terminaron encontrando un montón de indicios de un plan divino que, pensaron, llevaba siglos fraguándose.

El plan parecía sencillo: Jesús tenía que morir en la cruz de forma voluntaria, en una suerte de autosacrificio redentor mediante el que

Dios eliminaba el pecado del mundo. Y tenía que morir para que Dios pudiese resucitarle y demostrar así que la otra gran fuerza cósmica, la muerte, había sido destruida. Ese sería el paso previo para la que consideraban inminente instauración del Reino de Dios, en el que solo tendrían cabida los que mostrasen fe en la muerte redentora de Jesús y en la resurrección de los muertos en los cielos.

Pero ya aquí se produjo una primera manipulación, pues no está nada claro que esto fuese lo que pensaba el propio Jesús. ¿Creía en ese plan divino realmente? Tanto los evangelios como algunas cartas parecen dejarlo claro: sí, creía en ese plan porque era el plan de su padre, Dios, y porque, como ya consideraba el cuarto evangelista, él mismo era Dios. ¿Pero era así de verdad? No lo parece. La crítica histórica y literaria, centrada desde hace más de dos siglos en encontrar verdades sobre el Jesús de la historia, considera que gran parte del contenido presente en los evangelios y en las cartas de Pablo, las más antiguas, no hablan del personaje real, sino de un personaje idealizado y deificado por sus propios seguidores.

Así, el Jesús de la historia, fuese quien fuere, sería una especie de sustrato muy difícil de definir y concretar, del que podemos saber muchas cosas y sobre el que se fue depositando material legendario y teológico fruto de las creencias de sus seguidores de segunda generación, que no le conocieron en vida.

Por eso hubo varios cristianismos, porque ese material añadido no fue el mismo en las distintas comunidades cristianas, aunque hubiese puntos en común.

Por eso, estimados lectores, en el Nuevo Testamento podemos encontrar una sorprendente evolución en la cristología. Esto resulta especialmente llamativo si nos paramos un ratito a pensarlo: el Jesús en el que creía Pablo no era el mismo que el que describió Marcos, el primer evangelista. Ya veremos por qué. Pero también había diferencia entre el Jesús de Marcos y los de Mateo y Lucas, los siguientes evangelistas, que tomaron al anterior como modelo para sus propios relatos; relatos en los que se corrigen un montón de *errores* teológicos que estos encontraron en Marcos. ¿Cómo es posible esto? Sencillo: el Jesús en el que creían Lucas y Mateo era distinto. Ni siquiera parecía el mismo si se comparaban estos dos evangelios. Y por supuesto, el Jesús del cuarto evangelio, el más tardío, el más reciente, el atribuido al apóstol Juan, tampoco tenía nada que ver con los otros.

Sin embargo, todos están presentes en el Nuevo Testamento. Y esto es digno de atención: están presentes porque se trata de una recopilación de libros —repito, una pequeña biblioteca— que se redactaron entre los años cuarenta del siglo I y mediados del siglo II, cuando más o menos se cerró un canon de las obras que debían formar parte de esta recopilación. Pero esa lista se fue formando poco a poco, paulatinamente, por eso podemos encontrar cristologías, sensibilidades e ideas no solo distintas, sino contradictorias en ocasiones.

En otras palabras, aunque el camino hacia la ortodoxia se había iniciado, esta no se asentó hasta bien entrado el siglo III o comienzos del siglo IV. Antes había varios cristianismos. No todos están presentes en el Nuevo Testamento, pero algunos sí.

No olviden esta idea cuando lean las páginas que tienen a continuación.

Parte 1.
El Canon

Una recopilación de libros

El Nuevo Testamento es, ante todo, una recopilación de libros de distintos autores, casi todos desconocidos, y de distintas épocas, aunque anteriores a finales del siglo II. Además, se trata de un correlato del Antiguo Testamento. La palabra «testamento» proviene del vocablo hebrero *berith*, que significa «alianza» o «pacto», que pasó al griego como *diatheké* y al latín como *testamentum*. Aunque, siendo estrictos, *diatheké* no significa «alianza», sino «voluntad o testamento» de uno para con otro. Por eso hay quien considera que en realidad no usaron el término *syntheké* («alianza») activamente para dejar clara la disparidad entre las partes, entre Dios y los hombres. El término hebreo *berith*, en cambio, parecía referirse a un pacto entre iguales.

Así que, en realidad, el Nuevo Testamento viene a representar una nueva alianza que venía a sustituir a la antigua alianza establecida entre Yahvé y Moisés en el Monte Sinaí. «Pues esta es mi sangre de la Alianza, derramada en favor de muchos para perdón de los pecados» (Mt 26, 28).[1]

Por otro lado, el Nuevo Testamento de la Iglesia de Roma, que es del que vamos a hablar aquí —no todos los cristianos consideran que este sea el canon legítimo; por ejemplo, los luteranos, siguiendo

---

1   Todas las citas de obras del Nuevo Testamento que aparecen en este libro han sido tomadas de la excelente traducción presente en la obra *Los libros del Nuevo Testamento*, editada por el maestro Antonio Piñero y en la que, además de este, colaboraron los estudiosos Gonzalo del Cerro, Gonzalo Fontana, Josep Montserrat y Carmen Padilla.

las ideas de Martín Lutero, no incluyen las cartas de Jacobo,[2] Judas y Hebreos ni el Apocalipsis de Juan— está formado por los siguientes veintisiete libros:

- Los cuatro evangelios: Mateo, Marcos, Lucas y Juan.
- Los Hechos de los Apóstoles.
- Las siete cartas auténticas de Pablo, que, según la mayoría de los investigadores, serían: 1 Tesalonicenses, Gálatas, Filipenses, Filemón, 1 y 2 Corintios y Romanos.
- Tres cartas atribuidas a Pablo, pero que no fueron escritas por él: 2 Tesalonicenses, Efesios y Colosenses.
- Las llamadas Epístolas Pastorales, también atribuidas a Pablo: 1 y 2 Timoteo y Tito.
- Siete cartas de diversa atribución: 1 y 2 Pedro; 1, 2 y 3 Juan; Judas y Jacobo (Santiago).
- La carta a los Hebreos.
- El Apocalipsis de Juan.

Todos los autores fueron, probablemente, judíos y del siglo I, a excepción de los responsables del Apocalipsis y de algunas cartas, pero todos escribieron sus textos en griego, pese a que tradicionalmente se ha mantenido que fueron escritas originalmente en hebreo o arameo. Unos se centraron en la organización de la recién nacida comunidad cristiana; otros en contar la vida de Jesús o en narrar la evolución del movimiento tras la muerte de este. Y todos son anónimos, excepto Pablo, pese a que la tradición cristiana los atribuyó a varios personajes más o menos identificables y posiblemente reales.

Además, todos los textos se escribieron casi con seguridad en papiro, ya que el pergamino, hecho generalmente de piel de vaca, era muy caro. Pero el papiro es muy frágil, y esto conduce a un dramático problema: fue necesario copiar una y otra vez estas obras. Y

---

2   Esto guarda relación con la nota anterior: en la versión editada por Piñero, en vez de usarse el tradicional nombre Santiago se empleó el más correcto Jacobo, versión latinizada del Iacob hebreo. Santiago, como sabrán, procede de la unión entre «san» y «Yago», «Tiago» o «Diego», nombres derivados todos de hebreo Iacob.

esto provocó que se cometiesen errores y, lo que es más importante, que se realizasen modificaciones o se introdujesen textos espurios (interpolaciones).

Sobra decir que no se conservan los documentos originales.

CÓMO NACIERON ESTOS LIBROS

Por otro lado, debemos tener claro que tenemos parte de los recuerdos de los que supuestamente conocieron a Jesús —este primer estrato sería el más cercano al Jesús real, el más fidedigno, y se correspondería a sus seguidores directos y a sus familiares—; pero también un buen número de textos que son fruto de la reinterpretación de estos hechos por los cristianos de segunda y tercera generación —las comunidades cristianas fundadas por los seguidores directos de Jesús y las que se formaron por seguidores indirectos—, así como numerosos añadidos propios de los discípulos que en nada se diferencian de los hechos y dichos reales de Jesús —discípulos de las tres generaciones—, pero que no lo eran realmente. Y con todo esto se fue formando un variado corpus oral que utilizaban las diferentes comunidades para predicar su mensaje. ¿Son de fiar estas tradiciones? Poco, pues pronto surgieron las leyendas. Además, cada tradición se desarrolló en un ambiente distinto. Así, los grupos de Jerusalén recordaban mejor los hechos de la muerte de Jesús que los grupos de Galilea, que en cambio se centraban en la predicación por aquellas tierras.

Con el tiempo, en las diferentes iglesias se crearon escritos propios para uso litúrgico interno que recogieron hechos y dichos de Jesús. Esta sería la primera piedra sobre la que se construirían los posteriores evangelios. Por otro lado, la entrada masiva de convertidos paganos que necesitaban ser instruidos para entender las costumbres y mitos judíos ayudó a que aquellas tradiciones orales acabasen redactándose por escrito. Además, los que conocieron de primera mano la historia, se fueron muriendo…

Y todo esto en una época tan temprana como los años cincuenta o sesenta del siglo I…

Así pues, todos estos libros, aun con sus diferencias, fueron creados por grupos cristianos con creencias similares que terminaron formando la corriente que, por variados motivos, terminó convirtiéndose en la dominante de la nueva religión; la misma corriente que desde principios del siglo IV, aproximadamente, creó una heterodoxia y comenzó a perseguir, con el apoyo del Imperio romano, a todos aquellos otros cristianismos que proponían una idea distinta sobre quién había sido Jesús y qué mensaje había enseñado.

Una deducción obvia es que, además del cristianismo que triunfó en Roma, y que desembocó en la Iglesia católica, hubo otros cuantos, como ya vimos. Esto puede llamar la atención del lector despistado o poco puesto en los cristianismos primitivos, pero es una verdad evidente. Y no es que con el paso del tiempo fuesen apareciendo distintas versiones de un movimiento primigenio, no, sino que, desde el primer momento, desde unos pocos años después de la muerte de Jesús, ya había al menos dos grupos bien diferenciados: la Iglesia de Jerusalén, dirigida por los que el apóstol Pablo llamó «las tres columnas», los apóstoles Pedro, Juan y Jacobo, el hermano de Jesús; y los grupos cristianos creados por Pablo en varias ciudades griegas del Mediterráneo oriental. Ya veremos con más detalle estas diferencias, de gran importancia a la hora de estudiar las distintas obras del Nuevo Testamento.

Pero la cosa no queda aquí. Y esto también es importante entenderlo, por eso lo repito. En las propias obras que forman esta antología se puede apreciar muy claramente una evolución y una complejización en las concepciones que los cristianos tenían sobre Jesús, su mensaje y su propósito. No es lo mismo el Jesús del evangelio de Marcos, que casi parece un hijo adoptivo de Dios, que el del evangelio de Juan, convertido en una emanación de la propia divinidad, el Verbo hecho carne. Ni es igual el Jesús de Mateo, una especie de versión 2.0 de Moisés, que el de Lucas, más cercano en parte, al Jesús de Pablo, mucho más universalista. Como también veremos, las consecuencias de esto son tremendas y se manifiestan especialmente cuando comprobemos con sorpresa que en ocasiones cuentan historias demasiado distintas sobre un personaje que vivió muy pocas décadas antes.

Pero es que, por si fueran pocos los cristianismos que tenemos hasta ahora, y todos dentro del canon neotestamentario, fuera de este, en los fértiles terrenos de la herejía y la disidencia también brotaron un montón de cristianismos distintos, algunos de ellos contemporáneos a los que se dejan entrever en el Nuevo Testamento, como los gnósticos y los docetas, por citar solo dos especialmente importantes. Y no solo es que tenían creencias distintas sobre Jesús y su mensaje —ni siquiera se ponían de acuerdo en si había sido realmente un ser humano o en cómo era el camino hacia la salvación, la autopista hacia el cielo, que nos había enseñado—, sino que su forma de practicarlo también era diferente. Es más, tampoco coincidían en quién era Dios o si este mundo de la materia había sido creado por él o por un diosecillo de segunda, el dios de los judíos, que algunos pensaban que era malvado.

La cuestión es: ¿cómo es posible esto? Intentaremos dilucidar los motivos, pero tampoco debería extrañarnos. El propio cristianismo actual ofrece una diversidad extraordinaria, aunque las diferencias son mucho menos profundas y trascendentales que las que había en aquellos tres primeros siglos tras la muerte de Jesús. Así, aunque los testigos de Jehová o los adventistas tienen unas creencias bastante diferentes a las de la Iglesia católica o a las de los evangélicos, los bautistas y los metodistas, por citar solo tres ramas del protestantismo, sus ideas sobre Jesús son prácticamente iguales. Ni siquiera los mormones, especialmente extravagantes y muy suyos, se alejan en esencia de la idea de Jesús que puede tener un europeo católico.

Además, todos estos cristianismos, como todos aquellos del pasado, comparten otro punto en común de lo más llamativo: todos consideran que tienen la razón y que los demás no son tan cristianos como ellos.

¿Por qué sabemos tan poco sobre aquellos cristianismos derrotados, como los llama el maestro Antonio Piñero? Por eso mismo, porque fueron derrotados, reformados, perseguidos o exterminados por la corriente que terminó convirtiéndose en hegemónica. Además, aunque también tuvieron su propia literatura, sobre todo los gnósticos, sus obras fueron destruidas casi por completo y solo el azar y los avatares de la historia nos han permitido recuperar algunas de ellas. De hecho, casi todo lo que sabemos de esos otros cristianismos procede de las feroces obras que escribieron algunos estudiosos de la Iglesia católica primitiva, como Ireneo de Lyon (c. 140-202), autor de *Contra las herejías* (*Adversus haereses*, una brutal obra contra el gnosticismo), Hipólito de Roma (a medio camino entre los siglos II y III) o el más tardío Epifanio de Salamina (c. 320-403), que ofreció en su *Panarion* un amplio listado de hasta 80 cristianismos, a su entender, heréticos, muchos de los cuales no aparecen en ningún otro lado.

Y claro, cuando lo que sabemos sobre alguien procede de lo que escribieron sus enemigos, tenemos que andar con mil ojos. Sea como fuere, este no es el tema que nos ocupa. Esta obra gira en torno a la obra antológica que pasó a la eternidad con el nombre de Nuevo Testamento; pero, como también podrán comprobar en breve, estas obras incluyen numerosas flechas envenenadas contra algunos de estos otros cristianismos, contra los que, a fin de cuentas, competían.

Dicho esto, para entrar en materia, lo primero sería averiguar por qué esta recopilación está compuesta por los libros que la componen. ¿Quién lo decidió? ¿Cuándo? ¿Por qué? ¿Con qué criterio?

EL CANON DE MURATORI

En 1740 vio la luz el tercer volumen (de seis) de una mastodóntica obra titulada *Antiquitates italicae medii aevi*, una recopilación de ensayos históricos redactada a lo largo de varios años por Ludovico Antonio Muratori (1672-1750), un erudito historiador y sacerdote italiano que es considerado hoy en día como uno de los primeros estudiosos católicos que se centró en investigar las fuentes historiográficas y literarias que dieron lugar al desarrollo del cristianismo.

En aquella obra, Muratori se hizo eco de un descubrimiento fascinante que él mismo había realizado unos años antes en la Biblioteca Ambrosiana de Milán, fundada en 1609 para custodiar manuscritos de especial importancia para los eruditos católicos; un pequeño manuscrito latino del siglo VII, encuadernado en un códice, que procedía de la Abadía de Bobbio (Piacenza), un monasterio fundado por el famoso misionero irlandés san Columbano, en el año 614, que contenía una de las bibliotecas más importantes de toda la Europa cristiana.

Se trata de un breve texto, de solo 85 líneas, en el que se enumeraban, a modo de lista, las obras que, según el autor anónimo de dicho escrito, eran aceptadas por las distintas Iglesias, que también se comentan brevemente.

Pero había varios problemas. Por un lado, no estaba en demasiado buen estado, y faltaban tanto el principio como el final; además, el autor no controlaba demasiado el latín, lo que dificultaba la correcta traducción —se da por hecho que se trata de una traducción de un original escrito en griego.

Esto no tendría demasiada importancia de no ser porque parte del texto parecía indicar una antigüedad mucho mayor al siglo VII, cuando ya estaba más que establecido, como veremos, el canon neotestamentario. Lean con atención:

> «Pero el Pastor fue escrito por Hermas en la ciudad de Roma bastante recientemente, en nuestros propios días, cuando su hermano Pío ocupaba la silla del obispo en la iglesia de la ciudad de Roma; por lo tanto sí puede ser leído, pero no puede ser dado a la gente en la iglesia, ni entre los profetas, ya que su número es completo, ni entre los apóstoles al final de los tiempos...».

La obra a la que hace alusión es El pastor de Hermas. Escrita en la segunda mitad del siglo II, fue muy popular entre los cristianos de la época, tanto que Ireneo de Lion, como otros padres de la Iglesia, la consideraron canónica. Es más, en el famoso *Codex Sinaiticus*, del siglo IV, además de recogerse todo el Nuevo Testamento (y el Antiguo), se incluía esta obra, así como la Carta de Bernabé, tampoco considerada canónica.

Lo interesante es que en el legajo encontrado por Muratori se afirmaba que El pastor de Hermas se había escrito «en nuestros propios días» y ¡que era obra de un hermano del papa Pío I, que falleció en el año 154!

Esto ha llevado a que muchos planteen que este pequeño canon fue escrito hacia el año 170. Sin embargo, no todos los eruditos están de acuerdo con esta datación, en parte por otra inquietante obra que aparece citada:

> «El Apocalipsis de Juan también recibimos, y el de Pedro, el cual algunos de los nuestros no permiten ser leído en la iglesia...».

Sí, hubo un Apocalipsis de Pedro, fechado en su versión primigenia en el primer tercio del siglo II. Y esto de que «algunos de los nuestros no permiten que sea leído» parece un indicio de que el fragmento de Muratori es más tardío, quizás del siglo IV, como defienden algunos estudiosos.

Sea como fuere, la mayoría de investigadores consideran probable que se escribiese a finales del siglo II. No hay nada realmente extraño que permita negarlo. Y la lista de libros que aporta es bastante coherente con otros listados procedentes de algunos padres de la Iglesia. Además, algunas frases de este texto aparecen en la colección de códices de las epístolas de Pablo conservados en la Abadía de Monte Casino, también en Italia.

Así, aunque no se mencionan porque falta el principio del texto, el autor acepta los cuatro evangelios (aunque solo nombra los de Lucas y Juan), los Hechos de los Apóstoles, trece epístolas paulinas (que considera auténticas), el Apocalipsis de Juan y dos de sus cartas —dejando claro que consideraban que eran cosa del mismo autor—, y la de Judas. Así, respecto al canon actual, faltan la tercera carta de Juan, las dos de Pedro, Jacobo, Judas y Hebreos; es decir, recoge veintiuno de los veintisiete libros. Pero curiosamente añade tres no canónicos: El pastor de Hermas, el Libro de la Sabiduría de Salomón (una obra judía del siglo I a. C. que forma parte del canon católico del Antiguo Testamento) y el Apocalipsis de Pedro.

Facsímil del canon de Muratori.

Pero hay otro detalle importantísimo en este texto:

> «Se dice que existe otra carta en nombre de Pablo a los laodicenses, y otra a los alejandrinos, [ambas] falsificadas según la herejía de Marción, y muchas otras cosas que no pueden ser recibidas en la Iglesia católica, ya que no es apropiado que el veneno se mezcle con la miel...».

¿La herejía de Marción? Sí, y es que es posible, estimados lectores, que el primer canon formal de las obras de la nueva religión no procediese de la corriente que terminaría concretándose en la Iglesia católica...

EL PRIMER CANON FUE... ¡HEREJE!

Hay quien defiende que el establecimiento del canon del Nuevo Testamento no fue algo evolutivo, sino que surgió como respuesta al hereje Marción de Sinope, un oscuro personaje que vivió en la primera mitad del siglo II y que fue el primero en realizar una Biblia cristiana.

Poco se sabe de su vida. Se cree que era hijo de un obispo del Ponto, al norte de la península de Anatolia, y que hacia el año 140 viajó hasta Roma para comenzar a divulgar sus peculiares ideas sobre el cristianismo, ideas que le llevaron a romper en 144 con la Iglesia de la capital del imperio.

Marción estaba convencido de que el dios del Antiguo Testamento, el dios de los judíos, no era el mismo que reveló Jesús. Así, consideraba que había dos potencias cósmicas enfrentadas: el Demiurgo, Yahvé, creador de de la materia, relativamente maligno y centrado más en este mundo; y otra bondadosa y absolutamente espiritual, responsable del mundo real, el inmaterial mundo de los cielos, de donde procederían nuestras almas. Este, pensaba Marción, envió a Cristo, un ser no material, para que enseñase a la humanidad el camino de la salvación, que pasaba por escapar de este mundo material creado por Yahvé.

En definitiva, se trata de una doctrina muy parecida a la que desarrollaron poco tiempo después los gnósticos, y varios siglos más tarde mis queridos cátaros; además, como estos, defendía una absoluta renuncia sexual, como camino para acabar de una vez por todas por la obra corrupta del creador terrenal.

Desde esta perspectiva, dedujo que Pablo era el único que había interpretado correctamente el mensaje de Jesús. Por eso aceptó como autoridad diez de las cartas de Pablo (renegó de Hebreos y de las tres Pastorales) y el evangelio de Lucas —posiblemente porque pensaba que su autor era un discípulo de Pablo—, pero sin los dos primeros capítulos, lo que resulta bastante significativo. ¿Por qué? Porque en esos dos capítulos se habla del nacimiento y la infancia de Jesús, algo inconcebible para este señor, que, al contrario, pensaba que Jesús se había manifestado ya con la apariencia de un hombre adulto.

No en vano, Marción llevó al extremo las ideas de Pablo al considerar que este había anunciado a un dios totalmente diferente al de los judíos; extremo que, sin duda, el propio apóstol habría rechazado.

El apóstol Juan (a la izquierda) y Marción de Sinope (derecha) representados en un manuscrito del siglo XI. Morgan Library.

Por desgracia, ni se ha conservado una versión de su particular Nuevo Testamento ni ningún escrito de su autoría. Y hubiese molado leer, por lo menos, su *Antítesis*, un texto perdido en el que exponía toda su cosmogonía dualista. Lo que sabemos de él, lo sabemos por los escritos que redactaron en contra suya algunos padres de la Iglesia, como Ireneo, Epifanio o Tertuliano, su mayor oponente.

Pero las ideas de Marción, y su particular canon, tuvieron bastante éxito —tanto que, tras su muerte, y durante varios siglos, fue bastante influyente en las Iglesias orientales—, y la Iglesia, una vez que se lo quitó de en medio, se dio cuenta de lo importante que era fijar un corpus definitivo de libros aceptados y ortodoxos.

Eso explicaría que, por aquella misma época, y casi sin previo aviso, surgiesen varios cánones, anticipos todos del definitivo, entre los que estaba el comentado fragmento de Muratori. Pero no sería este el único factor: también tuvo que ver mucho la proliferación de los grupos gnósticos cristianos, que tenían una amplia literatura también y que llegaron a tener mucha fuerza. Pero esa es otra historia...

Sea como fuere, estos dos, el canon de Muratori y el anterior de Marción son las dos primeras intentonas de establecer una lista de los libros aceptados. No mucho después, Ireneo de Lyon, en su libro *Contra las herejías* —publicado unos años más tarde, hacia el 185—, afirmó la existencia un «evangelio cuádruple», que consideraba revelación divina, y de camino, mostró que ya en aquellos años existía un precanon, tanto en Asia Menor, donde nació, como en las Galias, donde ejerció —claro que Ireneo, en su candidez, planteaba que eran solo cuatro evangelios porque la Tierra se divide en cuatro cuartos y hay cuatro vientos universales—.

NICEA

Así pues, aunque existe una tradición popular bastante extendida que lo afirma, el canon del Nuevo Testamento no se decidió en el Concilio de Nicea del año 325, donde sí que surgió el catolicismo oficial, convertido unas décadas después, en el año 380, en la religión oficial del Imperio romano. La ortodoxia nació en Nicea, donde se unió, curiosamente, al estado que había acabado con la vida de Jesús.

Pero el canon no, diga lo que diga Dan Brown. Es más, las listas que plantearon algunos de los religiosos más importantes de aquel concilio, como Cirilo de Jerusalén (año 350) o Atanasio de Alejandría (367), no incluían, por ejemplo, el Apocalipsis.

Y eso que existe alguna bonita leyenda medieval que habla de esto y que, por algún oscuro motivo, muchos han dado por cierta. Atención.

> «El concilio puso de manifiesto los libros canónicos y apócrifos de la siguiente manera: colocándolos al lado de la mesa divina en la casa de Dios, oraron, rogando al Señor que los libros divinamente inspirados se encontraran sobre la mesa, y los espurios debajo; y así sucedió».

Grabado anónimo del siglo XVIII, en el que se muestra
el milagro de los libros sagrados de Nicea.

Esto es un extracto de un libro llamado *Synodicon Vetus*, un manuscrito griego de finales del siglo IX, de autor desconocido, que recogía una serie de breves resúmenes de los concilios griegos que se habían producido hasta el momento (año 887). Unos siglos después, en 1601, un teólogo llamado Johannes Pappus lo editó y lo publicó en Estrasburgo. El libreto gozó de cierto éxito, tanto que el mismísimo Voltaire, en el tercer volumen de su *Diccionario filosófico*, escribió lo siguiente al respecto:

> «Fue por un recurso casi similar que los padres del mismo concilio distinguieron los libros auténticos de los apócrifos de la Escritura. Habiéndolos colocado todos juntos sobre el altar, los libros apócrifos cayeron al suelo por sí mismos».

Años después, el reverendo inglés Robert Taylor (1784-1844), un radical de la Iglesia anglicana que acabó convirtiéndose en un obsesivo anticlerical y un defensor del mito de Cristo, es decir, de la no existencia histórica de Jesús, utilizó esta leyenda para atacar al dogma cristiano.

Así que no, no hubo una reunión de próceres en la que se decidió arbitrariamente qué libros iban a formar el NT y cuáles no, como se ha afirmado hasta la saciedad en determinadas fuentes. Se trató, en cambio, de un desarrollo complejo y progresivo en el que se fueron añadiendo unas obras y quitando otras, según el criterio de diferentes autores y de diferentes iglesias. De hecho, el primero, que sepamos, que empleó la palabra «canon» para referirse al conjunto de escritos aceptados y ortodoxos fue Orígenes en su *Comentario al evangelio de Mateo*, del año 244.

¿CON QUÉ CRITERIO?

El criterio clave para aceptar o rechazar un texto era el origen apostólico de las obras, que de alguna manera garantizaba la inspiración divina transmitida al autor. Pero tampoco era norma ya que, por ejemplo, los evangelios de Marcos y Lucas, y los Hechos de los Apóstoles, no han sido adjudicados a ninguno de los doce apóstoles —aunque se relacione a Marcos con la predicación de Pedro y a

Lucas con la de Pablo—. Además, otros libros de origen supuestamente apostólico fueron rechazados, como el Apocalipsis de Pedro.

Otros criterios igual de importantes fueron el apego y la coherencia respecto a la tradición doctrinal de los diferentes grupos cristianos, y la simple aceptación y uso de estos textos en las liturgias. Y eso teniendo siempre en cuenta que la idea del carácter inspirado de estos textos que forman el Nuevo Testamento es un dogma de fe de la Iglesia católica, que parte de que de alguna manera fueron libros revelados. Aunque esto de *inspirado*, en la antigüedad, se lo aplicaban unos autores eclesiásticos a otros, con lo cual no sirve como criterio de demarcación.

Por otro lado, desde un principio también se consideraron canónicas la mayor parte de las Epístolas de Pablo —las catorce—, aunque existieron dudas en torno a algunas —sobre todo, Hebreos—. Aceptadas o no, fueron citadas por casi todos los padres de la Iglesia, que las consideraban un corpus indispensable, de la misma valía que los evangelios. De hecho, ese sería el canon mínimo: evangelios + cartas paulinas. Las otras siete cartas —las de Juan, Pedro, Judas y Jacobo, llamadas conjuntamente las Siete Epístolas Católicas— se aceptaron posteriormente.

En definitiva, desde principios del siglo III, como mínimo, ya existía un Nuevo Testamento más o menos definido, con un núcleo central totalmente establecido, aunque con ciertas dudas sobre algunas obras, como Hebreos, Jacobo, 3 Juan y 2 Pedro; o el Apocalipsis, que en el canon del Sínodo de Laodicea, celebrado en el año 363, seguía sin estar incluido.

El canon de Atanasio de Alejandría

En el año 367, Atanasio (296-373), obispo de Alejandría y santo para la Iglesia, además de uno de los presentes en Nicea, escribió una carta que tradicionalmente ha sido considerada como la primera muestra de un canon católico definitivo. La misiva contiene, en efecto, una lista de los libros del Antiguo y del Nuevo Testamento. Lo interesante es que, además de coincidir con la lista definitiva de veintisiete obras, usó por primera vez, que se sepa, la palabra *kanonizomena*; es decir, «canonizado».

Además, renegó explícitamente de algunas obras que habían sido aceptadas en cánones anteriores, como El pastor de Hermas o la Carta de Bernabé.

«Estas son fuentes de salvación, para que los sedientos se sacien de las palabras vivas que contienen. Solo en estos se proclama la doctrina de la piedad. Que nadie añada a estos, ni deje que tome de estos».

Comentó en aquella carta…

Pero, para que vean lo que son las cosas, incluso después de Atanasio siguieron las discrepancias con algunas obras. Dídimo el Ciego (313-398), por ejemplo, un importante escritor cristiano de Alejandría —como Atanasio, al que conocía perfectamente—, no aceptaba 2 y 3 Juan, pero sí El pastor de Hermas, la Carta de Bernabé o la Didaché, una antiquísima obra cristiana, compuesta en la segunda mitad del siglo I, que contiene una amplia y curiosa regla usada por algunas comunidades cristianas.

Fresco en el que se representa san Atanasio. Santuario de Theotokos Peribleptos, Ohrid, Macedonia.

Trento, el canon oficial y el Santo Oficio

Ya para terminar con esto del canon, siendo estrictos, es importante aclarar que la lista definitiva y oficial no fue aprobada hasta muchos siglos después, exactamente el 8 de abril de 1546, durante el Concilio de Trento (celebrado entre 1545 y 1563) —si bien es cierto que en otras reuniones se intentó llegar a un acuerdo oficial al respecto: en los concilios de Hipona (393) y de Cartago (397 y 419), y en el Concilio Florentino (1441), se reconocieron también los veintisiete libros, aunque no se consideraron dogma—.

El concilio fue convocado por la Iglesia para responder a la Reforma protestante, que era considerada como herética, por lo que, en la práctica, fue toda una declaración de intenciones y una clara y contundente delimitación de la ortodoxia católica. Por algo es considerado como el más influyente e importante de la historia.

Ese mismo día, en Trento, además de reconocerse como dogma algunas de las ideas de las que renegaban los díscolos protestantes —la presencia real de Jesús en las hostias, la salvación por la fe y las obras, los siete sacramentos y la santidad de la Virgen y los santos—, se aprobó que, además de las Escrituras, existía otra fuente de revelación, la tradición de la Iglesia —los escritos de los padres de la Iglesia, los documentos de los concilios, las Profesiones de fe—, y se decidió que la Biblia oficial sería la Vulgata, la famosa traducción al latín que hizo Jerónimo a finales del siglo IV.

Pero también fue en Trento donde se volvió a instaurar la Inquisición pontificia, el Santo Oficio, que había nacido unos siglos antes para combatir a los cátaros del Languedoc. Ojo, no me refiero a la Inquisición española, implantada en Castilla en 1478 gracias a una bula del papa Sixto IV y centrada más bien en perseguir a los judeoconversos; sino a la Inquisición romana, ratificada en Trento y dirigida a perseguir a todo aquel que se apartase de la ortodoxia. Es decir, el tribunal que condenó a Galileo y que ejecutó a Giordano Bruno.

Por cierto, la española fue abolida en una fecha tan tardía como 1812, en las Cortes de Cádiz, en plena invasión napoleónica de la Península; la otra, la romana, la papal, aún perdura, aunque con otro nombre: en el año 1965, el papa Pablo VI ordenó que se llamase a partir de ese momento Congregación para la Doctrina de la Fe, aunque más recientemente, el 19 de marzo de 2022, el papa Francisco lo ha vuelto a hacer, y ahora se llama Dicasterio para la Doctrina de la Fe.

¿Saben quién presidió esta inquisición 2.0 desde 1981 hasta 2005, fecha en la que fue nombrado papa? El bueno de Joseph Ratzinger, más conocido por su nombre artístico: Benedicto XVI.

Ahora, cambiemos de tercio.

LOS CÓDICES

Friedrich Konstantin von Tischendorf (1815-1874) fue un prestigioso lingüista y teólogo alemán que algunos han calificado, quizás algo frívolamente, como el Indiana Jones de la Biblia. El motivo es que dedicó gran parte de su vida a la búsqueda de antiguos legajos de obras cristianas —que empleó para editar numerosas ediciones del Nuevo Testamento—, pero especialmente porque fue el responsable de un hallazgo tan único como extraño.

Friedrich Konstantin von Tischendorf.

Situémonos: Tischendorf fue un joven prodigio, tanto que con menos de treinta años ya había obtenido una plaza de docente en la Universidad de Leipzig. Pero su pasión era otra bien distinta. Así, en vez de centrarse en la comodidad de la academia, se lanzó a viajar por Europa en busca de manuscritos neotestamentarios. Consiguió descifrar, por ejemplo, el *Codex Ephraemi Syri Rescriptus*, una compilación del siglo v que llevaba de cabeza a los estudiosos.

Pero poco después puso su mirada en el cercano Oriente, concretamente en un lugar de lo más significativo: el monasterio de Santa Catalina, situado, según afirma la tradición, en el mítico Monte Sinaí, donde Moisés vio una zarza ardiendo y recibió las tablas de la ley, tal y como se comenta en el libro del Éxodo.

Estuvo allí durante un tiempo, en 1844, estudiando la completísima biblioteca de aquellas gentes, hasta que un buen día, cuando ya estaba a punto de irse, se topó con una cesta de mimbre que contenía un montón de papelajos que los monjes usaban para prender las chimeneas. Interesado, se dio cuenta de que estaba ante algo sensacional...

Consiguió rescatar 43 de aquellos textos, que incluían parte de la versión griega de la Biblia, la Septuaginta, escrita en griego y en caracteres unciales —un tipo de escritura en el que todo el texto se escribe en mayúsculas—.

Tenía tan solo veintinueve años cuando se produjo este hallazgo. Tischendorf estaba convencido de que aquello tenía más importancia de lo que parecía a simple vista. Así que durante los siguientes años regresó en numerosas ocasiones al monasterio para ver si daba con más partes de aquel misterioso volumen. Y así fue: quince años más tarde, hacia 1859, tras viajar de nuevo gracias al dinerito del zar Alejandro II de Rusia, dio el trabajo por terminado.

Y sí, lo que allí había era algo tremendo: no solo encontró aquellos fragmentos de la Septuaginta, sino también todo el Nuevo Testamento y, lo que es especialmente curioso, El Pastor de Hermas y la Carta de Bernabé —¿recuerdan?, dos libros no canónicos de los que les hablé anteriormente—. ¿Por qué era esto tan importante? Sencillo: porque se trataba del códice completo del Nuevo Testamento más antiguo que se ha encontrado, ya que fue datado en el siglo IV.

Tischendorf lo denominó *Codex Sinaiticus* (*Códice Sinaítico*) —con ese título se publicó en 1862 por primera vez, en una preciosa edición de cuatro tomos patrocinada por el zar ruso— y dio por hecho que había sido escrito en Alejandría, epicentro de la cultura egipcia y del cristianismo, con permiso de Roma, donde también se escribió, según se cree, otro volumen con el que este guarda bastantes parecidos: el *Codex Vaticanus*, también del siglo IV y escrito en griego, en pergamino y con letras unciales, que se conserva en la Biblioteca Vaticana al menos desde 1475 (cuando se editó el catálogo más antiguo que se conoce de esta biblioteca), aunque no se sabe nada de su historia anterior.

Fotografía de una de las páginas del *Códice Sinaítico*.

Ambos incluyen lo que se conoce como el «texto alejandrino», una versión del Nuevo Testamento que difiere de la encontrada en otros códices más o menos de la misma época, como el *Códice Beza*, que contiene el llamado «texto occidental», o varios que destacan por tener una tercera versión, el «texto eclesiástico» o «bizantino», presente en la mayoría de manuscritos (el 80 por ciento). Las diferencias entre estas versiones a veces son muy sutiles, pero en ocasiones son de calado, tanto por su importancia como por su extensión. Sirva este ejemplo: los Hechos de los Apóstoles del texto occidental es un diez por ciento más extenso que en el alejandrino.

En otras palabras, las copias completas del Nuevo Testamento más antiguas que tenemos no son iguales ni contienen el mismo texto. Esta inquietante afirmación conduce a una aún más inquietante deducción: ¿cuál es, entonces, el bueno? La respuesta es abrumadora: ninguno y todos a la vez.

LOS COPISTAS

Esta obra permitió demostrar algo de suma importancia: la manipulación de los libros cristianos por parte de algunos copistas. En este volumen no aparecían, por ejemplo, dos episodios evangélicos que hoy sabemos que son espurios: los doce versículos finales del evangelio de Marcos, de los que hablaré en breve, y el episodio de la mujer adúltera del evangelio de Juan.

La importancia de esto es tremenda. Y es que el asunto antes comentado de cuál sería la versión correcta del Nuevo Testamento se complica más todavía si ponemos el punto de mira no en los grandes códices, sino en todos los manuscritos disponibles, completos o fragmentarios. ¿Saben cuántos hay? Más de cinco mil solamente en griego, más otros tantos en otros idiomas. Y todos muy antiguos. Esto ha llevado a que los buscadores del Jesús de la historia planteen que pueden existir en torno a trescientas o cuatrocientas mil variantes entre todos estos textos.

Es aquí donde entra en escena uno de los principales problemas a los que se enfrentan los historiadores y los aficionados al tema: la importancia de la transmisión de las fuentes.

Me explico: dado que no tenemos ninguna obra original de las veintisiete que forman esta biblioteca llamada Nuevo Testamento, es obvio concluir que solo disponemos de copias de copias. Pero, ojo, copiar en la antigüedad no era tan fácil como ahora. No había fotocopiadoras, ni escáneres, ni cámaras de fotos. Ni siquiera había máquinas de escribir o imprentas. Todo se hacía mano y por los pocos que sabían hacerlo; los que sabían leer y escribir y se dedicaban a ello.

Así pues, los responsables de hacer las primeras copias de estos textos fueron copistas cristianos anónimos. Obviamente, además de creyentes, debían ser de clase media-alta, pues la alfabetización estaba al alcance de muy pocos y la inmensa mayoría del pueblo, tanto de Judea como del resto del Imperio romano, no sabía ni leer ni escribir. Pero no eran profesionales, sino cristianos cultos que copiaban los textos que les llegaban para sus propias comunidades, simples aficionados con formación, pero sin la que tendría un escriba profesional.

Y así comenzaron los diversos problemas. Por un lado, como es lógico, en el proceso de copia se podían producir errores. Es más, es razonable creer que algunos recibían ya textos con erratas y se disponían a corregirlos, pero no siempre con acierto. Además, los copistas, en muchos casos, si se topaban con algún fragmento que no terminaban de entender o que no se adaptaba a sus particulares creencias, no dudaban en meter tijera o cambiar cositas; y no me refiero solo a los que vivían en comunidades divergentes o heréticas, sino a los propios ortodoxos.

Un ejemplo lo ilustrará a las mil maravillas. Y de camino, me servirá para mostrar cómo trabajamos los exégetas, los frikis de la búsqueda de la historicidad tras los libros del Nuevo Testamento.

Hoy sabemos con bastante certidumbre que el mensaje de Jesús se centró mayoritariamente en su pueblo, en los judíos, aunque es bastante acertado plantear que abrió la puerta del Reino de Dios a todos aquellos gentiles que aceptasen su palabra y estuviesen dispuestos a pasar a formar parte del pueblo judío, aceptando la ley plenamente, circuncisión incluida. Pero los cristianos del siglo II, en su mayoría ciudadanos del Imperio romano que nada tenían que ver con la familia de Israel, no pensaban esto: estaban convencidos, gracias a la predicación de Pablo de Tarso y a los escritos de sus seguidores (entre los que debemos incluir los evangelios), de que Jesús se dirigió más bien a los gentiles y de que fueron, precisamente, los judíos los responsables de su terrible muerte.

¿Me siguen? Pues atención a este fragmento de Lucas:

> «Y nadie echa vino nuevo en pellejos viejos; de lo contrario, el vino nuevo rasgará los pellejos y se derramará, y los pellejos se perderán. Sino que el vino nuevo debe echarse en pellejos nuevos. Nadie que bebe vino añejo quiere el nuevo, pues dice: "El añejo es mejor"» (Lc 5, 37-39).

Lucas, como veremos, se inspiró en Marcos, pero en la versión de este podemos encontrar una importante diferencia:

> «Y nadie echa vino nuevo en odres viejos; si no, el vino reventará los odres y se pierden el vino y los odres; al contrario: vino nuevo en odres nuevos» (Mc 2, 22).

Por un lado, esto se corresponde más con la perspectiva teológica del autor de este evangelio, de clara influencia paulina, en la que Jesús dirigía su mensaje a gentiles y judíos por igual, aunque estos últimos siempre lo rechazaban —ese rechazo lo muestra Lucas de forma recurrente—. No parece esta la posición del Jesús histórico.

La principal diferencia entre estas dos versiones es el versículo final de Lucas, el 39: «Nadie que bebe vino añejo quiere el nuevo, pues dice: "El añejo es mejor"». Se podría pensar, por lo tanto, que se trata de un añadido de este. Pero la investigación sobre las fuentes ha demostrado que no, pues en algunas de las versiones más antiguas de Lucas ¡tampoco está! Así que todo parece indicar que algún copista creyente, en algún momento no determinado, introdujo ese versículo. Eso sí, no está muy clara la intención, aunque todo hace suponer que se trata de un ataque a los judíos, que serían los que pasaban del vino nuevo (Jesús y su buena nueva) y preferían el vino viejo (la ley).

Y esto es solo un ejemplo, pero hay muchísimos más. Y con el paso de los años se fue acrecentando el problema, sobre todo a partir del siglo IV; aunque también es cierto que, en la Edad Media, cuando esta labor de copia quedó relegada a los monjes, las versiones eran más parecidas entre sí. El problema es que cargaban con siglos de errores, correcciones y manipulaciones acumuladas. Y lo mismo pasó cuando las versiones se estandarizaron con la llegada de la imprenta.

A esto, a intentar dar con las versiones más antiguas y menos adulteradas se dedicó el bueno de Tischendorf. Y desde entonces otros muchos le han cogido el relevo. De este modo, los especialistas en crítica textual de las fuentes cristianas han conseguido detectar una enorme cantidad de estos añadidos y cambios, lo que ha permitido que cada vez tengamos mejores versiones de los textos neotestamentarios, especialmente de los evangelios.

Un detalle, ya para cerrar el círculo. El *Codex Sinaiticus* se encuentra repartido en la actualidad en cuatro partes: la más extensa, con 347 hojas, está en la Biblioteca Británica de Londres; 43 hojas se conservan en la Universidad de Leipzig, tras ser donadas por Federico Augusto II, rey de Sajonia y protector de Tischendorf —al que este se las había donado previamente—; en la Biblioteca Nacional rusa de San Petersburgo se conservan otras tres páginas, que quedaron allí después de que se traspapelaran del montante que se conserva en Londres, vendido en 1934 por Stalin al Museo Británico (por cien mil libras); por último, en 1975, durante la restauración de la capilla de San Jorge del monasterio de Santa Catalina, se encontraron otras doce hojas, que se conservan todavía allí.

Los libros

Los escritos cristianos más antiguos, que sepamos, son las cartas auténticas de Pablo. Pero, como tengo pensado hablar más adelante largo y tendido de este señor, de sus ideas y de sus contundentes obras epistolares, me van a permitir que no las incluya en este breve resumen de las obras que forman el Nuevo Testamento. Solo comentaré, aun a riesgo de repetirme, que de las trece cartas que se le adjudican, solo siete son consideradas hoy en día como auténticas, aunque con matices: Romanos, 1 y 2 Corintios, Gálatas, Filipenses, 1 Tesalonicenses y Filemón. Por lo tanto, las otras seis no las escribió el apóstol de los gentiles. Serían: 2 Tesalonicenses, Efesios, Colosenses, 1 y 2 Timoteo y Tito. Ya hablaremos de todo esto.

LOS EVANGELIOS

Comencemos por el núcleo duro del Nuevo Testamento, con permiso del de Tarso, los evangelios, fuente principal y esencial para conocer la historia de Jesús, tanto desde una perspectiva creyente como desde una posición descreída, pues, por desgracia, son lo único que tenemos —con algunas excepciones concretas y pequeñas que proceden de textos no cristianos de finales del siglo I— para aventurarnos a reconstruir al Jesús de la historia. *C'est la vie.*

Marcos

Los estudiosos tienen claro que el primer evangelio que se escribió fue el de Marcos. Así, se puede considerar que su autor fue el inventor de este nuevo género literario, ya que no conocemos ningún escrito anterior parecido. Se trataría, en definitiva, de una versión judía de las antiguas biografías sobre personajes famosos de la época helenística. Así, si partimos de que un evangelio sería un relato ordenado y coherente sobre la vida de Jesús, el primero en hacerlo fue este.

La tradición cristiana, desde tiempos muy remotos, le adjudicó la autoría a un personaje secundario de los Hechos de los Apóstoles: «Juan, de sobrenombre Marcos» (12, 12), identificado también con el «Marcos, el primo de Bernabé» del que se habla en la Carta a los Colosenses (4, 19) —una de las cartas *falsas*—, un joven que acompañó a Pablo y Bernabé durante su primer viaje misionero, que les llevó hasta Chipre, hasta que a mitad de camino decidió regresar a su ciudad, Jerusalén (Hch 13, 13).

Esto provocó que un tiempo después, cuando Pablo andaba proyectando su segundo viaje, se negase a llevarlo de nuevo consigo, pese a la insistencia de su colega Bernabé. Y se lio: «Se produjo, pues, una animosidad tal que se separaron el uno del otro: Bernabé, tomando consigo a Marcos, se embarcó rumbo a Chipre; y Pablo, tras escoger a Silas, partió encomendado a la gracia del Señor por los hermanos» (Hch 15, 39-40). Los estudiosos han querido ver aquí un choque ideológico más grave: Bernabé y Marcos se apartaron de la teología paulina y siguieron una línea más judaizante, la línea del grupo de Jerusalén, de donde procedían.

Además, se le menciona, parece ser, en la primera carta de Pedro: «Os saluda también Marcos, mi hijo» (5, 13). Aunque algún valiente ha interpretado esto de forma literal, pues Pedro estaba casado y bien podía haber tenido hijos, la tradición dio por hecho que era su discípulo. Esto es de la mayor importancia: gracias a que Marcos era el pupilo de Pedro pudo tener acceso a la información que aporta en el evangelio que supuestamente escribió. El problema es que esta carta tampoco la escribió Pedro.

Se cree, por otro lado, que fue el primer obispo de Alejandría, donde fundó una iglesia y una escuela, y donde acabó falleciendo en el año 68. La leyenda cuenta que fue arrastrado por los paganos, atado con cuerdas al cuello, por las calles de la ciudad egipcia, y que terminaron tirando su cuerpo a las llamas, sin llegar a carbonizarse, gracias a que sus seguidores lo rescataron. Así se explica que sus reliquias se veneren en la Basílica de San Marcos en Venecia, construida con este fin —aunque la cabeza, según los coptos, se quedó en Alejandría—. Una bonita historia, pero problemática, pues dos de los principales padres de la Iglesia, Clemente y Orígenes, que procedía de esta ciudad, no dijeron nada al respecto.

En realidad, se trata de algo heredado del Apocalipsis, en el que se incluyó lo siguiente: «En medio del trono y a su alrededor había cuatro vivientes llenos de ojos por delante y por detrás. El primer viviente era semejante a un león; el segundo viviente era semejante a un novillo; el tercer viviente tenía el rostro como el de un hombre y el cuarto viviente era semejante a un águila en vuelo» (4, 6-8). Aunque esto es una referencia clara al libro de Ezequiel (1, 10), en el que se cuenta lo mismo. Se trata, en definitiva, de lo que se conoce como tetramorfos. Como veremos, los demás evangelistas se asociaron con los otros símbolos.

Grabado de Crispin van de Passe de Oude (1564-1637) en el que se representa a Marcos escribiendo su evangelio. Como pueden comprobar, le acompaña un león, símbolo tradicional de este evangelista. Se debe a que comienza con la escena del bautismo en el Jordán a manos de Juan. Aparece un león porque se daba por hecho que allí había animales salvajes, pero también porque en el texto se exalta la fuerza de voluntad de Jesús, y el león simboliza eso, la fuerza.

En cualquier caso, fue Papías de Hierápolis el primero que le adjudicó la autoría de este evangelio, hacia el año 130, además de afirmar que su fuente de información había sido Pedro, como ya comenté. No parece probable que esto sea cierto, más que nada porque en este texto brilla por su ausencia el episodio en el que Jesús le concedió la primacía entre los apóstoles y le encargó la dirección del grupo, episodio que sí aparece en Mateo y en Juan. ¿Por qué Pedro no transmitió a su discípulo algo tan importante?

La crítica tiene claro que no, su fuente no es Pedro. Es más, el evangelio de Marcos tiene un claro regusto paulino, propio de las comunidades que fundó Pablo, alejadas del núcleo duro original de Jerusalén, al que pertenecía Pedro. De hecho, cuando se lee con detenimiento, resulta evidente que su público objetivo eran los romanos.

Además, cuesta creer que su autor fuese de Judea, pues cometió un buen número de errores a la hora de narrar algunos de los viajes de Jesús.

Sirva este ejemplo como evidencia de lo que comento: en Marcos 5, 1-20, se narra como Jesús atravesó el mar de Galilea (tras obrar el milagro aquel de calmar la tempestad) y se encontró con un hombre endemoniado al que sanó tras conseguir que los espíritus malvados se traspasasen a una piara de dos mil cerdos que había por allí. Los pobres animales, una vez poseídos, se lanzaron al lago desde lo alto de un precipicio y se ahogaron.

Representación medieval de los endemoniados gerasenos.

Sin entrar en la sorprendente crueldad animal de Jesús —aunque se trataba de cerdos, animales impuros para los judíos—, hay algo interesante en esto: según Marcos, esta historia ocurrió en la llamada Tierra de los gerasenos. Lo curioso es que Mateo, en su versión ampliada y corregida del evangelio de Marcos, también lo recogió, aunque, como conocía mejor la zona, cambió el nombre por gadarenos. ¿Qué pasa con esto? Pues que la Gerasa de la que habla Marcos está a cincuenta kilómetros del mar de Galilea y en un país diferente, la Decápolis. Así que no pudo ser allí donde pasó esto de los cerdos. Mateo se dio cuenta y lo cambió por la única ciudad con G que había por la zona, Gadara... que también estaba a ocho kilómetros de la orilla.

Todo esto llega al absurdo histórico total cuando en algunas copias griegas posteriores de todos estos textos (Lucas también repite el error), aparece como Gergesa, nombre de una región que realmente estaba en la orilla del mar de Galilea... Qué cosas...

Tampoco está muy claro cuándo se escribió, aunque se acepta con un consenso bastante amplio que debió ser entre el año 65 y el 80. La primera fecha viene dada porque se cree que tuvo que ser escrito después de la obra de Pablo, que sin duda conocía. Tampoco Pablo parece que supiese de la existencia de este evangelio ya que, de haberlo conocido, hubiese tomado algunos de sus episodios. La fecha tope es puramente especulativa: evidentemente, tuvo que ser anterior a Mateo y Lucas, que lo tomaron como fuente, lo ampliaron y corrigieron, y a Juan, del que disponemos de un manuscrito datado en el 125 aproximadamente —en teoría, este debió conocer los otros tres—. Así, calculando el tiempo necesario para que una obra se propagase, en una época en la que todo se copiaba a mano, se ha propuesto que debió escribirse, como máximo, hacia el año 75 u 80.

Justo en ese intervalo de tiempo tuvo lugar un acontecimiento esencial para el judaísmo y para el recién nacido cristianismo: la primera guerra Judeo-Romana, que tuvo lugar entre el año 65 y el 73 y que acabó con la caída de Jerusalén y la destrucción del templo (en el año 70).

Sorprendentemente, esto se refleja como profecía de Jesús en Marcos: «¿Ves estas grandes construcciones? No quedará aquí piedra sobre piedra que no sea demolida» (13, 2); «Pero cuando tengáis noticias de guerras y rumores de guerra, no os asustéis: es preciso que eso ocurra, pero todavía no será el fin» (13, 7). Además, en este pequeño apocalipsis de Marcos, Jesús avisa a sus discípulos de que serán perseguidos por los suyos, los judíos: «Os entregarán a los sanedrines y seréis azotados en las sinagogas» (13, 9).

Esto último es especialmente importante y revelador: sabemos que, tras esta terrible guerra, los fariseos se pusieron a la vanguardia del judaísmo —los saduceos, que dirigían el culto sacerdotal en el templo, fueron exterminados— y acabaron con la relativa paz que los primeros judeocristianos habían gozado. De hecho, es este el motivo de que a los fariseos se les muestre siempre discutiendo con Jesús en los evangelios. Y también sabemos que, tras la destrucción del templo, la religión judía pasó a practicarse en las sinagogas que, si bien existían con anterioridad, ni siquiera eran lugares construidos exprofeso, sino simples reuniones de fieles.

En definitiva, estamos ante un claro ejemplo de profecía *ex eventu*, es decir, de profecía anunciada después de los hechos que supuestamente se anticipaban.

Al margen de su datación concreta, lo cierto es que es el evangelio más antiguo. Podríamos considerar *a priori* que por este motivo estamos ante el más cercano a la verdad histórica del personaje protagonista, Jesús. Y es cierto, pero no se puede establecer como un criterio cien por cien válido, ya que, como vimos, la influencia de la cristología paulina es más que notable: Marcos introdujo la figura del Mesías redentor que entrega su vida para salvar a la humanidad, algo absolutamente novedoso, aunque inspirado en figuras del Antiguo Testamento, como el Mesías sufriente de Isaías o el Hijo del Hombre de Daniel. Marcos estaba convencido de que Jesús sabía que iba a morir y de que lo anunció reiteradamente, lo que indica que todo formaba parte de un plan previo, como afirmaba también Pablo. Y Jesús, según Marcos, sabía que era el Mesías, aunque curiosamente se le muestra, en repetidas ocasiones, ordenando a sus discípulos que mantuviesen en secreto tanto sus poderes sobrenaturales como su *mesianidad*. Solo después de resucitar, el llamado «secreto mesiánico» quedó roto y se pudo anunciar a los cuatro vientos quién había sido realmente.

Sí, Pablo fue una de las principales influencias de Marcos, tanto por sus ideas del Mesías redentor que muere y resucita como por la presencia en el evangelio de la última cena y la eucaristía, o por las continuas llamadas a la ineficacia de la ley judía para conseguir la salvación, ya presentes en las cartas de aquel —en parte, como veremos dentro de cientos de páginas—.

Pero ¿de dónde sacó este el resto de información que aportó en su texto? No lo sabemos con certeza.

Tenemos claro que no conocía Q, una enigmática fuente compuesta por enseñanzas y profecías de Jesús que usaron posteriormente Mateo y Lucas —ahora profundizaremos en esto—. Lo más seguro es que cogiese cositas de varios sitios: unas tradiciones orales o escritas sobre sus milagros y enseñanzas (no pudo ser Pablo, ya que este apenas se hace eco de nada de esto), posiblemente de discípulos de Galilea, y algún relato sobre la pasión procedente de la comunidad de Jerusalén. Además, hilvanó todo para dejarlo atado y bien atado con pequeñas píldoras del Antiguo Testamento que le permitieron considerar a Jesús como el Mesías anunciado y esperado.

Claro, siempre hay algún descreído que afirma que todo es una ficción, a modo de novelilla histórica, que se montó a partir de la escasa información que aportó Pablo y de algunos rumores que le llegaron. Pero no, no fue así, aunque sí es cierto que su objetivo principal, y es de una importancia extraordinaria, era rellenar los huecos en la historia de Jesús que sus seguidores tenían por culpa de la inexplicable parquedad de Pablo.

En definitiva, para el autor de este evangelio, Jesús fue un profeta, un curandero, un exorcista y un maestro, pero también el Mesías que vaticinaron las Escrituras judías, aunque encajaba como un guante en el anunciado por Isaías, aquel que expiaría los pecados de Israel —ya saben, «Cordero de Dios que quitas el pecado del mundo»— y se encargaría de preparar todo ante la inminente llegada del Reino de Dios, en el que, como defendía a muerte Pablo, también tendrían su lugar los gentiles que abrazasen con fe la cruz del nazareno.

Por lo tanto, según Marcos, no predicó exclusivamente a su pueblo, como defiende hoy en día la mayor parte del colectivo académico de buscadores del Jesús histórico, sino a toda la humanidad, a lo paulino. Es lógico, pues no estaba dirigido a los potenciales lectores judíos, sino a ciudadanos romanos. Por este mismo motivo se rebajó la responsabilidad del imperio en su muerte, hasta el punto de mostrar a Pilato intentando salvar a Jesús; lo que condujo a que la culpa cayese contra su propio pueblo.

En resumen, Marcos *desjudaizó* a Jesús en gran medida y lo convirtió en su salvador universal, para todos, aunque la ley seguía siendo importante y, en parte, camino de salvación.

Y además, como Pablo, consideró y expuso que era el hijo de Dios. Pero, ojo, su forma de entender esto, trascendental en las creencias cristianas, era bastante diferente de los desarrollos que realizaron los siguientes evangelistas y las diferentes comunidades cristianas.

En Marcos, Jesús no es mostrado como el hijo *carnal* de Dios, sino más bien como un hijo adoptivo. Por eso su evangelio no comienza, como las versiones extendidas que de él hicieron Mateo y Lucas, con el embarazo milagroso de María y con el nacimiento de Jesús, sino que lo hace en un momento trascendental de su historia: en el bautismo...

> «Sucedió en aquellos días que llegó Jesús de Nazaret de Galilea y fue bautizado por Juan en el Jordán. E inmediatamente, mientras salía del agua, vio rasgarse los cielos y al Espíritu bajar sobre él como paloma; y hubo una voz en el cielo: "Tú eres mi Hijo amado, me complazco en ti"» (Mc 1, 9-11).

El Bautismo de Cristo, fresco de El Perugino (1448-1523)
situado en la Capilla Sixtina, El Vaticano.

De hecho, esto entronca con una determinada cristología que terminó siendo considerada herética, pero que está presente en el Nuevo Testamento: el adopcionismo, la idea de que Jesús, antes de su bautismo, era un humano normal, aunque un poco especial por su obediencia a Dios; y que a partir de ese momento se convierte en el hijo adoptivo de Dios y asume el rol del Mesías anunciado por las Escrituras.

Si lo piensan, esto encaja a las mil maravillas con la mentalidad de los judeocristianos, como Pablo y el autor de este evangelio, que, al contrario de lo que sucedía en el mundo grecorromano, veían inconcebible que la divinidad tuviese hijos biológicos. Sin embargo, como veremos a continuación, los siguientes evangelistas no lo vieron así: su Jesús era otro bien diferente; y los pobres adopcionistas, posiblemente más cercanos a lo que Jesús y sus seguidores creían, fueron tachados de herejes.

Mateo

Ya hablaremos de esto más adelante, pero llama mucho la atención el final del evangelio de Marcos, que no terminaba como termina ahora, ya que los doce últimos versículos son un añadido tardío que no aparece en los manuscritos más antiguos. Si los quitamos, tenemos un final abrupto y perturbador, pues la narración concluye con tres mujeres, entre las que estaba María Magdalena, que, tras observar con pasmo el sepulcro vacío, se encuentran con un ángel que les explica que Jesús había resucitado, además de ordenarles que informen a sus discípulos de que en Galilea podrán encontrarse con él. Pero no lo hacen, no dicen nada a nadie por miedo. Y luego, un punto final.

Esto debió dejar asombrados a muchos cristianos de la época y de las décadas siguientes, convencidos como estaban de que Jesús se había aparecido a muchas personas tras resucitar. El propio Pablo, un par de décadas antes, había ofrecido una amplia lista de afortunados. Pero Marcos, por algún motivo, no lo hizo. ¿Por qué? No lo sabemos.

Claro, había que darle solución a esto. Y de camino, había que solventar unos cuantos problemillas teológicos que Marcos había generado con su texto; por ejemplo, esto que les comentaba hace unos párrafos de la adopción de Jesús por Dios durante el bautismo. Aquello no podía ser, porque además había un problema grave: como el propio Marcos afirmaba, la gente iba a bautizarse con Juan para que sus pecados fuesen eliminados: «Apareció Juan bautizando en el desierto, proclamando un bautismo de conversión para el perdón de los pecados» (Mc 1, 4). Parece bastante probable, históricamente hablando, que Jesús acudiese a bautizarse con la conciencia de ser un pecador, como todos los que acudían a Juan. Pero los cristianos de los años setenta y ochenta del siglo I estaban plenamente convencidos de que Jesús era el hijo de Dios y no solo un hijo adoptivo. ¿Cómo es posible que el hijo de Dios tuviese pecados? Si no era así, como sería lo lógico, ¿para qué fue a bautizarse? Además, se hacía necesario explicar cómo había sido engendrado.

De solucionar estos y otros asuntillos peliagudos se encargaron los siguientes evangelistas, Mateo y Lucas, que, en plata, escribieron sendas versiones ampliadas, revisadas y corregidas del evangelio de Marcos, gracias al aporte de otras fuentes y a su propia capacidad inventiva.

Mateo, por ejemplo, solucionó esta movida del Bautista introduciendo un cambio sutil pero importante en los hechos narrados por Marcos. Claro, no podía eliminar a Juan porque su relación con Jesús debía ser más que conocida por todos sus seguidores (de ambos). ¿Qué hizo entonces? Introdujo un breve diálogo entre ambos, ya que, según él, Juan se negaba a bautizar a Jesús, e insistía en que era él el que tenía que ser bautizado, pero Jesús le dejó claro que aquello formaba parte de un plan divino e inescrutable que tenían que cumplir (Mt 3, 13-15). De este modo, Mateo convirtió a Juan en un simple, pero importante, anunciador de Jesús:

> «Yo os bautizo en agua para que os convirtáis, pero el que viene detrás de mí es más que fuerte que yo; no soy capaz ni tan solo de llevarle sus sandalias. Él os bautizará en espíritu santo y fuego» (Mt 3, 11).

Ya que estamos, aunque suponga realizar un desvío importante en mi narración, veamos cómo solucionaron este problemón del Bautista los otros dos evangelistas, que mola como estudio comparativo.

Lucas fue más pillo. Pese a dar mucha más información sobre Juan que los anteriores, exponiendo incluso su nacimiento milagroso y su parentesco con Jesús, omitió el momento preciso del bautizo, diciendo:

«Y sucedió que, cuando todo el pueblo estaba bautizándose y mientras oraba Jesús tras ser bautizado, se abrió el cielo y descendió el Espíritu Santo sobre él en forma corporal como una paloma, y vino una voz del cielo: "Tú eres mi hijo amado, en ti me he complacido"» (Lc 3, 21-22).

Bautismo de Cristo, Domenico Tintoretto, hacia 1585.

Las diferencias respecto a lo expuesto por Marcos son sutiles pero esenciales: primero, no se muestra el momento del bautismo ni se nombra a Juan, del que unos versículos antes se ha informado que estaba en la cárcel, lo que deja entrever que no pudo ser el que bautizó a Jesús.; segundo, escribe «en ti me he complacido», no «en ti me complazco», en presente, como hizo Marcos, con la clara intención de exponer que ya antes era el hijo de Dios, cargándose de camino cualquier sospecha adopcionista.

Y Juan, que, como verán a lo largo de este libro, iba a su rollo, no se anduvo con chiquitas y eliminó de un plumazo cualquier alusión al bautismo. Eso sí, se hizo eco, en palabras del Bautista, de la epifanía de Jesús de la que habían hablado sus colegas evangelistas:

> «Al día siguiente vio a Jesús venir hacia él y dijo: "He aquí el Cordero de Dios, el que quita el pecado del mundo. Este es aquel de quien yo dije: 'Detrás de mí viene un hombre que se puesto delante de mí, porque existía antes que yo'. Yo no lo conocía, sino que yo vine a bautizar con agua para que él se manifestase a Israel". Y Juan dio testimonio diciendo: "He visto al espíritu que bajaba del cielo como paloma y permanecía sobre él. Yo no lo conocía, pero el que me envió a bautizar con agua me dijo: 'Aquel sobre el que veas que baja el espíritu y permanece sobre él, ese es el que bautiza en Espíritu Santo. Yo le he visto y he dado testimonio de que este es el hijo de Dios"» (Jn 1, 29-34).

Alucinante la evolución que sufrió la narración de este momento crucial en la vida de Jesús según fue avanzando el proceso de redacción de los evangelios, ¿no creen? Se pasó del reconocimiento natural que se aprecia en el más antiguo, Marcos, que mostró este hecho como probablemente sucedió —si quitamos el momento sobrenatural—, hasta la omisión de Lucas y la decisiva negación de Juan, pasando por la actitud razonada de Mateo.

Dicho esto, sigamos con este.

Mateo, a la hora de completar los huecos narrativos del relato de Marcos, tuvo que afrontar también el reto de las ideas adopcionistas de su fuente. Para Mateo, Jesús fue el hijo de Dios. Literalmente. Por eso, al igual que Lucas, introdujo dos capítulos inéditos en los que expuso unos pocos datos sobre la infancia de Jesús que venían a legitimar esta idea: el embarazo milagroso de María, la estrella de Belén que condujo a tres anónimos magos de Oriente hasta su lugar de nacimiento, la matanza provocada por Herodes, o algo sumamente importante: comienza su narración con una genealogía con la pretende demostrar que Jesús era también el legítimo rey de los judíos, al ser descendiente de David. Y todo esto sin perder su rollo universalista, marcado por Marcos y heredado de Pablo. Sí, Jesús fue el rey de Israel, pero Dios extendió esto de Israel a todos los que aceptasen el mensaje de su hijo.

La inspiración de San Mateo, Caravaggio, 1602. Mateo, según la tradición ya comentada del tetramorfos, aparece representado por un hombre, simplemente; el motivo es que comienza con el árbol genealógico de Jesús, que se hizo hombre...

Ahora bien, si Mateo hizo una versión extendida y corregida de Marcos, cabe preguntarse por qué aparece en todas las Biblias y ediciones del Nuevo Testamento en primer lugar. Pues, simple y llanamente, porque la tradición cristiana pensaba que era el más antiguo, aunque también influye que sea en este texto donde se muestra a Jesús *fundando* una iglesia y cediendo a Pedro su dirección. La escena es muy interesante, aunque, por desgracia, no parece histórica.

> «Venido Jesús a la región de Cesarea de Filipo, interpeló a sus discípulos: "¿Quién dice la gente que es el Hijo del hombre?". Ellos contestaron: "Unos, que Juan Bautista; otros, que Elías; los de más allá, que Jeremías o uno de los profetas". Díjoles: "Y vosotros, ¿quién decís soy?". Fue Simón Pedro el que respondió: "Tú eres el Mesías, el hijo de Dios vivo".
>
> »Jesús, dirigiéndose a él, dijo: "Dichoso tú, Simón hijo de Jonás, porque no es tu condición humana quien te lo ha revelado, sino mi Padre que está en los cielos. Y yo te digo que tú eres Pedro, y sobre esta piedra edificaré mi Iglesia, y las puertas del Hades no la subyugarán. Te daré las llaves del reino de los cielos, y lo que ates en la tierra atado quedará en los cielos, y lo que desates en la tierra desatado quedará en los cielos".
>
> »Entonces mando a sus discípulos que a nadie dijeran que él era el Mesías».
>
> (Mt 16, 13-20)

Esto es más importante de lo que puede parecer en un primer momento. La comunidad cristiana en la que vivía este evangelista, fiel todavía a la ley de Moisés, se consideraba heredera de Pedro, de ahí que se muestre a Jesús otorgándole a este la primacía del movimiento. Pero, como veremos cuando hablemos de Pablo, este, en su carta a los Gálatas, deja claro que, tras una agria polémica, a él se le había «confiado el evangelio del prepucio», es decir, de los no circuncisos, mientras que a Pedro se le encomendó «el de la circuncisión» (Gál 2, 7); es decir, uno se encargaría de convertir a los gentiles, sin hacerlos judíos previamente, y Pedro se centraría en los judíos. Pero esto no lo decidió Dios, sino que fue la solución a la que llegaron ante la discrepancia suscitada entre Pablo, el apóstol de los gentiles, y la comunidad cristiana de Jerusalén, dirigida por Pedro, Juan y Jacobo, el hermano de Jesús.

Por lo tanto, y por raro que suene, Mateo ataca frontalmente a Pablo y sus seguidores en este texto, dejando claro que la primacía de la Iglesia la tenía Pedro, y que, para más inri, había sido una decisión de Jesús.

Pero ¿por qué esto provocó que la tradición considerase que este evangelio era el más antiguo y que, por lo tanto, tuviese que aparecer el primero en el Nuevo Testamento? Porque el más antiguo de verdad, el texto de Marcos, ¡no decía absolutamente nada de esto!, y eso que se supone que había sido escrito por un discípulo de Pedro. ¿Me siguen?

Quizás este sea también el motivo por el que se decidió que el autor fuese el apóstol Mateo Leví, el recaudador de impuestos aquel al que Jesús se encontró un día, el mismo que, tras lanzarle un escueto «sígueme», se unió al grupo de discípulos; con lo que ello implicaba, ya que los que se dedicaban a este oficio eran vistos como traidores por el pueblo, porque se encargaban de recaudar impuestos para los romanos. De hecho, Mateo mostró acto seguido una interesante discusión entre Jesús y los fariseos por este motivo, que el nazareno gana por goleada al asegurar que su misión no estaba dirigida a los justos, sino a los pecadores.

Lo cierto es que, una vez más, fue Papías de Hierápolis el que afirmó, en las primeras décadas del siglo II, que Mateo era el autor de este texto. Además, dijo que lo había escrito en arameo. Pero no, se equivocó. Este evangelio, como todos los demás, se redactó en griego. Además, parece bastante poco probable que fuese escrito por alguien que hubiese presenciado los hechos que narró, y no solo porque, como vengo comentando, se trata de una versión ampliada de Marcos —lo que implica, claro está, que no es una transcripción de los recuerdos de alguien, sino una adaptación literaria construida a partir de un esquema anterior; tanto es así que, de los 666 versículos del primer evangelio, más de 600 están en este—, sino porque sabemos a ciencia cierta que usó otras fuentes, como el enigmático texto conocido como Q, del que luego hablaremos, y otros materiales de origen desconocido que le permitieron rellenar los huecos narrativos presentes en Marcos, como la infancia de Jesús o las apariciones de este tras su resurrección. Lo curioso, como también veremos, es que

Lucas hizo exactamente lo mismo, usando también Q, pero completando a Marcos con material de otra procedencia. Por eso sus respectivos relatos tanto del nacimiento del nazareno como de sus apariciones *post mortem* no coinciden.

Sea como fuere, lo que sí podemos establecer con bastante seguridad es que el autor de este evangelio, sin separarse del cristianismo paulino, estaba más cerca que Marcos de los judeocristianos y de las ideas de Pedro. De ahí ese interés por mostrar a Jesús como el Mesías de Israel, anticipado proféticamente por el Antiguo Testamento, pero también como el Salvador de los gentiles. El hecho en sí de que se escribiese en griego avala este último punto: no estaba destinado a los judíos, sino a los paganos, y con una clara intención proselitista. Por este motivo se ha propuesto que debió escribirse en alguna comunidad de la diáspora judía, posiblemente en Antioquía, uno de los principales centros judeocristianos de la época.

En cuanto a la fecha de redacción, es falso que se redactase durante los años sesenta del siglo I, como siempre ha defendido la Iglesia, que planteaba que se escribió mientras Pablo y Pedro predicaban en Roma. Tuvo que ser después, ya que, según hemos establecido, el texto fuente, Marcos, se escribió entre el 65 y el 80. Además, tuvo que ser anterior al año 125, una fecha clave en todo este lío, pues es el año en que se ha datado el que se considera el resto más antiguo de un escrito del Nuevo Testamento, el papiro P52, que contiene un breve fragmento del evangelio de Juan. Así, se considera que fue escrito en algún momento de las dos décadas finales del siglo I, en el contexto de la posguerra tras la contienda entre judíos y romanos.

Ojo, la fecha en este caso es muy importante. Como ya comenté, los primeros seguidores de Jesús y el propio Pablo estaban convencidos de que la llegada del reino de los cielos y la segunda venida de Jesús estaban al caer. Pero los años fueron pasando, y las décadas, y aquello no llegaba. Así que las distintas comunidades cristianas, siguiendo la senda marcada por Pablo, llegaron a la conclusión de que el momento llegaría cuando se hubiese captado el número suficiente de personas que formarían el nuevo pueblo elegido. Tuvieron que ponerse manos a la obra y organizarse. Así pues, en el pequeño apocalipsis mateano que podemos encontrar en los capítulos 24 y 25 de este evangelio, se especifica de forma explícita la condición que debe darse para que llegue el fin:

«Ahora bien, el que persevere hasta el fin se salvará. Y se anunciará este evangelio del Reino en toda la tierra como testimonio ante todas las gentes, y entonces vendrá el fin» (Mt 24, 14).

Había que seguir predicando y captando adeptos, y no solo entre los judíos, aunque Mateo, a diferencia de Pablo —con matices—, consideraba que había que seguir respetando la ley otorgada por Dios a Moisés en el Monte Sinaí, aunque reinterpretada por Jesús a su manera, una manera algo farisea… Al fin y al cabo, todo formaba parte de un plan divino del que también formaron parte los profetas del Antiguo Testamento.

Por este motivo, Mateo estableció más que evidentes paralelismos entre Jesús y Moisés: el nazareno era el responsable de una nueva ley, construida a partir de la antigua, y el garante de una nueva alianza, aunque ya no entre Dios e Israel, como había sucedido en el caso de Moisés, sino entre Dios y todo aquel que aceptase el mensaje de Jesús: «No penséis que viene a abolir la ley o los profetas; no vine a abolir, sino a dar mejor cumplimiento» (Mt 5, 17). Por eso Mateo introdujo en sus primeros capítulos la matanza de los inocentes ordenada por Herodes, que guardaba un gran parecido con la historia del nacimiento de Moisés, y el viaje a Egipto de la Sagrada Familia, algo que ningún otro evangelista expresó. Y por eso se empeñó en dejar claro que no solo era el hijo de Dios, sino el rey de Israel.

Moisés en el Monte Sinaí, Jean-Léon Gérôme, 1895.

Lucas

Lucas también escribió una versión extendida, modificada y corregida de Marcos, pero lo hizo a su manera y, aparentemente, sin conocer la versión que Mateo había escrito por el mismo tiempo. Por ese motivo estos tres evangelios son tan parecidos entre sí, y por eso se les conoce como «sinópticos», término de origen griego que significa, literalmente, «ver junto», pues se podían leer en columnas verticales paralelas. De hecho, el crítico neotestamentario alemán Johann Jakob Griesbach (1745-1812) publicó por primera vez una versión ordenada de este modo de estos tres evangelios, lo que contribuyó a que se popularizase el concepto de «sinópticos».

La importancia de esto es crucial. La Iglesia defendió durante siglos que estos evangelios eran crónicas independientes, inspiradas por la divinidad, que escribieron cuatro autores distintos desde su particular perspectiva y a partir de los hechos que presenciaron o conocieron. Pero, si se leían como Griesbach propuso, rápidamente se llegaba a conclusiones que contradecían las afirmaciones de la Iglesia. No eran obras independientes, pues se podían encontrar textos exactamente iguales. Claro, esto llevó a lo que se conoce como el problema sinóptico: ¿qué relación había entonces entre estos escritos? Los estudiosos llegaron a la lógica conclusión de que Lucas y Mateo usaron como fuente principal el texto de Marcos, aunque también debieron emplear un texto desconocido en el que se recogían un montón de dichos de Jesús que aparecían en Lucas y Mateo, pero no en Marcos. Esa sería Q.

Además, la lectura en paralelo permitió encontrar enormes diferencias entre estos tres evangelios, en especial entre Lucas y Mateo, lo que implicaba que, además de estas dos fuentes, usaron otros materiales y que no se conocieron respectivamente.

La tradición católica asegura que el autor de este evangelio fue Lucas, un médico gentil de Antioquia que se hizo discípulo de Pablo y que le acompañó en muchos de sus viajes, al menos desde que lo afirmase Ireneo de Lion en el año 180 en su *Adversus Haereses*. Además, siempre se ha dado por hecho, incluso por algunos exégetas no creyentes, que se trata del mismo autor de los Hechos de los Apóstoles, obra junto a la que formaría una especie de corpus que se dividió en dos por su extensión y por su contenido, pues la primera se centraba en la historia de Jesús y la segunda en lo sucedido tras su resurrección con los apóstoles, centrándose especialmente en las aventuras de Pablo.

Llama mucho la atención el modo en que empiezan estos dos libros:

> «Ya que muchos intentaron narrar ordenadamente los acontecimientos que se han cumplido entre nosotros, según nos transmitieron los que desde el principio fueron testigos visuales y ministros de la Palabra, me pareció oportuno también a mí, que he investigado todo desde sus inicios, escribírtelo por orden, excelentísimo Teófilo, para que conozcas la seguridad de las doctrinas sobre las que has sido instruido» (Lc 1, 1-4).

> «Compuse mi primer tratado, Teófilo, acerca de todo lo que Jesús empezó a hacer y enseñar hasta el día en el que, después de dar instrucciones por el Espíritu Santo a los apóstoles que se había escogido, fue elevado» (Hch 1, 1-2).

Así, ambas obras están dirigidas a un tal Teófilo (nombre que significa «amigo de Dios»), del que no sabemos absolutamente nada. Por eso hay quien considera que no era una persona, sino más bien una especie de epíteto que hacía referencia a todos los cristianos.

Pero lo guapo es que el autor, fuese quien fuera, no fue un testigo visual, sino un investigador que se dispuso a elaborar un relato a partir de las informaciones procedentes de los que sí presenciaron los hechos narrados. Es decir, ejerce de historiador, al ofrecer un relato ordenado de la vida de Jesús y de la posterior odisea de los apóstoles a partir de un trabajo de investigación previo. Pero, y esto es muy sugerente, lo hace porque considera que las intentonas anteriores, que afirma conocer, no lo hicieron bien. Es evidente que este autor usó el evangelio de Marcos como fuente principal, además de Q y de otras fuentes propias. Por lo tanto, al menos sí le dio legitimidad a ese texto, aunque lo corrigiese en numerosas ocasiones, como también hizo Mateo.

¿Pudo ser Lucas? No parece posible, más que nada por las tremendas y significativas diferencias que se pueden encontrar entre lo narrado en Hechos y las propias cartas auténticas de Pablo. Si se tratase de alguien que compartió tiempo, viajes y penurias con Pablo

—compartieron, incluso, prisión—, estas diferencias no serían tan llamativas. Es más, todo parece indicar que no conocía todas las cartas de Pablo.

Así pues, la crítica contemporánea da por hecho que este evangelio es fruto de una comunidad paulina de gentiles convertidos, aunque siempre tendiendo un puente hacia los judeocristianos de Judea. Sobre si Hechos fue también cosa suya, como generalmente se defiende, ya hablaremos.

El evangelista San Lucas, Francisco Sans Cabot, 1875. Se suele representar junto o como un toro porque, según la tradición, este animal representaba a los sacrificios, y este evangelio comienza con Zacarías, el padre de Juan el Bautista, ofreciendo un sacrificio en el templo. Pero también porque los toros gozan de un corazón fuerte, y el corazón simboliza los sentimientos.

Respecto a las fechas, se cree que es más o menos contemporáneo a Mateo, aunque quizás sea un poco más tardío, pero siempre a finales del siglo I.

En cualquier caso, como ya adelantamos al hablar del evangelio de Mateo, el autor de este texto se empeñó en rellenar los huecos que Marcos había dejado y en corregir una serie de ideas que chocaban con su propia cristología, ya bastante tardía y evolucionada. Así, como Mateo, Lucas estaba convencido, y así lo expuso, de que todo esto formaba parte de un plan divino que había empezado con el largó prólogo de la historia de Israel y de que Jesús era el hijo de Dios desde su nacimiento. Por eso introdujo también numerosas escenas en sus primeros capítulos sobre María, su embarazo milagroso y el nacimiento de Jesús. Lo curioso es que no dijo nada de los Reyes Magos ni de la matanza de los inocentes, ni del viaje a Egipto. En cambio, relacionó el nacimiento de Jesús con otra milagrosa concepción, la de Juan el Bautista, al que prestó especial importancia —a la vez que, como ya comenté, no le nombraba en el momento esencial del bautismo en el Jordán—. Y además introdujo una escena inédita de lo más interesante, que los otros evangelistas parecían desconocer: los tres días durante los cuales Jesús, siendo ya un mozalbete de doce años, anduvo perdido por Jerusalén hablando con los doctores del templo.

Además, Lucas, como Mateo, pensaba que era el Mesías esperado y el legítimo descendiente de la casa del rey David, y por eso incluyó también una larga genealogía. Claro que esta no coincidía en muchos puntos con la aportada por su compañero... Ya veremos por qué.

Tampoco coincidían los añadidos finales acerca de las apariciones de Jesús a sus discípulos tras la resurrección con los ofrecidos por Mateo. Y esto es también inquietante. ¿Cómo es posible que no coincidan en ninguno de estos episodios? Pero claro, tampoco casaban con los propuestos por Pablo, y eso que se supone que era su discípulo.

En definitiva, Lucas universalizó a Jesús, aunque de una forma más sutil que la propuesta planteada por Marcos; y lo acercó a Roma, ahondando en sus características pacifistas y apartando cada vez más los aspectos políticos de su mensaje. Como Mateo, estaba abierto a la conversión de gentiles y paganos, aunque se mostró mucho más crítico con los judíos, que, según su postura, se habían apartado voluntariamente del plan divino. Así, siguiendo la estela de Pablo, planteaba que todos podrían salvarse siempre y cuando se acercasen a la nueva alianza, que pasa más por la fe en la muerte redentora de Jesús y en su resurrección que por el cumplimiento estricto de la ley.

Q

Q no existe, pero debió existir. Y no está en el Nuevo Testamento, aunque sí que está. No sabemos casi nada sobre este enigmático documento; ni dónde se escribió, ni cuándo, ni quién lo hizo, aunque se intuye que fue fruto de un largo proceso de redacción, edición y ordenamiento.

El nombre procede del alemán *Quelle*, que significa «fuente», y se trata de un escrito hipotético que recogía una presunta colección de dichos, parábolas y enseñanzas morales de Jesús —aunque también se narra algún que otro milagrillo— que supuestamente fue redactado en griego hacia los años cincuenta del siglo I, aunque no se ha conservado ninguna copia. Si es que fue un texto escrito, claro, ya que hay quien defiende que pudo ser parte de la tradición oral, algo bastante improbable.

Surgió como un intento de explicar el origen de una gran cantidad de textos prácticamente idénticos que aparecen en los evangelios de Lucas y Mateo, pero que no procedían de Marcos. Por lo tanto, lo que conocemos de Q se debe a la reconstrucción que se ha hecho en base a unos 235 versículos, todos centrados en discursos y enseñanzas de Jesús, que aquellos dos evangelios recogieron sin apenas modificaciones.

Evidentemente, esto choca de lleno con la idea defendida por la Iglesia, según la cual cada evangelista escribió su relato de forma independiente a partir de sus propios recuerdos o de los testimonios que recogió de terceros. Esto ya quedó claro que no es así, pero Q venía a poner la puntilla a aquella osada afirmación.

Todo esto está relacionado con la llamada «teoría de las dos fuentes» —Marcos y Q—, ampliamente aceptada en la actualidad, que fue propuesta por primera vez en 1838 por Christian Gottlob Wilke y Christian Hermann Weisse, aunque no será hasta 1890 cuando el estudioso alemán Johannes Weiss propusiese el nombre de Q para esta hipotética fuente. Según esta propuesta teórica, Q tuvo que ser una recopilación de palabras de Jesús que fueron recogidas y mantenidas por la tradición oral cristiana y que acabaron plasmándose por escrito a mediados del siglo I, lo que explica que tanto Lucas como Mateo coincidan palabra por palabra en algunas de las escenas tomadas de dicha obra. Esto sería muy difícil de explicar si se tratase de una tradición oral.

¿Cuál era el origen real de todo este material? Ni idea. Numerosos estudios han demostrado la influencia de algunas parábolas helénicas y judías anteriores. Otras partes debieron ser reflejo de discusiones teológicas que se tenían en las incipientes comunidades cristianas. Y algunas, aunque no sabemos cuántas, podrían corresponder a dichos reales lanzados por Jesús, algo que nunca podremos comprobar.

Para complicar aún más el asunto, en Q no se encuentra el concepto del Jesús sufriente, que muere y resucita como un acto redentor, del que hablaba por aquella misma época Pablo, y del que se haría eco posteriormente Marcos. Ni siquiera se menciona su muerte, ni se insinúa como vaticinio del propio Jesús, ni se habla de la resurrección. Q va de otro rollo, y se centra en mostrar a Jesús como una suerte de juez divino que vino a anunciar y a dar el pistoletazo de salida al inminente fin del mundo y a la consecuente instauración del Reino de Dios. Pero en un ambiente judío, apegado a la ley y las tradiciones hebreas.

Por si fuera poco, ni siquiera parece que se le muestre en Q como el hijo de Dios, lo que parece indicar una cristología arcaica, mucho más cercana, pensamos, al Jesús de la historia.

Si tenemos en cuenta que debió escribirse a mediados del siglo I, antes que Marcos, pero en vida de Pablo, la conclusión resultante se percibe con sorpresa: Q no tiene nada que ver con Pablo, y en ningún momento parece notarse su presencia. Y sus ideas sobre Jesús no casan ni con cola, pues Pablo, como veremos, al contrario que Q, se centró especialmente en la muerte y resurrección de Jesús, sin mencionar apenas, excepto en alguna ocasión concreta, alguna frase procedente de aquel.

El problema está en que estamos ante algo puramente hipotético, ya que no se ha encontrado el más mínimo indicio de que Q haya existido. Y no solo eso: nadie lo mencionó jamás, ni uno solo de los padres de la Iglesia. ¿Cómo es posible esto? No lo sabemos. Pero igual algún día suena la campana y aparece un ejemplar de Q. No sería raro, alguna vez ha pasado…

Por ejemplo, en 1945, en la moderna población egipcia de Nag Hammadi, la antigua Quenoboscio, a unos seiscientos kilómetros al sur de El Cairo, se encontró una extraordinaria colección de documentos cristianos y filosóficos (cuarenta y cinco obras en total agrupadas en trece códices de papiro). Están escritos en copto, aunque son traducciones de documentos griegos anteriores. En su mayoría se trata de obras de cristianos gnósticos, un curioso cristianismo que defendía, *grosso modo*, la salvación, la ascensión desde este mundo material al mundo del espíritu, mediante el conocimiento secreto. No se sabe si fueron ocultados para ser protegidos o si, por el contrario, se enterraron al ser considerados heréticos. Pero su hallazgo es de vital importancia.

Uno de estos textos es el llamado evangelio de Tomás, que según algunos, dependía de la primera versión de Q, aunque otros lo consideran independiente. Se trata, como Q, de una recopilación de dichos y parábolas atribuidas a Jesús (sin milagros, sin narrativa, sin escenas protagonizadas por él y sin la más mínima referencia a su muerte redentora). Aunque se encontró en su forma gnóstica, se da por hecho que procede de un texto anterior, tanto que algunos lo han situado a mediados del siglo I. Por ese motivo, algunos estudiosos, sobre todo norteamericanos, lo han considerado como el quinto evangelio. Curioso.

Manuscritos de Nag Hammadi.

Juan

El cuarto evangelio es, sin duda, fruto de una cristología mucho más elaborada y meditada, de ahí las enormes diferencias teológicas que se pueden apreciar a simple vista; además, está mucho mejor escrito y cuenta con una prosa trabajada y rica. Pero es problemático, no solo porque su Jesús no encaja con el de los anteriores evangelistas, sino porque incluye un buen número de escenas inéditas, algunas muy conocidas y populares, que han supuesto un quebradero de cabeza para los estudiosos del cristianismo. ¿Utilizó su autor alguna fuente primitiva desconocida a la que no tuvieron acceso los demás? Es posible. ¿Estos añadidos pueden ser interpretados como recursos simbólicos que el autor empleó para exponer su particular y elaborada idea sobre Jesús, su mensaje y su historia? Es posible, como lo es una suerte de mezcla de ambas posturas. Pero, en cualquier caso, lo indiscutible es que este texto es muy diferente de los sinópticos.

San Juan Evangelista en Patmos, Cosmè Tura, hacia 1470-1475.
Como vemos, se le representa junto a un águila, ya que su texto
se caracteriza por ser el más elevado y místico.

Además, es novedoso porque se indica quién fue su autor, aunque no por su nombre: alguien que se identifica como «el discípulo al que Jesús amaba», el discípulo amado, del ya que les hablaré largo y tendido. La tradición cristiana ha considerado que se trata en realidad de Juan el apóstol, el hijo de Zebedeo y Salomé, uno de los tres favoritos de Jesús, junto a Pedro y su hermano Jacobo —tradicionalmente se conoce a estos tres como el *círculo de dilectos*—. ¿Por qué? Sencillo, porque en este evangelio no se le nombra explícitamente. Por otro lado, la tradición cristiana le considera el autor de tres cartas y del Apocalipsis, obra bastante tardía, como el cuarto evangelio; de ahí que se considere que era muy joven cuando se unió al movimiento de Jesús, y por eso se le suele representar como un mozalbete imberbe. Ya volveremos con él cuando hablemos de los apóstoles y del discípulo amado.

Claro, como la tradición considera que el autor de este texto fue Juan, se suele afirmar en consecuencia que fue escrito en Éfeso, donde se dice que vivió durante muchos años junto a la Virgen María, y donde terminó falleciendo a una edad muy avanzada. Tanto es así que Papías de Hierápolis, siempre presente, afirmó haberlo conocido en vida y ser testigo de su muerte.

Siento decir que cuesta creer que Juan fuese el autor de este texto.

Pero se trata de un evangelio muy curioso, tanto por lo que omite como por lo que incorpora. Su autor no dijo nada sobre la virginidad de María, ni mencionó la infancia de Jesús, ni el bautismo, ni la institución de la eucaristía, ni aportó parábolas de Jesús, sino largos y elaborados discursos. Además, la lista de milagros se redujo considerablemente y todos remitían a un claro simbolismo teológico. Sin embargo, introdujo un montón de escenas inéditas, como la resurrección de Lázaro, la escena de la samaritana, las bodas de Caná, la lanzada de Longino o las dudas de Tomás tras la resurrección, así como algún personaje nuevo, como el bueno de Nicodemo. Otras, en cambio, aparecen alteradas, como la purificación del templo —el episodio aquel en el que Jesús expulsa a los cambistas y mercaderes—, que en Juan aparece al comienzo de su ministerio, mientras que en los sinópticos lo hace al final. Por si fuera poco, menciona cuatro viajes de Jesús a Jerusalén durante su ministerio y tres Pascuas, frente a los sinópticos, que solo mencionan uno y una. Por lo tanto, la vida pública de Jesús, según este autor, duró como mínimo tres años y medio, frente a los sinópticos, según los cuales fue de un año y pico.

Pero lo realmente importante es la llamativa y evolucionada imagen que se ofrece de Jesús: ya no es el hijo adoptivo de Dios, como en Marcos, ni el hijo carnal fruto de una gestación milagrosa, como en Lucas y Mateo, ni el hijo de David, ni el Mesías esperado por los judíos durante largo tiempo. Ahora es el Verbo, la Palabra, el *Logos* encarnado, tanto en el sentido griego del término —razón, sabiduría— como en el semita —la palabra divina y creadora—. Esto le acercaba a los posteriores gnósticos que, al igual que Juan, veían a Jesús como el salvador que vino a enseñar a la humanidad las verdades ocultas que necesitaban conocer para liberarse y acceder a la salvación mediante la verdad; de ahí la poca importancia que le da al cumplimiento de ley mosaica.

> «Al principio existía la Palabra, y la Palabra estaba junto a Dios y la Palabra era Dios. Ella estaba al principio junto a Dios. Todo surgió de ella, y sin ella nada surgió de lo que ha surgido. En ella había vida, y la vida era la luz de los hombres. La luz brilla en la tiniebla, y la tiniebla no se apoderó de ella» (Jn 1, 1-5).

> «Y la Palabra se hizo carne y acampó entre nosotros, y contemplamos su gloria, gloria como de Hijo único del Padre, lleno de gracia y verdad» (Jn 1, 14).

Es decir, para el autor de este evangelio, Jesús es más bien una emanación de Dios, el *Logos*, que bien puede traducirse como «palabra» o como «sabiduría», y que venía a ser una suerte de potestad divina encargada de crear. De ahí que se diga que «todo surgió de ella». Y esa parte de Dios, que a la vez «era Dios», se encarnó en un humano al que llamaron Jesús.

En plata: lo que queda claro aquí es que, para el autor de este texto, Jesús era un ser divino preexistente a su nacimiento. El camino hacia la Santísima Trinidad comenzó a trazarse aquí.

Fíjense en cómo cambió la concepción que sus propios seguidores tenían sobre Jesús en apenas sesenta o setenta años...

En cualquier caso, es obvio que Juan conocía lo narrado por sus compañeros evangelistas. Eso sí, existe un debate académico abierto sobre si tuvo acceso a una fuente distinta y desconocida en la que Jesús aparecía como un hacedor de prodigios, y que daba gran importancia a Juan el Bautista —pese a que aquí, como ya comenté, no aparece bautizando a Jesús—, convertido ya por completo en el anunciador. Además, empleó en numerosas ocasiones el Antiguo Testamento para extraer símbolos e ideas que aplica al personaje —como el vino o la viña, el cordero, el pastor, el esposo—, además de estar claramente influenciado por determinadas concepciones filosóficas helenísticas —sobre todo en su marcado dualismo— y por una atmósfera espiritual protognóstica.

Ya para terminar, una curiosidad: a este evangelio pertenece, como ya he comentado, el fragmento de manuscrito neotestamentario más antiguo que se ha encontrado hasta el momento, el famoso papiro P52, hallado en Egipto en 1920 por Bernard Grenfell, que se conserva en la Biblioteca John Rylands de Manchester (Reino Unido) y que contiene partes del episodio 18 de Juan. Se considera que data del año 125, aunque algunos lo retrotraen al 160 o lo adelantan al 100.

Aunque el papiro P52 tiene un rival, ya que a principios de enero de 2015 se publicó una curiosa noticia en la que se afirmaba que se había encontrado en la máscara de una momia egipcia —una protección que suelen llevar sobre la cabeza y el pecho— un pequeño fragmento del evangelio de Marcos. Estas máscaras solían confeccionarse con materiales nobles cuando pertenecían a las clases pudientes —por ejemplo, la máscara de oro de Tutankamón—, y con capas de tela o papiro empapadas en yeso por las clases menos favorecidas. El caso es que esos papiros procedían en muchas ocasiones del reciclaje, aprovechándose los que ya habían sido utilizados y escritos. Este es el caso que nos ocupa: en uno de estos papiros, según parece, se ha encontrado un fragmento de Marcos datado en el 90 a. C., lo que le convierte en el resto neotestamentario más antiguo encontrado. A esa fecha se ha llegado por el estudio del resto de papiros que forman la máscara, así como por estudios paleográficos y una datación por C14. Pero el descubrimiento no está exento de polémica: parece ser que alguien filtró la información en 2012, sin el consentimiento del equipo que lo estaba estudiando, y la información que tenemos procede de esta fuente. Por desgracia, aún no hay un informe oficial que permita certificar sin dudas que esto es cierto, pero algunos estudiosos afirman que no, y que en realidad sería de finales del siglo II.

HECHOS DE LOS APÓSTOLES

Como ya vimos, la tradición cristiana y parte del colectivo académico de buscadores de Jesús consideran que el autor del evangelio
de Lucas también escribió los Hechos de los Apóstoles, una extensa
crónica sobre los acontecimientos que siguieron a la resurrección de
Jesús y el papel que asumieron sus seguidores, en especial Pedro, a
los que se sumó un personaje esencial que no aparecía en los evangelios, Pablo de Tarso. De hecho, a partir de su entrada en la narración, todo comienza a girar en torno a él. Se trataría, en resumidas
cuentas, de un relato pretendidamente histórico, aunque no, de las
primeras décadas de la Iglesia; un relato que, por sorpresa, termina
de forma brusca...

Aunque también es verdad que el auténtico protagonista es el
Espíritu Santo, que, según se relata al principio, bajo del cielo el día
de Pentecostés —una festividad judía que tenía lugar el quincuagé-
simo día de la aparición de Dios en el Sinaí— e invistió a los apóstoles con un curioso poder:

> «Y se produjo de repente un sonido desde el cielo como de un viento
> que irrumpe impetuoso y que llenó toda la casa en la que estaban
> aposentados; y se les aparecieron unas lenguas como de fuego que se
> repartieron y se posaron sobre cada uno de ellos, y quedaron todos
> llenos de espíritu santo y comenzaron a hablar en otras lenguas»
> (Hch 2, 1-4).

Y no será la única vez: el autor de Hechos muestra constante-
mente las manifestaciones del Espíritu a lo largo de la obra. Con ello
se pretendía refrendar que los apóstoles se lanzaron a su labor proselitista con la tutela de Dios, que mediante aquel ayudaba e inspi-
raba a sus discípulos, que incluso son capaces de realizar milagros
asombrosos.

Evidentemente, se trata de una obra escrita desde la fe, que contiene un gran número de elementos no históricos y graves contradicciones respecto a lo narrado por el propio Pablo en sus cartas.
Además, llama la atención que todo se centre en dos focos: el colectivo de cristianos de Jerusalén, dirigido por un tal Jacobo, al que
se define como «hermano del señor», del que forman parte Pedro y

Juan; y Pablo y sus viajes misioneros por el Mediterráneo. Cuando uno lee este libro, da la sensación de que nunca hubo un conflicto entre ambas vertientes del cristianismo primitivo: la paulina, que abogaba por relajar la ley para captar a los gentiles, y la jerosolimitana, que defendía la ley como instrumento de salvación. En Hechos, todos reman juntos, cuando, en realidad, el distanciamiento y el conflicto fue mucho mayor. Ya ahondaremos en esto cuando hablemos de Pablo.

Además, del resto de apóstoles no se dice absolutamente nada, ni de María Magdalena, ni de la madre de Jesús, María, que, según la tradición, aún vivía —es cierto que se le menciona brevemente en 1, 14—. ¿Cómo es posible esto? ¿Por qué desaparecieron personajes tan importantes como estos en la trama evangélica? No lo sabemos. Quizás se deba a que el autor de este libro no pretendía narrar qué sucedió después de Jesús, sino mostrar a sus lectores, unas décadas después de lo sucedido, cómo nació lo que ya en aquel entonces, finales del siglo I, era una nueva religión.

En otras palabras: con este relato se pretendió dotar a los cristianos de una historia de sus orígenes y a los romanos de una evidencia de que se trataba de una fe nueva que no debían temer, aunque procediese del judaísmo.

Otro problema al que se ha enfrentado la crítica gira en torno a las fuentes que usó el autor de Hechos. Sin duda, usó las cartas y el testimonio de Pablo y sus seguidores, aunque los manipuló a su conveniencia. Seguramente se inspiró también en algunas tradiciones jerosolimitanas sobre lo que pasó en aquellos años primigenios, ya que omite cualquier referencia a otras comunidades cristianas, como la que acabó produciendo el cuarto evangelio, tradicionalmente adjudicado a Juan. Pero también prescinde del mensaje de la comunidad de Jerusalén dirigida por Jacobo, aún muy cercana al judaísmo.

Se muestra, visto lo visto, a medio camino entre Jerusalén y Pablo, aunque se termina centrando especialmente en la comunidad helenística. Al final, el regusto que queda es que el autor de Hechos apoya la labor proselitista de Pablo entre los gentiles, pero, en vez de plantearla como un cisma respecto al núcleo duro de Jerusalén, lucha por suavizar el roce y llega a exponer que todos remaban en la misma dirección, cuando ni de lejos fue así.

Pentecostés, El Greco, 1597.

De hecho, la comunidad de Jerusalén terminó eclosionando durante la primera guerra Judeo-Romana y desapareció por completo de la historia. Este libro se escribió después, cuando ya el cristianismo paulino se había convertido prácticamente en el único.

Pero hay algo aún más inquietante en este texto; una pregunta que ya nos hacíamos al ver lo extraño que era el caso de Marcos: ¿cómo puede ser que ningún otro autor, excepto este, escribiese su propia versión sobre cómo, cuándo, dónde y por qué surgió la Iglesia, y sobre cómo fueron sus primeros años? ¿Cómo puede ser que en ninguna de las múltiples colonias cristianas que ya existían a finales del siglo I, como queda claro en las cartas de Pablo, no surgiese otra versión de estos acontecimientos?

La explicación es que un solo grupo creó todo este material literario que luego se fue imponiendo y divulgando por toda la cristiandad: el grupo de Pablo, el que terminó convirtiéndose en la ortodoxia del cristianismo.

Pero volvamos al principio: ¿el autor del evangelio de Lucas escribió también esta intentona de crónica de los primeros años del cristianismo? No está claro. Siempre dentro del colectivo académico, unos consideran que sí, aunque se ven obligados a considerar que debieron pasar varias décadas entre la composición de una y otra obra, lo que explicaría las importantes diferencias teológicas que se pueden encontrar entre ambas. Además, se apoyan en que los respectivos prefacios van dirigidos a un tal Teófilo —en el de Hechos, se dice incluso que es el segundo volumen de una misma obra—. Esta es la versión tradicional, defendida desde tiempos de Ireneo de Lyon, a finales del siglo II.

Pero otros muchos, quizás menos, dudan de esto, apoyándose tanto en determinados indicios morfológicos, sintácticos y estilísticos, en lo que comentaba antes, la clara evolución teológica y cristológica que puede apreciarse entre los dos libros, y, sobre todo, en las contradicciones con los hechos narrados por Pablo en sus cartas. Eso sí, admiten que debían estar estrechamente conectados, quizá un compañero de la misma escuela teológica que quiso continuar su labor.

Por último, una curiosidad que ya adelanté: con Hechos hay un problema grave, pues existen dos versiones del texto muy divergentes entre sí. Por un lado, el texto conocido como egipcio o alejandrino, que se puede leer en los códices *Vaticano* y *Sinaítico*, el que aparece generalmente en las ediciones del Nuevo Testamento, ya que se considera el más cercano al original. Pero también tenemos el llamado texto occidental, presente en muchos manuscritos, como el *Códice Beza*, que contiene hasta un diez por cierto de material añadido, que muchos consideran el legítimo, pese a estar mucho menos extendido. El debate sigue abierto entre los estudiosos. Habrá que estar atentos.

LAS CARTAS

Nos queda hablar de un conjunto de cartas algo heterodoxo que han sido atribuidas a algunos de los principales apóstoles, como Juan o Pedro, o a algunos secundarios, como Jacobo, el hermano de Jesús según Hechos y Pablo, o Judas. Todas son bastante tardías y giran en torno a las diversas problemáticas a las que se enfrentaban las comunidades cristianas de finales del siglo I. Pero evidencian algo claro y contundente: debido a que la segunda venida de Jesús y la llegada del Reino de Dios se estaba demorando, era preciso organizarse. Así, estas epístolas son un claro testimonio de la formación de la Iglesia, o de las Iglesias, según lo queramos ver...

Hebreos: la nueva alianza

Aunque se considera que es una carta, no lo es, al menos hasta el final. Parece más bien un sermón o una homilía destinada a ser leída en público. Sin embargo, la tradición la adjudicó inicialmente, aunque con algo de cautela y sin consenso, a Pablo —ya vimos que, por ejemplo, en el fragmento de Muratori no se la consideraba canónica—. No es suya y no pudo serlo de ninguna manera, como evidencia su propio contenido.

Sin entrar en excesivo detalle, el texto gira en torno a una idea esencial: el antiguo Israel, el pueblo de la promesa elegido por Dios, ha sido sustituido, en la nueva alianza, por el colectivo de creyentes en Jesús, la Iglesia. Pero el autor del texto establece una bonita analogía entre ambos: del mismo modo que Israel tuvo que atravesar el desierto para llegar «a una tierra que mana leche y miel» (Ex 3,17), la

Iglesia caminará por su propio desierto hasta que pueda descansar en la ciudad celeste prometida.

Esa dura travesía resulta agotadora en ocasiones, y arriesgada por las persecuciones y ataques de los diversos enemigos. Pero se debe luchar contra el cansancio y contra los problemas, ya que los cristianos tienen a su alcance dos armas muy eficaces: la fe en la promesa divina de salvación y la comunidad que forman. Al fin y al cabo, para eso vino Jesús, identificado según el autor de este texto como «un gran sumo sacerdote» (Heb 4, 14), mediador entre Dios y la humanidad y superior a todos los ángeles; un sacerdote que consiguió apaciguar la ira de Dios entregando su vida, acabando de camino con el resto de sacrificios, que ya no serán necesarios.

> «Pues si la sangre de los machos cabríos y de los toros, así como la ceniza de una ternera, santifican con su aspersión a los contaminados llevándolos a la purificación de su carne, ¡cuánto más la sangre del Mesías, quien por medio del Espíritu eterno se ofreció a sí mismo sin mancha a Dios, purificará nuestra conciencia de las obras muertas para que podamos dar culto al Dios vivo!» (Heb 9, 13-14).

Estampita en la que se representa a Jesús como sumo sacerdote.

Y acto seguido, emite uno de sus principales y más llamativos aportes:

«Por eso es el mediador de una alianza nueva, para que por su muerte, acontecida para la redención de las transgresiones contra la primera alianza, reciban los llamados la promesa de la herencia eterna» (Heb 9, 15).

Esta es la clave. La primera alianza, la que entabló Dios con Abraham, y por extensión con toda su descendencia, fracasó. Por eso Jesús se encarnó, para sellar con su muerte una segunda alianza, nueva y eterna, entre Dios y el pueblo elegido, «los llamados», con la promesa de que, llegado el momento, gozarán de la vida eterna en el cielo.

Y claro, al firmarse un nuevo pacto, es necesario asumir una nueva ley, pues la anterior, la judía, la entregada por la divinidad a Moisés en el Sinaí, ya no es del todo válida. O quizás pueda serlo, pero reinterpretada ahora por el nuevo y eterno sumo sacerdote, Jesús.

Sí, todo esto suena muy paulino, pero no fue Pablo el autor de este precioso texto, considerado como uno de los más bellos del Nuevo Testamento. Tanto es así que, como ya he comentado, nunca hubo un acuerdo de consenso sobre si debía formar parte del canon de escritos de la nueva religión. Clemente de Alejandría, por ejemplo, defendía que era de Pablo, pero Tertuliano y Orígenes, entre otros, consideraban que no, pero que sí debía ser canónica porque ya formaba parte de la tradición. Esta disensión se debe a una serie de aspectos tanto temáticos como literarios e incluso gramaticales.

Una curiosidad: a lo largo de la historia se han propuesto diversos candidatos a ser su autor, como Bernabé, compañero de viajes de Pablo durante un tiempo, como propuso Tertuliano, o Clemente de Roma, uno de los padres de la Iglesia. Pero el más veces repetido fue Apolo, otro coleguita de Pablo que aparece mencionado tanto en Hechos como en la primera carta a los Corintios de Pablo. Curiosamente, fue Martín Lutero el primero en proponerle como candidato. No parece posible, en parte porque la carta debió ser escrita muchos años después, probablemente a finales del siglo I, cuando las distintas comunidades cristianas ya llevaban un tiempo organizándose en este mundo ante el retraso de la segunda venida de Jesús y la llegada del Reino de Dios. Esta fecha se ve legitimada porque hay referencias a este texto en la primera carta de Clemente, dirigida a los corintios y fechada en el año 96.

Las cartas de Juan: los docetas

Por otro lado, en el Nuevo Testamento se incluyeron tres cartas que han sido atribuidas tradicionalmente al apóstol Juan el Zebedeo, el mismo autor, también según la tradición, del cuarto evangelio y del Apocalipsis. Claro está, la crítica literaria y los buscadores del Jesús histórico demostraron hace tiempo que resulta bastante cuestionable esta afirmación.

La primera epístola fue aceptada desde un primer momento y sin el más mínimo problema en todos los cánones, incluido el fragmento de Muratori —en el que, incluso, se incluye una cita—, y aparece en todos los códices del Nuevo Testamento completos del siglo IV (el *Vaticano*, el *Alejandrino* y el *Sinaítico*), en parte porque desde Ireneo se la adjudicó a Juan. Sin embargo, las otras dos cartas no tuvieron tanto éxito.

El problema es que esta primera no es una carta, sino más bien un tratado teológico dirigido a la propia comunidad de su anónimo, que con toda seguridad era joánica, ya que la influencia del cuarto evangelio es más que evidente, tanto en los temas como en el lenguaje empleado. Esto, además, nos permite datar el texto con cierta fidelidad en torno al año 110, como evidencia también que ya parece haber desaparecido del cajón de los problemas el enfrentamiento con los judíos, aún presente en el evangelio de Juan.

Sin embargo, el tratado al completo gira en torno a una agria polémica, y viva, que había suscitado un grupo de disidentes a los que se les califica con epítetos bastante parecidos a los usualmente empleados contra los judíos.

> «Conforme habéis escuchado que viene un antimesías, precisamente ahora han surgido muchos antimesías, de donde conocemos que es la última hora. De nosotros salieron, pero no eran de los nuestros; pues si hubieran sido de los nuestros habrían permanecido con nosotros… pero para que se pusiera de manifiesto que no todos son de los nuestros» (1 Jn 2, 18-19).

> «¿Quién es el mentiroso sino el que niega que Jesús es el Mesías? Ese es el antimesías, el que niega al Padre y al Hijo. Todo el que niega al Hijo no tiene al Padre» (1 Jn 2, 22-23).

Incluso da una pista sobre cómo detectar a estos facinerosos «antimesías»:

«En esto conoceréis el espíritu de Dios: todo espíritu que confiese que Jesús, el Mesías, ha venido en carne es de Dios, y todo espíritu que no confiesa a Jesús no es de Dios; ese es del antimesías, el que habéis oído que viene, y ahora está ya en el mundo» (1 Jn 4, 2-4).

Es decir, la clave está en aceptar que Jesús fue un hombre histórico totalmente humano. Por lo tanto, todo parece indicar que estos disidentes, emanados del propio colectivo joánico («de nosotros salieron»), llegaron a una conclusión asombrosa: aunque le consideraban el Mesías y el hijo de Dios, no pensaban que realmente hubiese sido un ser humano. Es decir, llevaron la cristología del evangelio de Juan a sus últimas consecuencias: Jesús, la palabra, era un ser divino, y como tal, no pudo encarnarse realmente; debió ser, pensaban, un ser trascendental, etéreo, aunque con apariencia humana.

Lo guapo es que sabemos quiénes son: los docetas, una doctrina cristiana que surgió en el siglo I y que consideraba que el cuerpo físico de Jesús lo era solo en apariencia —de ahí el nombre que le dieron a esta creencia, procedente del griego *dokéo*, que significa «parecer» o «parecerse a uno»—. Estas ideas estaban relacionadas, además de con los gnósticos, con las posturas filosóficas y dualistas del platonismo, de la convicción de que las aparentes realidades de este mundo son un mero reflejo del mundo real, el mundo de las ideas, y con las posturas antimaterialistas que consideraban que el cuerpo y la materia eran corruptos. Por lo tanto, los docetas pensaban que Jesús no había sufrido la crucifixión porque, realmente, no tenía cuerpo...

No se sabe muy bien cómo ni cuándo surgió esta creencia, aunque ya existía a comienzos del siglo I, o incluso antes. Ignacio de Antioquia, uno de los padres de la Iglesia, que vivió entre el año 35 y el 108, en su carta a los esmirniotas (de Esmirna, actual Turquía) atacó duramente a algunos docetas que allí había y que «se apartan de la eucaristía y de la oración, porque no confiesan que la eucaristía no es la carne de nuestro Salvador Jesucristo» (Carta a los esmirniotas, 7, 1).

Y, como es lógico y coherente, el cristianismo que terminó imperando, el católico, el romano, rechazó el docetismo de forma contundente (en el Concilio de Nicea, celebrado en el año 325), como también hicieron las Iglesias ortodoxas y casi todas las protestantes.

En definitiva, Jesús, para la mayor parte de los cristianos, tenía una doble naturaleza humano-divina —algunos, como los arrianos, creían justo lo contrario, que fue un simple hombre, aunque elegido por la divinidad; y otros, como los adopcionistas, consideraban que había sido hombre hasta que se bautizó a manos de Juan el Bautista en el Jordán, momento en el que fue adoptado por Dios...

Con las otras dos cartas joánicas, como ya comenté, no se mostraron tan seguros los padres de la Iglesia, que dudaron al aceptarlas como canónicas. Es más, hasta una fecha muy tardía, mediados del siglo IV, no se asumió que su autor era también Juan —lo defendió especialmente Jerónimo de Estridón—, y con reticencias. Pese a ellas, Atanasio de Alejandría las reconoció como inspiradas.

No se sabe quién fue, pero la crítica literaria, además de tener claro que no las escribió el Zebedeo, pues son de la segunda mitad del siglo II, considera que son del mismo autor, ya que el lenguaje empleado es muy similar.

La tercera carta, es el texto más cortito de todo el Nuevo Testamento, pues solo cuenta con quince versículos, y es curiosa porque se trata de la única misiva que va dirigida a alguien concreto, un tal Gayo, al que se le habla de lo que parece un asunto privado. La segunda, que apenas dice nada, y no deja de ser más que un nuevo ataque a los docetas, le sigue en el ranking de brevedad, aunque tiene trece versículos (y siete de ellos están copiados de 1 Jn).

Jacobo y Judas, ¿hermanos de Jesús?

Las cartas de Jacobo y Judas están emparentadas por un curioso detalle. En la primera, el autor se identifica como «Jacobo, siervo de Dios y de Jesús Cristo». En la segunda, el autor se presenta como «Judas, siervo de Jesús Cristo, hermano de Jacobo».

Esto tiene su intríngulis, pues en los evangelios se nombra a dos Jacobos que fueron discípulos de Jesús: Jacobo el Menor, al que siempre se le nombra como el hijo de Alfeo, y del que sabemos muy poco, y Jacobo el Mayor, hijo de Zebedeo y Salomé y hermano mayor del también apóstol Juan, presente en numerosas escenas evangélicas.

Este segundo podría ser un candidato válido, pero hay un problema: en Hechos 12, 1-2 se cuenta que predicó por Judea hasta que Herodes Agripa lo mandó ejecutar hacia el año 41 o 42, lo que le convirtió en el primer apóstol martirizado. Claro que existe una antigua tradición que muchos de ustedes conocerán: se dice que cruzó el Mediterráneo y desembargo en la Hispania romana para difundir el mensaje de Jesús, y que tras varios avatares, y tras encontrarse con la mismísima Virgen María en Muxía (La Coruña) y en Caesar Augusta (la actual Zaragoza), regresó a su tierra, donde terminó falleciendo. Pero sus restos fueron traídos de nuevo a Hispania por sus discípulos, que decidieron enterrarlos en Iria Flavia, la capital de la Gallaecia romana... muy cerquita de la actual Santiago de Compostela...

Sea como fuere, tampoco pudo ser Jacobo el Mayor el autor de esta carta, pues murió demasiado pronto. Pero queda otro Jacobo que, al menos para la tradición católica, terminó siendo el elegido: el Jacobo al que Pablo se refirió como «el hermano del Señor» y líder de la Iglesia de Jerusalén (en Gálatas 1, 19), como también hizo el anónimo autor de Hechos. Esto es muy sugerente, sobre todo si lo ponemos en relación a lo que afirmó el autor de la otra carta, Judas, que aseguraba ser el hermano del tal Jacobo. De ser así, sería, por lo tanto, hermano de Jesús también. ¿Es posible esto? No lo sabemos, pero en Marcos 6, 3 podemos leer lo siguiente:

Catedral de Santiago de Compostela, donde se cree que yacen
los restos mortales de Jacobo el Mayor. Foto del autor.

«¿No es este el carpintero, el hijo de María y el hermano de Jacobo, Joseto, Judas y Simón? ¿No estaban sus hermanas aquí entre nosotros?».

Es decir, según la tradición evangélica más antigua, es posible. Claro, este señor, según se cuenta en Hechos, fue asesinado en el año 62 —la fecha la aportó Flavio Josefo, que, sorprendentemente, también se hizo eco de su muerte—, una fecha demasiado temprana, pero más aceptable. Por ese motivo, muchos exégetas cristianos de finales del siglo XIX y comienzos del XX atribuyeron esta carta a este señor.

Pero no parece probable, más que nada porque está escrita en un griego cultísimo y muy rico, todo lo contrario que podríamos esperar de un judío galileo del siglo I. Sí, claro, pudo ser redactada por un escriba, pero esa es una solución demasiado facilona. Otra cosa es que su verdadero autor pretendiese hacerse pasar por Jacobo el Justo, el hermano de Jesús. Eso sí parece probable. Además, todo parece indicar que se redactó a finales del siglo I.

Sea como fuere, la carta de Jacobo no tiene demasiado interés. Está compuesta por una serie de exhortaciones sobre diversos temas relacionados con la práctica diaria de un buen creyente, como la importancia de ser justo y misericordioso, la atención a los pobres, la necesaria humildad, el apego a la ley suprema del amor o la defensa de llevar una vida austera y centrada en preparar el camino para la salvación. Esto sí que tiene cierta importancia, pues el autor de la misiva parece darle más importancia que Pablo a las buenas obras, camino de salvación también, junto con la fe en Jesús. De ahí, por ejemplo, que Jacobo, o quien sea, proponga como necesario un ideal de pobreza, atacando de forma furibunda a los ricos que se centran solo en lo material.

En definitiva, se trata más bien de un listado algo inconexo de normas de conducta que el autor pensaba que debían seguir las comunidades cristianas.

Pero, precisamente por esos matices no paulinos, la carta tardó en ser admitida en los diversos cánones: aunque Orígenes e Ireneo la reconocieron como Escritura, no se incluyó en el canon de Muratori y, en una fecha tan tardía como el siglo IV, Eusebio de Cesarea la consideraba aún no canónica; aunque poco después sí fue incluida en el canon que elaboró Atanasio de Alejandría.

En realidad, ese es el único interés de esta carta, aparte de la posibilidad poco posible de que fuese escrita por un hermano de Jesús, una nueva evidencia de que en el Nuevo Testamento podemos encontrar concepciones muy diferentes tanto de quién fue Jesús como de cómo había que organizar las Iglesias y el camino de los cristianos hacia la salvación.

Por cierto, Lutero también expresó su opinión al respecto, considerando que era «una carta de paja» y que no debía ser considerada canónica, aunque luego cambió de idea y llegó a aceptar que era cosa del hermano de Jesús. Aun así, sigue siendo problemática para los luteranos y para los protestantes en general.

Respecto a la carta de Judas, hay que dejar claro que se trata de toda una rareza, sobre todo porque su autor, fuera quien fuese, tiró de algunas obras apócrifas judías. Además, como vimos, el mismo autor se identifica como hermano de Jacobo, lo que puede implicar que también fuese un hermano de Jesús. No lo sabemos. Ya hablaremos más adelante de la posibilidad de que se trate de un hermano gemelo, casi siempre identificado con el nombre de Tomás... En cualquier caso, la tradición cristiana se la atribuye al apóstol Judas Tadeo, uno de los doce, lo cual resulta muy llamativo, pues en el propio texto el autor habla de «los apóstoles de nuestro señor Jesús Cristo» sin incluirse a sí mismo.

Además, tuvo que ser escrita a finales del siglo I, pues fue utilizada por el autor de la Segunda Carta de Pedro, que se escribió en la primera mitad del siglo II. Quizás sea este el motivo por el que fue incluida desde antiguo en el canon. Todos los padres de la Iglesia la aceptaron, así como el fragmento de Muratori. Eso sí, Lutero, una vez más, la consideró como dudosa.

La misiva de Judas, si es que realmente lo fue, pues no lo parece, se centra en atacar a los adversarios presentes dentro de su propia comunidad; y esto, cuanto menos, ya la hace muy interesante.

> «Me hallé en el apremio de escribiros para exhortaros a combatir por la transmitida a los santos de una vez por todas. Es el caso que han hecho irrupción unos individuos cuya condena estaba ya escrita de antemano, impíos que mudan en libertinaje la gracia de nuestro Dios y reniegan de nuestro único soberano y señor Jesús Cristo» (Jds 3, 4).

«Son tipos liosos, siempre insatisfechos al estar arrastrados por sus deseos, que abren la boca para decir palabras arrogantes y que con tal de sacar provecho son capaces de poner por las nubes a cualquiera» (Jds 16).

Además, para legitimar y construir sus ataques, ni tira de los profetas, ni de las cartas de Pablo, ni siquiera de los evangelios. Sin embargo, sí que apela al Pentateuco (los cinco primeros libros de la Biblia) y a algunos apócrifos judíos, como el *Primer Libro de Henoc*, al que cita literalmente, y la *Ascensión de Moisés*. Esto ha llevado a pensar que su autor real podría ser un judeocristiano formado en alguna escuela rabínica de la diáspora.

La cuestión es: ¿quiénes eran esos «tipos liosos»? Algunos investigadores creen que hablaba en general, de falsos maestros o de grupillos heréticos, mientras que otros consideran, quizás con más razón, que se refería a algo concreto. Pero no ofrece apenas pista que nos permita deducirlo. Se ha sugerido que podría tratarse de gnósticos o protognósticos, pero no hay nada que permita avalarlo. En cualquier caso, estamos ante una nueva muestra de que en aquellas primeras décadas de historia del cristianismo había varias corrientes bien diferenciadas.

1 Pedro: comienza la persecución

De nuevo nos encontramos con dos escritos muy breves que no tienen demasiado que aportar. Por un lado, porque, aunque el autor afirme ser «Pedro, apóstol de Jesús Cristo», es evidente que se trata de escritos pseudoepigráficos, pese que casi todos los padres de la Iglesia dieron por hecho que era cosa suya.

La primera está dirigida a las comunidades cristianas de Asia Menor: «Ponto, Galacia, Capadocia, Asia y Bitinia», casi todas creadas por Pablo o los suyos, por eso el regusto paulino se hace más que evidente —un motivo más para dudar de que el autor sea Pedro—. Lo interesante es que comenta que esas comunidades están siendo perseguidas, pero el autor no identifica en ningún momento por parte de quién. En cambio, se centra en ofrecer un resumen denso pero eficaz de la fe cristiana y de las normas que se deben seguir para conseguir la ansiada salvación, una clara exhortación a la moral cristiana que se debe llevar, siempre en relación a esas tribulaciones por las que están pasando dichas comunidades. Un ejemplo:

«Proceded, sin embargo, con dulzura y respeto, a fuer de personas que obran con buena conciencia, de modo que con respecto a las calumnias que os abruman, podáis confundirlos, a esos que levantan maledicencias por vuestra buena conducta con Cristo. Pues si tal es la voluntad de Dios, es mejor sufrir por hacer el bien que por hacer el mal. También Cristo padeció de una vez por todas por los pecados; justo como era, padeció por los injustos, para conducirnos a Dios» (1 Pe 3, 16-18).

O este otro:

«Amados míos, no os extrañéis del incendio que habéis visto inflamarse a vuestro alrededor para poneros a prueba, como si sucediera una cosa rara, antes bien, ya que participáis en los sufrimientos de Cristo, debéis alegraros, de modo que cuando llegue el día de la revelación de su gloria os llenéis de gozo. Daos por dichosos si os ultrajan por el nombre de Cristo, pues el espíritu de gloria, el espíritu de Dios, reposa sobre vosotros. Lo importante es que no os acusen como asesinos, como ladrones, como malhechores o como entrometidos en cosa ajena; ahora bien, si os acusan como cristianos, no os avergoncéis» (1 Pe 4, 12-16).

Pero ¿quiénes eran aquellos que perseguían a estas comunidades? No se sabe, pero los historiadores han planteado una posibilidad tan sugerente como plausible que guarda relación con una de las pocas fuentes no cristianas de esta primera época, una famosa carta que escribió Plinio el Joven, sobrino de Plinio el Viejo, un experto en derecho, político, escritor y científico romano, que vivió entre el 61 y el 112 d. C. y que fue considerado como el mejor naturalista de la antigüedad.

La carta en cuestión estaba dirigida al entonces emperador Trajano (53-117), sevillano de origen, y fue escrita entre el 100 y 112 d. C. desde Bitinia —un territorio al noroeste de Asia Menor, actual Turquía—, región de la que fue embajador y donde supuestamente murió. Como recordarán, el autor de esta 1 Pedro se dirigió, entre otras comunidades, a Bitinia.

En la misiva, Plinio le pide consejo al emperador ante un problema que no sabe cómo resolver: los cristianos. Permítanme que les reproduzca a continuación parte del contenido de esta famosa carta porque no tiene desperdicio:

«Señor, es regla mía someter a tu arbitrio todas las cuestiones en las que tengo alguna duda. ¿Quién mejor para encauzar mi inseguridad o para instruir mi ignorancia? Nunca he llevado a cabo investigaciones sobre los cristianos: no sé, por tanto, qué hechos ni en qué medida deban ser castigados o perseguidos. Y harto confuso me he preguntado si no se debería hacer diferencias a causa de la edad, o si la tierna edad ha de ser tratada del mismo modo que la adulta; si se debe perdonar a quien se arrepiente, o bien si a quien haya sido cristiano le vale de algo el abjurar; si se ha de castigar por el mero nombre (de cristiano), aun cuando no hayan hecho actos delictivos, o los delitos que van unidos a dicho nombre.

Estatua de Trajano divinizado en el sitio arqueológico de Itálica. Es una réplica del original expuesto en el Museo Arqueológico de Sevilla.

»Entre tanto, así es como he actuado con quienes me han sido denunciados como cristianos. Les preguntaba a ellos mismos si eran cristianos. A los que respondían afirmativamente, les repetía dos o tres veces la pregunta, amenazando con suplicio; a quienes perseveraban, les hacía matar. Nunca he dudado, de hecho, fuera lo que fuese lo que confesaban, que tal contumacia y obstinación inflexible merece castigo al menos. A otros, convictos de la misma locura, he hecho trámites para enviarlos a Roma, puesto que eran ciudadanos romanos.

»[...] He considerado necesario arrancar la verdad, incluso con torturas, a dos esclavas que se llamaban servidoras. Pero no conseguí descubrir más que una superstición perversa y desmesurada. Por eso, tras suspender las indagaciones, acudo a ti en busca de consejo. El asunto me ha parecido digno de consultar, sobre todo por el número de denunciados: son muchos, de hecho, de toda edad, de toda clase social, de ambos sexos, los que están o estarán en peligro. Y no es solo en las ciudades, también en las aldeas y en los campos donde se ha difundido el contagio de esta superstición. Por eso me parece necesario contenerla y hacerla acallar. Me consta, de hecho, que los templos, que habían quedado casi desiertos, comienzan de nuevo a ser frecuentados, y que las ceremonias rituales que hace tiempo habían sido interrumpidas, se retoman, y que se vende en todas partes la carne de las víctimas que hasta la fecha tenían escasos compradores. De donde puede deducir qué gran cantidad de hombres podría enmendarse si se aceptase su arrepentimiento». (*Epístolas*, X, 96, 97).

Y a continuación, la respuesta de Trajano:

«Querido Plinio, tú has actuado muy bien en los procesos contra los cristianos. A este respecto no será posible establecer normas fijas. Ellos no deberán ser perseguidos, pero deberán ser castigados en caso de ser denunciados. En cualquier caso, si el acusado declara que deja de ser cristiano y lo prueba por la vía de los hechos, esto es, consiente en adorar nuestros dioses, en ese caso debe ser perdonado. Por lo que respecta a las denuncias anónimas, estas no deben ser aceptadas por ningún motivo ya que ellas constituyen un detestable ejemplo: son cosas que no corresponden a nuestro siglo» (*Epístolas*, X, 96, 97).

La carta deja bien claro que, en fechas tan tempranas como principios del siglo II, los seguidores del nazareno, a quien honraban y consideraban ya como un dios, eran numerosos en una zona tan alejada de Israel o de Roma como Bitinia —en el norte de la actual Turquía, recuerden—. Es significativo que Plinio trate al cristianismo como una superstición incómoda y en auge, pese a las persecuciones, y que se sorprenda del gran número de denuncias anónimas que se recibían en este campo.

¿Es posible que esta supuesta carta de Pedro hiciese alusión a esta persecución orquestada por Plinio? Sí, es posible, pero nunca lo sabremos. Desde luego, por la fecha, parece razonable creerlo.

Por último, dado que desde antiguo se dio por hecho que era cosa de Pedro, es reconocida como canónica por todos, excepto, curiosamente, por el fragmento de Muratori.

2 Pedro: la transfiguración y el creacionismo de la Tierra joven

Respecto a la segunda carta de Pedro, sobra decir que también es pseudoepigráfica y bastante tardía, probablemente de mediados del siglo II; en cuanto a su canonicidad, sucede exactamente los mismo que con la primera. Lo curioso es que su desconocido autor se tomó muy en serio la tarea de hacerse pasar por el apóstol para dotar de legitimidad a su escrito, por ejemplo así:

> «El conocimiento que os transmitimos acerca del poder y del advenimiento de nuestro señor Jesús Cristo no estaba basado en el seguimiento servil de mitos embrollados, sino en el hecho de que fuimos testigos oculares de su grandeza» (2 Pe 1, 16).

O afirmando explícitamente que esta era la segunda carta que escribía (3, 1) o que había sido testigo de la transfiguración de Jesús (1, 16). ¿Conocen esta inquietante escena evangélica presente en los tres sinópticos? ¿No? Hablemos de esto brevemente.

Marcos lo narró así:

> «Seis días después, Jesús tomó a Pedro, a Jacobo y a Juan, los condujo en privado, a ellos solos, hasta una montaña elevada y se transfiguró ante ellos; su ropa se tornó resplandeciente, blanca en extremo, como ningún batanero sobre la tierra podría blanquearla así. Allí se les apareció Elías con Moisés y estaban hablando con Jesús. Pedro

tomó la palabra y dijo a Jesús: "Rabbí, bueno es que nos quedemos aquí: hagamos tres tiendas; una para ti, otra para Moisés y otra para Elías". Pues no sabía qué responder, porque habían quedado aterrorizados. Entonces vino una nube cubriéndolos con su sombra y llegó una voz desde la nube: "Este es mi hijo amado, escuchadlo". Y de repente, mirando alrededor, no vieron a nadie excepto a Jesús solo con ellos» (Mc 9, 2-8).

Curioso, ¿no? Aunque esta narración es ampliamente considerada como algo legendario, tiene su aquel. Existe cierto consenso en considerar que se trata de un retrato simbólico sobre la entronización de Jesús como hijo de Dios y Mesías, al que se le muestra situado a la misma altura, sino más, que Moisés, el líder del éxodo, y el profeta Elías. Y esto es importante: según las creencias apocalípticas judías del siglo I, Elías regresaría para acompañar al Mesías en el fin de los tiempos —de hecho, el texto de Marcos continúa narrando precisamente esta creencia—. Por eso mismo se afirman en los evangelios que Juan el Bautista «vino con el espíritu de Elías» (Mt 11, 7-15) para preparar el camino de Jesús; por eso, además, Juan se vestía como él…

Así se entiende mejor que esta segunda carta de Pedro se diga lo siguiente:

«El conocimiento que os transmitimos acerca del poder y del advenimiento de nuestro señor Jesús Cristo no estaba basado en el seguimiento servil de mitos embrollados, sino en el hecho de que fuimos testigos oculares de su grandeza» (2 Pe 1, 16).

«Oímos esta voz venida del cielo los que estábamos con él en la santa montaña» (2 Pe 1, 18).

Sea como fuere, esta carta, tras unos párrafos iniciales en los que se exaltan las virtudes del buen cristiano y se abunda en la promesa de la salvación y de la entrada en el Reino de Dios para todos aquellos que desarrollen dichas virtudes, pasa a centrarse en unos enigmáticos falsos maestros que están provocando disidencias y problemas, acercándose e incluso haciendo referencia en varias ocasiones a la carta de Judas, antes comentada.

Por si fuera poco, llega a decir lo siguiente:

«Podéis contar con la generosa salvación de nuestro señor, según os escribió nuestro amado hermano Pablo con la sabiduría que le ha sido otorgada. En sus cartas ha hablado de estos temas. En ellas hay puntos difíciles, sin que falte gente inculta y poco formada que los distorsionen como al resto de las Escrituras, con lo cual andan perdidos» (2 Pe 3, 15-16).

Transfiguración de Jesús, de Carl Bloch, 1872.

Esto evidencia que cuando se escribió este texto, mediados del siglo II, ya se movían colecciones de cartas atribuidas a Pablo. Pero ¿quiénes fueron esos incultos que distorsionaban las partes difíciles de las cartas del apóstol? Hay quien defiende que es una alusión simplista a los gnósticos, pero otros, con bastante más tino, consideran que se refiere a Marción, del que ya hablamos, y su canon primigenio, formado esencialmente por las cartas de Pablo. Parece razonable pensar que esta segunda opción sea acertada.

Además, esta carta incluye un detalle muy chulo que ha dado mucho que hablar.

El autor comenta esto para exponer que el retraso de la segunda venida de Jesús y de la instauración del reino de Dios es normal y obedece a motivos divinos:

> «El señor no retrasa el cumplimiento de la promesa, retraso que le achacan algunos; lo que ocurre es que tiene paciencia con vosotros y no quiere que nadie se pierda, antes bien quiere llevarlos todos a enmienda» (2 Pe 3, 9).

Es decir, la demora se debe a que aún no se ha evangelizado al suficiente número de personas como para que Dios mueva pieza y dé comienzo el final de los finales. Pero esta carta evidencia que sí que había algunos que dudaban ya de que esto se fuese a producir. Pero, ¿quiénes somos nosotros para entender a Dios? Su sentido del tiempo no es el nuestro. De aquí que este autor diga: «A los ojos del Señor un día es como mil años, y mil años como un día» (3, 8).

Esto último fue utilizado desde antiguo para argumentar que la creación descrita en los primeros capítulos del Génesis (1-2; 3), a lo largo de seis días, se produjo en realidad en seis mil años.

Uno de los primeros en plantearlo fue Beda el Venerable (672-735), un monje benedictino nacido en Northumbria, un reino anglo ubicado en la isla de Inglaterra, que dedicó largo tiempo a explicar, como pudo, la datación de los sucesos narrados en el Antiguo Testamento. En su obra *De Temporibus*, publicada a principios del siglo VIII, afirmó que Jesús había nacido 3952 años después de la creación del mundo, en lugar de 5000, como hasta entonces defendían los religiosos —desde Isidoro de Sevilla, que fue el primero en proponerlo—, pues pensaba que el mundo tendría una duración de 6000 mil años, y que este periodo se dividía en seis edades, las *sex aetates mundi*. Curiosamente, esto levantó suspicacias y algunos monjes del monasterio de Hexham le acusaron de hereje, aunque consiguió salir impune.

Nuestro Alfonso X de Castilla (1221-1284), por cierto, planteó una fecha más tardía, el año 6894 a. C.

Casi diez siglos después de Beda, otro religioso inglés, James Ussher (1581-1656), argumentó en su libro *Los anales del mundo* una fecha bastante cercana a la propuesta por Beda: pensaba que el mundo se creó a las 18:00 horas del sábado 22 de octubre del año 4004 a. C., ya que llegó a la conclusión, relativamente acertada, de que Jesús nació en el año 4 a. C., pues, según el evangelio de Mateo, Herodes el Grande estaba vivo, y sabemos que este murió ese año. Su propuesta tuvo bastante éxito y pronto aparecieron ediciones inglesas en las que se databan los acontecimientos narrados según su cronología.

Lo asombroso es que en la actualidad hay muchas personas que defienden esta idea, y siempre según lo expuesto en la segunda carta de Pedro. Se trata de lo que se conoce como Young Earth Creationism («creacionismo de la Tierra joven»), un movimiento marginal dentro del más amplio colectivo creacionista de Estados Unidos, cercano a la cosmología de los adventistas del séptimo día y su profetisa, Ellen White, a los testigos de Jehová y a otros movimientos cristianos fundamentalistas, que también defendieron esta idea. O quizás no sea tan marginal, a saber: en el año 2017, la consultora Gallup, conocida por sus estudios sociológicos y de mercado, realizó una encuesta telefónica en la que se preguntaba: «¿Cuál de las siguientes afirmaciones se aproxima más a sus opiniones sobre el origen y el desarrollo de los seres humanos?»; y se daban tres respuestas a elegir: los seres humanos evolucionaron, pero el proceso está guiado por Dios; los seres humanos evolucionaron, pero Dios no formó parte del proceso; y Dios creó a los humanos en su forma actual dentro de los últimos diez mil años. El resultado fue brutal: solo un 19 % apostó por la segunda opción, mientras que las otras dos respuestas empataron con un 38 %. Es decir, un 38 % defiende el creacionismo de la Tierra Joven, y el mismo porcentaje cree en la evolución como herramienta creativa divina, lo que implica que un 76 % de los encuestados eran creacionistas.

Lo fuerte es que Gallup lleva haciendo esta misma encuesta desde 1981. En aquella ocasión, el resultado fue similar, aunque, siendo justos, la opción descreída fue solo de un 9 %.

EL APOCALIPSIS

Como hemos visto, tanto Juan el Bautista como Jesús, su discípulo, estaban firmemente convencidos de que la llegada del Reino de Dios era inminente. Jesús, probablemente, llegó a creer que era el Mesías esperado por los judíos, aquel que se colocaría a la vanguardia de ese esperado momento. Pero, para consternación de sus discípulos, que también pensaban eso, fue ejecutado en la cruz. Ya sabemos lo que pasó después. No solo dieron por hecho que había resucitado, sino que se convencieron de que volvería de nuevo para dar, por fin, cumplimiento a su promesa. Pablo, como veremos, defendía con fervor que esta segunda venida era inminente y que había que preparar todo para cuando llegase el momento, lo que incluía predicar la buena nueva entre el mayor número de gentiles posible.

Pero Pablo murió, como todos los discípulos de Jesús. Y el momento no llegaba, pero debía de llegar. De ahí que los cristianos posteriores, aunque ya no tenían tan claro que fuese algo inminente, siguiesen predicando el evangelio, seguros como estaban de que la promesa de Jesús y sus apóstoles se cumpliría tarde o temprano. Claro, en el ínterin, había que organizarse, y así nació la Iglesia...

En realidad, toda esta trama no es más que la continuación, desde una perspectiva nueva, cristiana, de algo que llevaba presente desde siglos atrás entre los judíos, al menos desde que en 586 a. C. la ciudad de Jerusalén fue tomada por Nabucodonosor, líder del Imperio babilónico, que arrasó el templo, se llevó sus tesoros, secuestró a gran parte de sus habitantes (sobre todo nobles) y los alojó en Babilonia, donde estuvieron en cautividad durante casi cincuenta años, hasta que en el 538 a. C., gracias a Ciro II y los persas, pudieron regresar a Palestina. Esto, el llamado Cautiverio de Babilonia, marcó el carácter posterior del pueblo de Israel, como deja bien claro la Biblia: al contrario de lo que suele pasar, el fracaso, la desgracia y el exilio se convirtieron en motivos de unión, identidad y afianzamiento de sus creencias, al considerar aquella tragedia como un castigo divino.

La monarquía israelita desapareció poco después, con la muerte, hacia el 515 a. C., de Zorobabel, el último rey descendiente de David y el líder de los exiliados que regresaron desde Babilonia. Desde entonces, y durante los doscientos años que duró el dominio persa, los judíos tuvieron un estado semiindependiente. Este periodo concluyó en el 331 a. C., cuando las tropas de Alejandro Magno vencieron a las de Darío III. Esto tendrá como principal consecuencia una progresiva helenización de la zona, que se fue impregnando, paulatinamente, de la cultura, el arte, las ciencias, la lengua y la filosofía griega.

Tras la muerte de Alejandro, en el 323 a. C., Israel quedó bajo el dominio del reino ptolemaico de Egipto, para posteriormente, a comienzos del siglo II a. C., pasar a formar parte del reino de los seléucidas de Siria, otro imperio formado por sucesores de Alejandro. Esta última dinastía se mostró especialmente agresiva con la cultura y religión judía. Tras siglos de sumisión ante distintos imperios (Egipto, Babilonia, Persia, Macedonia), los israelitas desarrollaron un fuerte anhelo por liberar a su país del opresor extranjero, sobre todo para poder desarrollar sin trabas sus creencias y rituales religiosos, reunir a las doce tribus y restaurar el mítico y antiguo Israel de David y Salomón. Es más, esperaban que fuese un descendiente de aquella estirpe el que devolviese a su pueblo la gloria perdida, siempre con el amparo de un dios que parecía haberlos abandonado. El mítico Mesías que anunciaron sus profetas y que nunca acababa de llegar.

En el año 142 a. C. consiguieron la independencia política completa respecto a Siria. Así nació la casa de los Asmoneos, que dirigió un Israel libre durante un siglo y pico. Sería la última vez que el pueblo elegido gobernase independientemente en su tierra prometida. Hasta 1948…

Esta época de autonomía judía finalizó en el año 63 a. C., cuando las tropas de Pompeyo (106-48 a. C.), un general que gobernó Roma junto a Julio César y Marco Licinio Craso, tomaron Israel. Aun así, la dinastía asmonea se mantuvo hasta el 37 a. C., fecha en la que el idumeo Herodes el Grande (73-4 a. C.) fue nombrado por el Senado romano rey de Judea, cargo que mantuvo hasta su muerte, en el 4 a. C.

En ese contexto de la dominación romana y el reinado de Herodes crecieron exponencialmente las ansias mesiánicas del pueblo judío.

Y en ese contexto crecieron Juan el Bautista, Jesús y los discípulos de ambos, así como otros grupos apocalípticos, como los esenios de Qumrán. No es de extrañar, por lo tanto, que los cristianos heredasen esas ansias y que las desarrollasen a finales del siglo I, cuando comenzaron a ser perseguidos por los romanos.

Pues bien, no se sabe exactamente en qué momento, pero por esta época le sucedió algo alucinante a un cristiano llamado Juan, que debió ser un conocido predicador del evangelio y que estaba desterrado en una isla del mar Egeo, Patmos, como el propio autor indica. Allí, comenzó a tener una serie de visiones y revelaciones, o eso pensó, que le llevaron a comprender que todas las tribulaciones por las que estaba pasando el nuevo pueblo elegido, los seguidores de Jesús, formaban parte de un plan divino centrado en conceder, por fin, la salvación a toda la humanidad; y para ello, dedujo, el mundo tenía que terminar, y todo parecía indicar que no quedaba demasiado tiempo. Pero antes tendría lugar una batalla entre las fuerzas de Dios y las del Diablo y su principal aliada, Roma.

Todo esto, y mucho más, lo dejó escrito en un extraño y complicadísimo libro que ha pasado a la posteridad con el nombre de Apocalipsis, palabra que procede del vocablo griego *apokálypsis*, que significa «revelación». De hecho, así comienza esta perturbadora obra:

«Revelación de Jesucristo, que Dios le dio para mostrar a sus siervos lo que ha de suceder pronto, enviando a su Ángel para indicar su significado a su siervo Juan; este ha dado testimonio de la palabra de Dios y del testimonio propio de Jesucristo: todo lo que vio. Dichoso el que lo lea y los que escuchen las palabras de esta profecía y guarden lo escrito en ella, porque el momento está cerca» (Ap 1, 1-3).

Pero ¿quién fue el tal Juan? Ni idea. La tradición cristiana, como ya he comentado, consideró que se trataba, una vez más, de Juan, el hijo de Zebedeo. Muchos padres de la Iglesia lo vieron posible, pero no lo es, en parte porque su teología es claramente paulina, alejada, por lo tanto, del pensamiento del propio Jesús, pero también porque el propio texto habla del séptimo u octavo emperador romano (17,10) —se barajan como posibles candidatos Vespasiano, que reinó entre el año 69 y el 79, y Domiciano, entre el 81 y el 96, en función de que incluyamos a Julio César en la cuenta—. Otra cosa es que el autor real del cuarto evangelio, también adjudicado a Juan el Zebedeo, fuese también el responsable de este texto. Pero tampoco es probable: ni el lenguaje ni el estilo, ni siquiera las ideas teológicas, son compatibles.

Respecto a la fecha, más de lo mismo. Se sabe que tuvo que ser anterior al año 140, pues Papías de Alejandría conocía bien la obra y escribió sobre ella, y que debió ser posterior a la primera guerra Judeo-Romana, que concluyó en el 70. Y luego tenemos el detalle de los emperadores romanos, que nos remonta a la década de los ochenta o a la siguiente. A partir de esto, solo podemos especular. Y aunque no hay un consenso amplio, muchos estudiosos consideran probable que se escribiese en tiempos de Trajano, a comienzos del siglo II, durante la persecución que este realizó contra los cristianos de Asia Menor, de la que se hizo eco Plinio en sus cartas y de la que hablamos anteriormente, cuando comentamos la primera carta de Pedro.

Por todo esto, la inclusión en el canon cristiano de esta obra no fue fácil. Como vimos, no aparece en el fragmento de Muratori, en el que, en cambio, sí se incluyó otro texto similar, el *Apocalipsis de Pedro*. De hecho, no fue aceptado plenamente hasta el siglo IV, cuando comenzó a reinterpretarse simbólicamente. Esta es la clave.

En cuanto al contenido, como comprenderán, no es mi intención, ni puede serlo, entrar en detalle y analizar como se merece el Apocalipsis. Ni tengo las páginas que necesitaría ni encaja con el rollo de este libro. Pero, por supuesto, sí que me gustaría comentar algunas ideas interesantes y curiosas respecto al contenido, el contexto y la teología de esta obra revelada.

Además, es importante entender que, aunque se trate de una obra cristiana, forma parte de un enorme conjunto de obras apocalípticas que los judíos redactaron entre el siglo I a. C. y la primera mitad del siguiente, aunque hay unos cuantos más anteriores. El maestro Antonio Piñero, gran especialista en este tema, y en muchos otros relacionados con el Jesús de la historia, publicó una obra titulada *Los Apocalipsis, 45 textos apocalípticos judíos y cristianos*, en la que daba buena cuenta de ellos. Si quieren saber más, ya saben. *This is the way.*

El milenarismo y el juicio final

El Apocalipsis nos muestra a un Mesías humano, descendiente de la estirpe de David, aunque también divino, sobre todo tras entregarse voluntariamente a la cruz para expiar los pecados del mundo —por eso se le denomina más de veinticinco veces como el «cordero»—, tras resucitar y tras ascender a los cielos. Allí, el Mesías, convertido en una suerte de semidios, asume el rol de preparar el ataque final contra el maligno y la instauración definitiva del Reino de Dios.

Así, llegará un momento en que inevitablemente se producirá una gigantesca batalla celeste entre las fuerzas malignas, lideradas por Satanás, y las fuerzas divinas, bajo el mundo del arcángel Miguel.

> «Y se produjo una guerra en el cielo: Miguel y sus ángeles luchaban contra el dragón. También lucharon el dragos y sus ángeles, pero no prevalecieron, ni se volvió a hallar un lugar para ellos en el cielo. Y fue arrojado fuera el gran dragón, la serpiente antigua —llamada "Diablo" y "el Satanás", el que extravía al mundo entero—, fue arrojada a la tierra, y sus ángeles fueron arrojados con él» (Ap 12, 7-9).

Como es lógico, la batalla la ganarán los del bando de Dios, que partían con una clara ventaja en este enfrentamiento, a todas luces desigual. Pero aún quedará trabajo por hacer, pues el mal aún controlaba su último reducto, nuestro planeta, a donde habían sido arrojados y donde aún permanecían algunas de sus potencias, como la muerte. Así, tras el juicio final, del que ahora hablaremos, llegó la batalla definitiva:

> «Y la Muerte y el Hades fueron arrojados al lago de fuego. Esta es la muerte segunda, el lago de fuego. Y si alguno no fue hallado escrito en el libro de la vida fue arrojado al lago de fuego» (Ap 20, 14-15).

El mal y la muerte por fin habían sido vencidos, y entonces…

> «Y vi un cielo nuevo y una tierra nueva, pues el primer cielo y la primera tierra desaparecieron, y el mar no existe ya. Y la ciudad santa, la nueva Jerusalén, que bajaba del cielo, de Dios, ataviada como novia que se engalana para su marido. Y oí una gran voz que decía desde el trono: "Mira la morada de Dios con los hombres; morará con ellos, y ellos serán sus pueblos, y Dios mismo estará con ellos, su Dios. Y enjugará toda lágrima en sus ojos y ya no habrá muerte, ni habrá ya

duelo, ni gritos, ni fatiga, porque las cosas primeras ya han pasado". […] Al sediento yo le daré gratis de la fuente del agua de la vida. El vencedor heredará estas cosas, "seré su Dios y él será mi hijo". Pero los cobardes, infieles, abominables, asesinos, fornicarios, hechiceros, idólatras y todos los embusteros tendrán su parte en el lago que arde con fuego y azufre, que es la segunda muerte» (Ap 21, 1-4, 6-8).

Es decir, tras la derrota de las huestes diabólicas, se producirá la segunda venida de Jesús y se instaurará una nueva Jerusalén, ahora habitada por todos los elegidos y salvados, gentiles y judíos. Pero aquí, en la tierra, no en el cielo. Esto es muy importante, en parte porque los cristianos posteriores acabaron pasando por completo de esta idea, pese a que se plasmó en un libro canónico, y renegaron de que el Reino de Dios fuese material, terrestre.

Eso sí, este reino provisional duraría solo mil años, el tiempo durante el cual, según el Apocalipsis (20) el demonio permanecerá atado en el infierno. De esto, amigos lectores, procede el milenarismo, una corriente que se puso muy de moda durante la Edad Media, sobre todo en el siglo XII. Pero, ojo, no se trata del definitivo Reino de Dios, que para la Iglesia no tendría lugar en la tierra, sino en el cielo. Eso llegaría más adelante, aunque los católicos mantuvieron ideas enfrentadas al respecto.

Puerta del Juicio Final, Catedral de Notre Dame de París. En el centro podemos observar al arcángel san Miguel pesando las almas y a dos demonios que tratan de inclinar la balanza a su favor.

Por otro lado, es importante entender que antes de esto, habrá un juicio, el Juicio Final, en el que todos los humanos seremos juzgados por las obras que hayamos realizado en vida. Ojo a esto:

> «Y vi a los muertos, grandes y pequeños, de pie delante del trono, y fueron abiertos los libros; fue abierto otro libro, que es el de la vida. Y fueron juzgados los muertos por lo que estaba escrito en los libros, según sus obras. Y entregó el mar los muertos que en él había, y la Muerte y el Hades entregaron a sus muertos, y fue juzgado cada uno según sus obras» (Ap 20, 12-13).

Esto es muy curioso: según esta obra, las vidas de cada de uno de nosotros, pecadores, están escritas en libros; libros que serán abiertos cuando llegue el momento de ajustar cuentas con Dios. Ya saben.

De este modo, los cristianos de su época, finales del siglo I, los primeros lectores de este libro, tuvieron que ver saciadas sus dudas y sus tormentos por las tribulaciones y persecuciones que estaban viviendo. Sí, estaban pasando malos momentos, pero si se mantenían firmes en su fe y en sus buenas acciones, llegado el momento, que estaba próximo, se verán ricamente recompensados.

Pero esto no pasó. La profecía no se cumplió. De ahí que la Iglesia católica, que lo aceptó como libro canónico, se viese obligada a darle una vuelta de tuerca al tema y reinterpretar el Apocalipsis como algo simbólico, algo que pasará, sí, pero en un momento indeterminado, y quizás de otro modo, aunque el esquema general, se afirmó, sería similar.

El anticristo

Seguro que alguna vez han escuchado hablar del anticristo —o el antimesías, como lo traduce el amigo Antonio Piñero—, y seguro que han visto la extraordinaria película *La profecía* (*The Omen*), dirigida por Richard Donner en 1976. Pues bien, aunque existe la opinión popular de que se trata de un personaje mencionado en el Apocalipsis, esto no es del todo cierto. Realmente, donde se le menciona de forma explícita es en las dos cartas de Juan, como vimos unas páginas atrás. Permítanme que vuelva a poner las citas. En verdad es necesario.

> «Conforme habéis escuchado que viene un antimesías, precisamente ahora han surgido muchos antimesías, de donde conocemos que es la última hora» (1 Jn 2, 18).

> «¿Quién es el mentiroso sino el que niega que Jesús es el Mesías? Ese es el antimesías, el que niega al Padre y al Hijo. Todo el que niega al Hijo no tiene al Padre» (1 Jn 2, 22-23).

Es decir, según el autor de esta carta, más que un sujeto individual, se trata de un plural, de todos aquellos que niegan a Jesús como hijo de Dios.

Algo parecido pensaba el autor de la segunda carta a los Tesalonicenses, que pretendía hacerse pasar por Pablo:

> «Que nadie os engañe de ninguna manera, porque antes [de la segunda venida de Jesús] vendrá la apostasía y se manifestará el hombre inicuo, el hijo de la perdición, el adversario que se rebela contra todo lo que se llama Dios o es objeto de culto, hasta el punto de residir en el templo de Dios, mostrándose como si fuera Dios» (2 Tes 2, 3-4).

> «Entonces se manifestará el impío, a quien el Señor Jesús matará con el aliento de su boca y aniquilará con la majestad de su venida. La venida del impío se realiza por la actuación de Satanás con todo su poder, con signos y prodigios falsos, con toda clase de engaños inicuos destinados para los que caminan hacia la perdición, porque no han aceptado el amor de la verdad en orden a su salvación» (2 Tes 2, 9.10).

Como pueden apreciar, el retrato que se ofrece de este ser encaja a la perfección con la idea previa que, más o menos, todos podemos tener sobre el anticristo: será un enviado de Satanás que hará confundir a la gente porque se mostrará «como si fuera Dios» y con «signos y prodigios falsos».

Ahora bien, ¿qué dice el Apocalipsis al respecto? En el capítulo 13, el autor de este texto explica, a su manera, y con una carga simbólica abrumadora, que Satanás, tras ser arrojado del cielo, contó con la ayuda de dos bestias. La primera «tenía diez cuernos y siete cabezas» (13, 1), había obtenido su poder de Satanás, que le dio «su trono y una gran autoridad» (13, 2), y se encargó de «hacer la guerra contra los santos» (13, 7). Se trata de un símbolo del Imperio romano: los diez cuernos representan a diez reyes vasallos, y las siete cabezas, a siete emperadores.

La segunda «tenía dos cuernos semejantes a los de un cordero, pero hablaba como un dragón» y se encarga de que todos «adoren a la primera Bestia»; una clara referencia al sacerdocio del culto del emperador como deidad, falsos profetas para los cristianos.

Por lo tanto, el anticristo, aunque no se lo menciona así, sería el Imperio romano... o quizás se trate de un emperador concreto: Nerón.

La explicación la encontramos en el último versículo de este capítulo trece, tan enigmático como sugerente:

> «El que tenga inteligencia, calcule el número de la Bestia, pues es un número de hombre, y su número es seiscientos sesenta y seis» (Ap 13, 18).

Ya saben, el famoso 666. Pues bien, muchos estudiosos han relacionado esta cifra con la gematría, un curioso método de interpretación relacionado con el esoterismo judío que asigna valores matemáticos a las palabras de las Escrituras para obtener sugerentes resultados. Así, según la gematría, cada letra del alfabeto judío tiene un valor numérico.

Pues bien, los que defienden esta propuesta consideran que aquel número, el 666, hace alusión el emperador Nerón. Así lo explica don Antonio Piñero:

> «En hebreo sería (transcrito sin vocales, como es usual, pero la vocal /o/ larga se transcribe con la consonante *wau*): *Nron Qsr*, lo que daría: *nun*: 50 + *resh*: 200 + *wav*: 6 + *nun*: 50 + *qof*: 100 + *samekh*: 60 + *resh*: 200 = 666. Esta es la transliteración griega pero escrita con letras hebreas: el nombre de Nerón acaba en /n/ en nominativo.

> »Pero si se piensa en la transliteración latina (en la que el nombre de Nerón acaba en /o/ larga en el nominativo) y se pasa también a letras hebreas, daría Nro Qsr, cuyo equivalente en letras hebreas sería *nun*: 50 + *resh*: 200 + *wav*: 50 + *qof*: 100 + *samekh*: 60 + *resh*: 200 = 616, que es la variante de algunos manuscritos».

(Piñero 2021, 1535)

Esto último es muy curioso e importante: el texto bizantino del Apocalipsis menciona el número 666, pero en otros textos, como el *Códice Ephraemi Syri Rescriptus*, aparece como 616. Por lo tanto, el hecho en sí de que en ambos casos el resultado sea

Nerón, según la gematría, parece una evidencia de que esa era la intención del autor del Apocalipsis.

Pero hay un problema: Nerón falleció en el año 68. La Iglesia ha defendido, por lo tanto, que este texto se escribió antes, ya que se menciona que Juan, el autor, fue exiliado por Nerón en Patmos. Pero no parece posible: el consenso crítico considera que debió escribirse en la última década del siglo I, unos treinta años después. Por lo tanto, el supuesto evento profetizado no podría cumplirse de referirse a Nerón, porque ya había muerto. Pero... lo guapo es que el autor de este texto creía, como otros tantos, que no había fallecido realmente y que volvería al poder —posteriormente, la leyenda cambió y se extendió la idea de que había resucitado; el propio Suetonio lo comentó en su *Vidas de los doce Césares*—. De hecho, en el capítulo 13 parece comentarse algo al respecto: «Y una de sus cabezas estaba como degollada mortalmente, pero su herida mortal se curó» (13, 3). Recuerden que las cabezas hacían referencia a los siete emperadores romanos...

Sea como fuere, posteriormente, en el capítulo 19, se vuelve a mencionar a este antimesías:

> «Y fue apresada la Bestia, y con ella el falso profeta que había hecho delante de ella los signos con los que engañó a los que habían recibido la marca de la Bestia y a los que habían adorado su imagen» (Ap 19, 20).

La referencia a los divinizados emperadores romanos como la bestia es más que evidente. Eso es lo que defendía el autor del Apocalipsis, que, como anteriormente habían defendido Juan el Bautista, Jesús y Pablo, pensaba que el fin del mundo y la llegada del Reino de Dios era algo inminente.

Pero eso no fue lo que entendieron los padres de la Iglesia ni los cristianos de los siglos II, III y IV, que situaron la aparición de esta potestad maligna en el futuro fin de los tiempos que no terminaba de producirse. Con el paso de los siglos, ya en la Edad Media, está figura fue poco a poco recibiendo diferentes atributos y leyendas, convirtiéndose en un personaje tremendamente popular. Más tarde, ya en la Edad Moderna, Lutero llegó a acusar públicamente a su archienemigo, el papa León X, de ser el anticristo. Y en la actualidad, los cristianos más fundamentalistas ven anticristos por todas partes, pero esa es otra historia...

Uno de los frescos sobre el Apocalipsis y el Juicio Final de la capilla de San Brizio de Orvieto (Italia), conocido como *La predicación del Anticristo*, obra de Luca Signorelli (1450-1523), que se inspiró en la *Divina Comedia* de Dante. Fueron realizados en la última década del siglo XV.

Detalle de *La predicación del anticristo*.

Ya para terminar, aunque el autor se empeña desde el primer momento en establecer con rotundidad que todo lo que aparece en este libro le fue revelado, la crítica literaria, siempre atenta, ha expuesto suficiente evidencia como para ponerlo en duda; por ejemplo, identificando escenas o alusiones de libros anteriores, especialmente de la Biblia hebrea. Muchas de sus visiones son idénticas a las que tuvieron algunos de los antiguos profetas. Pero también se aprecian claras referencias a obras cristianas del Nuevo Testamento, sobre todo a los evangelios de Juan y Lucas, y a otras obras apocalípticas anteriores, como 1 Henoc o el libro IV de Esdras, de las que se incluyen párrafos totalmente idénticos. Por supuesto, esto no es impedimento para que su autor, fuera quien fuese, tuviese o creyese tener determinadas revelaciones divinas. Eso no es asunto de los historiadores. Pero es indiscutible que se trata de una obra pensada, bien estructurada y escrita a partir de material literario previo.

Por supuesto, esto no ha impedido que, durante la Edad Media, especialmente cuando se fue acercando el año 1000, el Apocalipsis comenzase a popularizarse de una manera extraordinaria, sirviendo de inspiración para sesudos tratados teológicos, pero también para numerosas obras artísticas. Y claro está, en tiempos más recientes, algunos nuevos cristianismos, como los diferentes movimientos adventistas (adventistas del séptimo día, testigos de Jehová) o evangélicos, surgidos en Estados Unidos, lo han popularizado entre millones de personas que esperan con ansias que llegue el momento de ser arrebatados, por fin, a los cielos... o que les ayude a vencer a las terribles garras del diablo.

Parte 2.
Jesús según el nuevo testamento

La llegada

Sobra decir que el epicentro del Nuevo Testamento, con permiso de las cartas de Pablo, importantísimas, está formado por los cuatro evangelios, que pretenden relatar, cada uno a su manera, cómo fue parte de la vida de Jesús de Nazaret, sus milagros, su mensaje, su terrible muerte y los acontecimientos sobrenaturales que siguieron a esta. Se trata del principal material con el que contamos los buscadores del Jesús de la historia para intentar encontrar al personaje real que, con toda seguridad, subyace a estos relatos; lo que implica asumir que gran parte de lo que sobre él se cuenta en los evangelios son añadidos legendarios que introdujeron los escritores de estos textos porque ya formaban parte de las primigenias tradiciones orales y/o escritas sobre Jesús o porque permitían solucionar determinados problemas teológicos. Un ejemplo perfecto de esto que les comento lo tenemos en las narraciones del nacimiento de Jesús y sus primeros años de vida...

Uno de los aspectos más inquietantes de las narraciones evangélicas gira en torno a la historia de Jesús antes del bautismo en el Jordán a manos de Juan el Bautista. Con esta escena, como vimos, comienza el evangelio más antiguo, el de Marcos, que no le presta la más mínima importancia a su existencia anterior. Nada. Cero. Como vimos también, los siguientes evangelistas, que usaron Marcos como el modelo clave para construir sus propios relatos, intentaron suplir esta notable ausencia. Pero lo hicieron solo en parte, pues tampoco narraron prácticamente nada sobre los primeros treinta años de vida de Jesús, año arriba, año abajo. Sin embargo, ambos aportaron sendas narraciones sobre su nacimiento y sus primeros años de vida.

Lo llamativo es que, como suele ser habitual, las versiones son radicalmente diferentes, incluso contradictorias. ¿Cómo es posible esto?

¿De dónde sacaron sus respectivas historias? ¿Las inventaron? ¿Las escribieron con fines teológicos y narrativos, con la idea de apuntalar sus respectivas ideas sobre quién fue realmente Jesús? Las preguntas se multiplican y las respuestas solo pueden ser aproximaciones.

Pero parece haber algo evidente: aunque las versiones de la infancia de Jesús de Lucas y Mateo no coinciden en casi nada, sí están de acuerdo en algo esencial, en que su nacimiento fue algo milagroso, divino y que formaba parte de un plan de Dios claro y rotundo. Posiblemente porque bebieron de tradiciones anteriores, estaban convencidos de que Jesús era el hijo de Dios *de verdad*, por la carne. Y casi con total seguridad se dejaron seducir por leyendas de tercera generación sobre cómo se produjeron aquellos acontecimientos. Aunque luego, a la hora de redactar sus escritos, las moldearon según sus propias, distinguibles y particulares agendas teológicas.

Por esto mismo, el cuarto evangelista pasó de estas tradiciones, pese a que conocía con toda seguridad los textos de Lucas y Mateo. Pasó porque ya no se trataba de demostrar que Jesús era el hijo de Dios por la carne. No era eso. Era Dios hecho carne, sin más.

Tetramorfos de Puerta del Sarmental, Catedral de Burgos, 1240.

¿DÓNDE?

Tenía que nacer en Belén de Judá. Y en esto sí se pusieron de acuerdo, aunque a lo Sinatra, a su manera. Para el caso es lo mismo. Estos dos evangelistas tenían claro que el esperado y anunciado Mesías debía nacer allí para que se cumpliesen unas antiguas profecías —en este caso de Miqueas—, que el propio Mateo (capítulo 6) mencionó en su versión de los hechos:

> «Pero tú, Belén de Efratá, pequeña entre los clanes de Judá, de ti me saldrá quien señoreará en Israel, cuyos orígenes serán de antiguo, de días de muy remota antigüedad» (Miq 5, 2).

Belén era una antiquísima población cananea que tradicionalmente ha sido considerada la cuna del rey David. En el bíblico primer libro de Samuel se cuenta que el profeta Samuel, después de que Dios rechazase a Saúl como rey de Israel, se dirigió a Belén, por mandato divino, porque allí vivía el elegido para ser el futuro rey, uno de los ochos hijos de Jesé (o Isaí), un joven llamado David. Por esto se pensó que el futuro Mesías de la casa de David, aquel que anunció Miqueas, debía nacer en Belén.

Además, otra profecía bíblica, en este caso de Isaías, aseguraba que el Mesías procedería de allí, de Belén, porque sería un descendiente de Jesé y David: «Saldrá un vástago del tronco de Jesé, un retoño brotará de sus raíces» (Is 11, 1).

Sin embargo, Mateo y Lucas no coincidieron en el lugar en el que vivían María y José: según el primero, en el mismo Belén; según el segundo, en Nazaret, desde donde se trasladaron a Belén con motivo de un censo imperial. Seguro que conocen la historia. Aunque esto del censo era algo absurdo, ya que las familias no debían registrarse en el lugar de donde procedían, sino en el lugar en el que vivían, Lucas lo introdujo para hacer nacer a Jesús en la cuna del rey David.

Dicho esto, la pregunta lógica es: ¿nació Jesús realmente en Belén? No lo parece. El objetivo de ambos era hacer cumplir las profecías bíblicas sobre el Mesías… Parece lógico. Además, hay que tener en cuenta que Marcos y Juan, por el contrario, afirmaron de forma más o menos explícita que nació en Nazaret. ¿Por qué? Porque a Jesús le llamaban Jesús de Nazaret y no Jesús de Belén.

Por este motivo Mateo se vio obligado a incluir en su narración que la familia, después de la huida a Egipto, de la que ya hablaremos, se instaló en Nazaret; porque era sabido por todos que Jesús era de allí. Se supone...

Ahora bien, Nazaret era una población absolutamente desconocida en tiempos de Jesús. Ni aparece en el Antiguo Testamento ni en los apócrifos bíblicos, ni en los textos rabínicos, ni en los manuscritos del mar Muerto; ni hablan de ella los historiadores, ni los judíos, ni los romanos; ni la menciona Pablo en sus epístolas, pues, pese a decir más de 200 veces el nombre de Jesús, nunca le llamó Jesús de Nazaret. Sí existe en la actualidad y es un importante lugar de peregrinación cristiana. Y sí, sabemos que en aquel lugar hubo un pequeño asentamiento desde la Edad del Bronce. Los restos arqueológicos de la época de Jesús incluyen unas necrópolis y lo que uno esperaría encontrar en una pequeña aldea pobre y rural de Galilea: evidencia de que allí vivía gente humilde dedicada a las labores del campo y a su propia supervivencia.

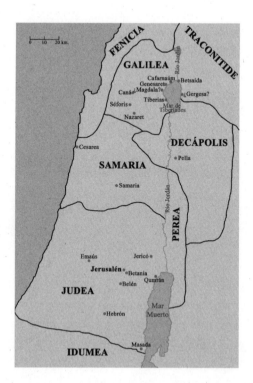

Mapa de Palestina en tiempos de Jesús, elaborado por el autor.

Con seguridad se sabe que los edificios más antiguos de los que ha quedado alguna evidencia arqueológica son del siglo IV, cuando comenzaron las primeras peregrinaciones cristianas a la zona y se encontraron varios lugares *sagrados*, coincidentes, como no podría ser de otra forma, con los relatos de Lucas y Mateo. Fue cosa de Helena (250-329), madre del emperador Constantino, convertida al cristianismo, que, a principios del siglo IV, durante su peregrinaje por Tierra Santa, entre otras cosas, fue capaz de encontrar en Nazaret un antiguo pozo y, quizás incentivada por los nativos, decidió que allí fue donde se le apareció el ángel a María y le anunció el nacimiento de Jesús (según la versión de Lucas). Así, pasó a llamarse El pozo de María, y allí mismo, se levantó una basílica, la primera iglesia de Nazaret, según los ortodoxos griegos, aunque los católicos defienden que la primera es la suya, la que se levantó sobre la Gruta de la Anunciación.

Eso sí, la tradición cristiana sigue defendiendo que Jesús nació en Belén. Y como no podía ser menos, allí también se fueron encontrando los lugares sagrados donde sucedieron aquellos maravillosos acontecimientos, convertidos hoy en día en exitosas atracciones turísticas. Así, en el supuesto lugar donde nació Jesús —aunque tampoco en esto se ponen de acuerdo los cristianos—, se levantó la famosa Basílica de la Natividad en el año 325, gracias una vez más a Helena de Constantinopla.

Pero la intriga no queda aquí. Tampoco conocemos el lugar exacto, ya que las diferentes fuentes han aportado varias opciones distintas y contradictorias. En algunos textos apócrifos, como el antiquísimo protoevangelio de Santiago, se dice que nació en una cueva cuando iban rumbo a Belén —al igual que en el evangelio Árabe de la Infancia o en el evangelio del Pseudo Mateo—. Todos estos estaban inspirados en la versión de Lucas, pero este, curiosamente, no dijo nada de una cueva:

> «Dio a luz a su hijo primogénito, lo envolvió en pañales y lo reclinó en un pesebre, porque no había lugar para ellos en la posada» (Lc 2, 6-7).

En cambio, Mateo afirmó que el nacimiento se produjo en su propia casa, que estaba, como ya hemos visto, en Belén:

«Cuando se despertó José del sueño hizo lo que le había ordenado el ángel del Señor, recibió a su mujer en su casa y no tuvo relación carnal con ella hasta que parió un hijo, al cual puso por nombre Jesús» (Mt 1, 24-25).

Es decir, ni en un establo ni en cueva, ni en un pesebre.

La tradición ha ignorado la versión mateana, y ha determinado una curiosa conclusión: Jesús nació en una cueva-establo de Belén. Por este motivo, junto al punto exacto del nacimiento de Jesús, en la Basílica de la Natividad, podemos encontrar la Gruta de la Natividad, y en su interior, el Altar del Pesebre, al lado de otro altar dedicado a los Reyes Magos.

La Natividad, Geertgen tod Sint Jams, 1490.

El buey y el asno

Un detalle chulo: como la tradición considera que Jesús nació en un establo, allí debía haber animales, y desde antiguo se propuso que había un buey y un asno. Lo curioso es que esto no aparece en los evangelios canónicos, sino en un apócrifo, concretamente en el evangelio del Pseudo Mateo, una obra bastante tardía (probablemente del siglo VI):

> «Tres días después de nacer el Señor, salió María de la gruta y se aposentó en un establo. Allí reclinó al niño en un pesebre, y el buey y el asno le adoraron. Entonces se cumplió lo que había sido anunciado por el profeta Isaías: "El buey conoció a su amo, y el asno el pesebre de su señor". Y hasta los mismos animales entre los que se encontraba le adoraban sin cesar. En lo cual tuvo cumplimiento lo que había predicho el profeta Habacuc: "Te darás a conocer en medio de dos animales". En este mismo lugar permanecieron José y María con el Niño durante tres días» (XIV).

Curioso que estos dos personajes, que la tradición ha acabado incorporando a la iconografía cristiana, especialmente en los navideños portales de Belén, procedan de un apócrifo.

No ha faltado quien ha querido ver en esto algún remanente simbólico y ha relacionado el buey, cuyos atributos eran la corpulencia y la fuerza, con otras divinidades solares arquetípicas, como Apis, adorado en Egipto y que solía representarse como un toro o un buey, o el toro de Mitra. El asno, por otro lado, se relaciona con la pereza, la terquedad, la obstinación y la ignorancia. En Egipto, por ejemplo, se asociaba con Set, el asesino de Osiris.

El sobrio papa Benedicto XVI, recientemente fallecido, en su libro *La infancia de Jesús* (2012), afirmó que la tradición se debe más bien a motivos simbólicos. Qué soso era este hombre.

¿CUÁNDO?

Por lo tanto, parece razonable pensar que Jesús nació, simple y llanamente, en la casa de sus padres en Nazaret. Con la fecha no lo tendremos tan fácil, pues no sabemos en qué día exacto vino al mundo, pero tampoco en qué año. Además, las versiones aquí son aún más contradictorias.

Y no, aunque celebremos su nacimiento el 25 de diciembre del año uno, no hay nada que permita afirmar que sea así. Fue el emperador Constantino, el mismo que permitió el cristianismo en el Imperio romano allá por el año 321, quien estimó oportuno que se celebrase el mismo día que la tradicional celebración del Deus Sol Invictus, relacionando de esa manera ambos cultos y aclamando a Jesús como el verdadero Sol Invencible, divinidad de la que fue fiel creyente el emperador.

Aunque lo que se celebraba realmente era el solsticio de invierno, importante fecha asociada con la renovación, el renacer y la regeneración, y, por lo tanto, símbolo de la fertilidad, la vida y el cambio de ciclo. Y esto se debe a que, a partir del solsticio de invierno, día a día, las horas de luz van superando a las de oscuridad. En Roma, tras esta fecha daba comienzo el mes Ianuarius, nuestro enero, consagrado al dios Jano, que solía representarse con dos caras que miraban en direcciones contrarias. Era, por lo tanto, la fecha que marcaba el inicio del año nuevo y Jano simbolizaba lo que quedaba atrás, el año terminado, y lo nuevo, lo que acababa de nacer.

Sea como fuere, desde el año 336, el 25 de diciembre aparece en el calendario romano como la fiesta del nacimiento de Jesús.

¿Se celebraba antes el nacimiento de Jesús? No está claro, aunque parece ser que no era algo masivo. Hay quien dice que se celebraba el 6 de enero, nuestro día de reyes, como aún sucede en la Iglesia ortodoxa griega o en las Iglesias de Armenia o Egipto (copta). Suponían que Jesús falleció un 6 de abril cuando tenía treinta y tres años exactos —inspirados por lo dicho en Lucas 3, 23—, así, añadiendo nueve meses a esa fecha de la crucifixión, dieron con esa fecha. Otras Iglesias orientales, como la etíope, propusieron, en cambio, el 8 de enero.

Si hacemos caso a los evangelios, Jesús no pudo nacer en invierno. ¿Por qué? Por los dichosos pastores que fueron a adorarlo, según se menciona en Lucas 2, 8-9. Palestina es una región subtropical con un clima característico, con inviernos lluviosos y fríos y veranos cálidos, a veces en extremo. En la época invernal, los pastores guardaban sus rebaños, y los comenzaban a sacar de nuevo en primavera. Esto no permite establecer una fecha exacta, pero sí negar el 25 de diciembre como posible. Tuvo que ser en primavera, verano o principios de otoño. Aunque no hay nada que permita considerar como histórico este episodio de Lucas, claro está, más que nada porque solo lo contó él.

Tampoco nació en el año 1. De ser así, Mateo tuvo que mentir cuando escribió aquello de «Jesús había nacido en Belén de Judea en los días del rey Herodes» (2, 1). Lucas no lo afirmó tan explícitamente, pero sí contó que el anuncio del nacimiento de Juan el Bautista a Zacarías, su padre, sucedió también en tiempos de Herodes.

El problema es que Herodes el Grande, que es al que ambos se referían, vivió entre el 73 y el 4 a. C., lo que quiere decir que Jesús no pudo haber nacido en el año 1, sino, como mucho, en el 4 a. C. Aunque tuvo que ser antes, ya que unos dos años después del nacimiento de Jesús fue cuando sucedió la matanza de los inocentes, según Mateo, cuando el malvado monarca ordenó matar a todos los menores de dos años. Así que nos retrotraemos como mínimo al 5 o 6 a. C.

El ángel apareciendo a los pastores, de Govert Flinck, 1639.

Otro posible indicio podría ser lo narrado en Lucas 2, 1-2:

> «Y sucedió en aquellos días que salió un decreto del césar Augusto para que se empadronara todo el mundo. Este censo fue el primero que se hizo cuando Quirino era gobernador de Siria».

Según Lucas, debido a este censo, María y José viajaron desde Nazaret hasta Belén para registrarse. Lo curioso es que conocemos con exactitud cuándo se celebró, gracias a la *Res Gestae Divi Augusti* (*Las obras del divino Augusto*), una larga inscripción lapidaria, realizada hacia el 14 d. C., en la que el emperador ofreció un relato de su vida en primera persona, y en la que se mencionan tres censos: en el 28 a. C., el 8 a. C. y el 14 d. C. El segundo podría encajar con nuestra historia.

Además, Lucas comentó que aquel censo se celebró siendo un tal Quirino gobernador de Siria. Pero Publio Sulpicio Quirino (51 a. C.-21 d. C.) era en aquellos tiempos gobernador de Panfilia-Galacia, siendo Sentio Saturnino gobernador de Siria. Quirino lo acabó siendo en el año 6 d. C., coincidiendo con la destitución del rey Arquelao de Judea, hijo de Herodes el Grande, hecho que además provocó la anexión de Judea a la provincia romana de Siria.

En resumidas cuentas, existe una grave contradicción entre lo que comentó Mateo, que a lo sumo situaría el nacimiento de Jesús en el 4 a. C., y lo que escribió Lucas respecto al censo, que como mínimo nos llevaría al 6 d. C.

Entonces, ¿por qué se sigue considerando que Jesús nació en el año 1? Por un curioso error y por la inercia habitual de la tradición.

La fecha del año 1 fue decidida en el siglo VI por un monje escita y matemático conocido como Dionisio el Exiguo, que tuvo el honor de establecer el punto de partida de la era cristiana, el Anno Domini (año del Señor).

En realidad, esto tiene su origen en algo que preocupaba bastante a la cristiandad del siglo VI: la fecha de celebración de la Pascua de Resurrección, que al parecer cada comunidad celebraba a su rollo. El papa Juan I (470-526), preocupado, le encargó a Dionisio que preparase un sistema de cómputo para que toda la cristiandad la celebrase el mismo día. La fecha del Domingo de Resurrección, según acabó planteando Dioniso por sus santas narices, debería ser el primer domingo tras la primera luna llena posterior el equinoccio de primavera (20 o 21 de marzo). ¿Por qué? Para que no coincidiese con la Pascua judía —que comienza el 15 del mes de Nisán, el primer mes del calendario hebreo bíblico, entre marzo y abril, que siempre cae en luna llena—. Así, la fecha del Domingo de Resurrección (o de Pascua) tiene que estar necesariamente entre el 22 de marzo —primer posible domingo después del equinoccio, siempre y cuando el plenilunio caiga en ese mismo día— y el 25 de abril, el último día posible.

Ahora bien, en el siglo VI, la Iglesia de Roma seguía contando los años según el modelo romano, desde la supuesta fundación de la ciudad. Dionisio propuso comenzar el cómputo desde el nacimiento de Jesús. Así, en el año 525 estableció el año primero de la era cristiana como el del nacimiento de Jesús. El problema es que se equivocó al datar el reinado de Herodes el Grande, y dedujo que había nacido en el 753 a. u. c. (*ab urbe condita*), cuando en realidad tuvo que ser hacia el 748 a. u. c., ya que Herodes falleció en el 750 a. u. c.

Además, cometió otro error: no incluyó el año cero.

María y José se registran en el censo. Mosaico bizantino, c. 1315.

¿QUIÉNES FUERON SUS PADRES?

Por lo tanto, ni tenemos claro dónde nació Jesús, aunque todo parece indicar que fue en Nazaret, ni sabemos con certidumbre la fecha, aunque disponemos de un intervalo razonable que va desde el 5 o 6 a. C., un tiempo antes de la muerte de Herodes, hasta el 8 d. C., fecha del censo más cercano a lo narrado por Lucas. Pero ambas fechas son muy relativas y dudosas, pues ambos acontecimientos, la muerte del monarca y el censo de Quirino, poco tienen que ver realmente con el Jesús de la historia; sino más bien con las preocupaciones teológicas de Lucas y Mateo. El primero, como vimos, introdujo el tema del censo para hacer nacer a Jesús en Belén; el segundo se sacó de la manga aquello de la matanza de los inocentes para relacionarlo con... Moisés, algo de lo que ya les hablaré.

La cuestión se vuelve aún más perturbadora si continuamos analizando las obras de estos dos evangelistas.

Genealogías contradictorias

Por ejemplo, todos los evangelistas sinópticos —Marcos, Mateo y Lucas— consideraban que Jesús era descendiente del mítico rey David. El Mesías tenía que serlo, y para ellos Jesús era el Mesías. El problema es que demostrarlo no era una tarea fácil.

Mateo y Lucas pretendieron hacerlo con dos extensas genealogías, pero sus propuestas no coinciden ni en tamaño ni en los datos que aportan, en parte porque su preocupación en realidad era otra.

La del primero comienza con el mítico fundador del pueblo judío, Abraham, y llega, en sentido descendente, hasta José. La de Lucas, en cambio, comienza con Jesús y asciende, pasando por Abraham, hasta Adán y el mismísimo Dios. Eso sí, los dos pasan por David, aunque Mateo trazó la línea a través del rey Salomón, hijo primogénito del monarca, mientras que Lucas lo hizo a través de otro de sus hijos, Natán. La consecuencia de esta significativa divergencia es que a partir de ese punto apenas coinciden los nombres que uno y otro propusieron.

Ni siquiera se pusieron de acuerdo en el nombre del abuelo paterno de Jesús, Jacob, según Mateo, y Elí, según Lucas.

¿Cómo puede pasar esto? Sencillo. Cada uno de los textos estaba dirigido a comunidades distintas. Mateo, cuyo texto está claramente dirigido a unos potenciales lectores judíos, pretendía demostrar que Jesús era el Mesías ansiado y vaticinado por los profetas. Por eso su lista comenzaba con Abraham, el padre de aquel pueblo y el destacado protagonista de la primera alianza con Yahvé. Lucas, al contrario, se dirigía a un público converso y gentil, de ahí que su texto sobrepase a Abraham y situase la cima de la genealogía en Adán, Eva y Dios, pasando por Noé. Pretendía así dejar claro que su mensaje se dirigía a toda la humanidad.

Pero hay un problema: ambos afirmaban que el padre de Jesús no fue José, sino Dios. Por lo tanto, no podía ser de ninguna manera descendiente de la casa de David por vía paterna... El conflicto teológico se solucionó fácilmente: José aceptó ser el padre legal de Jesús, lo que convertía a Jesús en hijo de David, sin dejar de ser en ningún momento hijo de Dios. *C'est fini.*

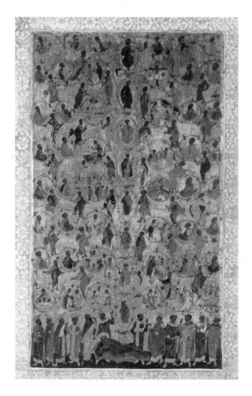

Ícono ruso en el que se muestra la genealogía de Jesús según Lucas.

Jesús, el hijo de María

Esto nos lleva, como diría el gran Juan Eslava Galán, a la madre del cordero, nunca mejor dicho.

Atención a estos versículos de Marcos. Parecen sencillos, pero recogen en pocas palabras muchos de los problemas que tenemos los buscadores del Jesús de la historia:

> «¿No es este el carpintero, el hijo de María, el hermano de Jacobo, Joseto, Judas y Simón? ¿No están sus hermanas aquí entre nosotros?» (Mc 6, 2-4).

¿Cómo es posible que el primer evangelista, Marcos, se refiriese a Jesús como «el hijo de María», cuando lo habitual hubiese sido denominarle como el hijo de su padre? Resulta una manera muy extraña de nombrar a alguien en el Israel del siglo I. La tradición cristiana ha argumentado que se debe a que José había muerto ya, pero no, no vale. Aun habiendo muerto el progenitor, lo normal es que se identificase como hijo de su padre.

A Mateo también le tuvo que llamar la atención esto, tanto que modificó la escena de una forma muy curiosa:

> «¿No es este el hijo del carpintero? ¿No se llama su madre María y sus hermanos Jacobo, José, Simón y Judas? ¿Y no están todas sus hermanas entre nosotros?» (Mt 13, 55-56).

¿Por qué hizo esto? No solo incluyo una referencia al padre, aunque sutil, sino que eliminó eso del «hijo de María». Además, si se fijan, Marcos dijo que el carpintero era él, Jesús; pero Mateo lo modificó y se lo adjudicó a su padre. ¿Por qué? Porque la tradición posterior, muy posiblemente, tenía sus reparos a que Jesús se dedicase a un oficio que quizás veían poco noble.

Lucas, por su parte, cambió aún más la escena, introduciendo el nombre del supuesto padre de Jesús:

> «Todos eran testigos de ello y se admiraban de las agraciadas palabras que salían de su boca. Y decían: "¿No es acaso el hijo de José?"» (Lc 4, 22).

Está claro. Mateo y Lucas se vieron obligados a aclarar lo anómalo de que Marcos, el primer evangelista, no solo mencionase a Jesús como el hijo de María, sino que además no dijese en ningún momento el nombre de su padre. Lo interesante es que estos dos evangelistas fueron los únicos de los cuatro canónicos que introdujeron escenas de la gestación y el nacimiento de Jesús, dejando claro que María, su madre, había quedado embarazada por la gracia del Espíritu Santo y sin la mediación de su marido, José.

Por lo tanto, es posible plantear que aquello de «hijo de María» sea un claro indicio de que había algún tipo de problema con el nacimiento de Jesús y que por eso los posteriores evangelistas intentaron solucionar con la idea de la concepción virginal, que se convirtió en una creencia trascendental para los cristianos, siendo sentenciada por la tradición posterior a los evangelios y por el Concilio de Éfeso (año 431), donde se reconoció a la Virgen como *Theotokos* («Madre de Dios») y se definió su virginidad como dogma de fe.

La Virgen, el Niño Jesús y Santa Ana; Leonardo da Vinci, 1509.

Evidentemente, desde una perspectiva racional cuesta aceptar que María fuese virgen.

¿Por qué, entonces, Lucas y Mateo afirmaron que había sido así en sus escritos? Los motivos pueden ser muy variados. Algunos han planteado que esta idea se debe a un error de interpretación de un texto del profeta Isaías que hacía referencia a esto de la virginidad de la madre del Mesías: «Pues el Señor mismo os dará una señal: Mirad, la muchacha joven está encinta y dará a luz un hijo, a quien pondrá el nombre de Enmanuel» (Is 7, 14). En la traducción griega de la Biblia de los Setenta, la obra que conocían Lucas y Mateo, aparecía como «una virgen está encinta y dará a luz un hijo». Y ahí está el error: la palabra hebrea para designar a una mujer virgen es *almah*, pero también hace referencia a la mujer que, estando en edad para casarse, sigue siendo virgen. Es decir, se puede traducir como virgen o como doncella, o como doncella virgen. Los traductores de la Biblia al griego transcribieron *almah* por *parthenos*, que sí significa virgen. ¿Por qué lo tradujeron así? No lo sabemos, pero lo cierto es que en hebreo existe otra palabra más exacta para referirse a una mujer virgen, tenga la edad que tenga: *bethulah*, que es la que hubiese usado el profeta Isaías si realmente hubiese querido decir que aquella doncella, la madre de Ezequías —el Mesías al que en realidad se refería—, iba a dar a luz siendo virgen.

Por otro lado, todo parece indicar que existía una primitiva tradición entre los cristianos que defendía la concepción virginal de Jesús.

¿Quisieron engrandecer la figura del nazareno siguiendo el modelo de otros hijos de dioses de los diferentes panteones de la zona? ¿Querían los evangelistas hacer frente con esta historia a los posibles rumores de que Jesús era un hijo ilegítimo? Quizás sea esta la explicación. Es posible, aún a riesgo de ofender a los católicos, que María se quedase embarazada de una manera irregular respecto a la ley judía, por ejemplo, antes del matrimonio o como consecuencia de una infidelidad. Puede resultar escandaloso, pero todo parece indicar que en la época en que se escribieron los evangelios estos rumores estaban extendidos. Quizás sea ese el motivo por el que Mateo y Lucas introdujeron el nacimiento virginal y milagroso. Querían acallar esos rumores. Pero ¿por qué no lo hizo Marcos, que, como vimos, habló sin pudor alguno del «hijo de María» y no mencionó jamás a su padre? No lo sabemos, pero es posible que fuese precisamente él el que crease el problema al hacer aquello. Quizás sus fuentes, alejadas del mundo judío, no le daban importancia a que a alguien se le identificase, por el motivo que fuere, con su madre en vez de con su padre; o quizás sus fuentes no sabían que eso era algo extrañísimo en la Judea del siglo I.

Así, es posible que algo tan sencillo como esto acabase originando el mito del nacimiento virginal de Jesús, y que fuesen los siguientes evangelistas los que, unos años después de Marcos, se vieron obligados a hacerlo.

Es más, llama la atención que Mateo, en su genealogía, mencionase, además de a María, a cuatro mujeres que tenían una dudosa reputación para los judíos: Tamar, nuera de Judá (uno de los hijos de Jacob), que se disfrazó de prostituta para seducir a aquel, provocando un incestuoso encuentro del que acabarían naciendo dos ascendientes de Jesús: Farés y Zara (Gn 38); Rajab, una prostituta cananea que ayudó a los israelitas durante la toma de Jericó (Jos 2, 1-8); la hitita Betsabé, con la que tuvo un amorío el casado e infiel rey David (2 Sm 11); o Ruth, una mujer moabita, bisabuela del rey David. Dos prostitutas y una mujer que se lio con un hombre casado. Pero, además, de estas cuatro señoras, tres eran gentiles (una cananea, una moabita y una hitita). Recuerden que para los judíos era una barbaridad casarse con extranjeros…

¿Por qué incluyó Mateo a estas damas en su genealogía? ¿Quería preparar al lector ante la sospechosa encarnación milagrosa de Jesús? ¿Quería atajar los posibles rumores que afirmaban que fue un hijo ilegítimo?

José

Sea como fuere, la Iglesia, amparándose en los evangelios de Lucas y Mateo, plantea que José, el marido de María, aceptó a Jesús como su propio hijo, convirtiéndose en el padre putativo.

Aunque en el Nuevo Testamento apenas se aporta información sobre el susodicho, la tradición apócrifa ha ofrecido algunos datos más. El protoevangelio de Santiago, por ejemplo, narra como la joven María, fruto también de un nacimiento milagroso, fue entregada por sus padres, Joaquín y Ana, al Templo de Jerusalén cuando solo tenía tres años. Aquello era una práctica habitual entre las familias acomodadas y pudientes de Israel. Las niñas eran educadas y formadas en el amor a Dios, hasta que llegase el momento, con doce años, en que deberían salir para casarse. ¿Por qué? Porque la sangre menstrual era considerada impura y mancharía la santidad del lugar.

San José con el Niño, Guido Reni, 1635.

Cuando llegó el momento en el que María debía salir, los sacerdotes, cumpliendo órdenes de un ángel, decidieron realizar un curioso *casting* para elegir al hombre que se haría cargo de ella: convocaron a todos los viudos de Jerusalén, que debían presentarse en el templo con una vara «y de aquel sobre quien el Señor haga una señal portentosa, de ese será mujer» (ProtSt VIII, 3). El elegido fue José el carpintero, ya que de su vara salió una paloma que se puso a volar sobre su cabeza. Pero este no estaba del todo convencido y protestó: «Tengo hijos y soy viejo, mientras que ella es una niña; no quisiera ser objeto de risa por parte de los hijos de Israel» (ProtSt IX, 2). Este detalle nos sirve para situar al personaje, que debía ser mucho mayor que María, una joven de doce años… De hecho, aunque su edad no está definida ni en estos dos apócrifos ni en los canónicos, en otra obra llamada *Historia de José el Carpintero*, del siglo IV, se dice que tenía 93 años cuando se casaron, y que falleció con ciento once…

¿Por qué José no está presente en ningún episodio de la vida pública de Jesús? Podemos deducir que había muerto, o igual había abandonado a su familia, o estaba enfadado con Jesús por su decisión de irse a predicar por los caminos de Galilea. Quizás, simplemente, los evangelistas no le dieron importancia o no sabían qué había sido de él.

Ben Panthera

No es de extrañar que la virginidad de María y la pretendida fecundación sagrada fuera utilizada por los judíos a modo de mofa, y con la clara intención de desacreditar a Jesús. En el Talmud —una colección de discusiones y razonamientos de diferentes maestros del siglo IV— se planteaba que en realidad fue hijo de un soldado romano, un tal Pandera, Pantera o Panthera, o que le llamaban Ben Sthada, que significa «el hijo de la desviada», argumentando que era fruto de una infidelidad de su madre. Esto parece proceder de la obra de Celso *El discurso verdadero contra los cristianos*, que no se conserva, pero que conocemos gracias al furibundo ataque que lanzó contra ella Orígenes de Alejandría.

También hay quien ha propuesto que aquello de Ben Panthera podría ser un juego de palabras con el que burlarse de su supuesto nacimiento virginal; recuerden, virgen en griego es *parthenos*.

Lo cierto es que algunos cristianos se indignaron bastante con estas afirmaciones. Por ejemplo, Epifanio de Salamina, en el siglo IV, para intentar refutar estos rumores, dijo que el abuelo de Jesús, Jacobo, había sido conocido como Pantera, y que, por eso, José era conocido como el hijo de Pantera.

Pero, realmente hay algo raro en el hecho de que Marcos mencionase a Jesús como el hijo de María y no como el hijo de José, lo que hubiese sido lo normal en el contexto judío de la época. Los defensores de esta idea suelen citar al respecto el siguiente versículo de Juan: «Nosotros no somos hijos ilegítimos. Dios es nuestro único padre» (8, 41). Con ello quieren plantear que ya en su época Jesús fue acusado de ser un bastardo.

La estela en cuestión.

130

Lo que sí parece probable es que Jesús naciese de una relación antes del matrimonio. Dado que el rumor sobre su nacimiento atípico se habría extendido, las comunidades de Mateo y Lucas pudieron inventar lo del nacimiento sobrenatural.

Aun así, hasta tiempos recientes, se ha contemplado la posibilidad de que Jesús fuese realmente hijo del tal Panthera. Es más, hay un posible indicio que da ciertas alas a esta teoría de la paternidad de Panthera: en octubre de 1859, mientras se estaban realizando las obras de construcción del ferrocarril en Bingen (Alemania), se encontraron accidentalmente nueve enterramientos romanos con sus correspondientes estelas funerarias en latín. Una de ellas pertenecía a un tal Tiberius Iulius Abdes Pantera y contenía la siguiente inscripción: *Tib(erius) Iul(ius) Abdes Pantera / Sidonia ann(orum) LXII / stipen(diorum) XXXX miles exs(ignifer?)/ coh(orte) I sagittariorum / h(ic) s(itus) e(st)* («Tiberius Iulius Abdes Pantera, originario de Sidón (Fenicia), fallecido a los sesenta años y que, durante cuarenta, fue portaestandarte de la primera cohorte de arqueros Sagittatiorum»).

Tiberius Iulius era un nombre adquirido posiblemente por un esclavo tras obtener la ciudadanía romana por sus servicios al ejército romano. Además, la primera cohorte de arqueros sirvió hasta el año 9 d. C. en Judea y, posteriormente, en tiempos de Tiberio —emperador entre el 14 y el 37 d. C.—, en Bingen. En definitiva, si bien no existen pruebas concluyentes que permitan establecer esta relación, es realmente inquietante la casualidad de que un arquero nacido en Sidón, no demasiado lejos de Nazaret, se llamase Pantera y estuviese por allí en aquellos tiempos...

¿TUVO HERMANOS JESÚS?

Pero volvamos a los inquietantes versículos de Marcos 6:

> «¿No es este el carpintero, el hijo de María, el hermano de Jacobo, Joseto, Judas y Simón? ¿No están sus hermanas aquí entre nosotros?».

Queda claro que, según este evangelista, y según Mateo y Lucas, que usaron este texto, aunque modificado según sus intereses, Jesús tuvo cuatro hermanos y algunas hermanas, ¿no? Pues no. De hecho, la Iglesia católica no lo ve así. Es más, desde el Concilio de Letrán del año 649 asegura que María fue virgen «*ante partum, in partu et post partum*» («antes del parto, durante el parto y después del parto»).

¿Cómo casa esto con la afirmación de Marcos, que incluso da sus nombres? Los apócrifos, como vimos, solucionaron la papeleta planteando que eran hijos de José con una esposa anterior. Pero en esos versículos no se menciona a José por ningún lado, y parece quedar claro que se trata también de hijos de María. La explicación de la tradición católica, que sigue siendo oficial a día de hoy, va por otro camino: defiende que los términos griegos para *hermanos* y *hermanas* no tienen por qué hacer referencia a hijos de los mismos padres, sino a familiares, posiblemente a primos, amparándose en que ni el hebreo bíblico ni el arameo tienen un vocablo específico para referirse a los primos, sino que usan el mismo término que el que emplean para hablar de hermanos: *'ah*, en hebreo; *'aha'*, en arameo.

Para aceptar esto es necesario manipular tendenciosamente los textos. Además, los evangelios no fueron traducidos de originales hebreos, sino que fueron escritos directamente en griego; y en griego existen dos palabras diferentes para hermano y primo. *Adelphós* sería hermano y primo sería *anepsiós*. Y Marcos, como el resto de evangelistas, uso *adelphós*.

El propio Lucas, al hablar del nacimiento de Jesús, escribió algo que deja claro que María tuvo más hijos:

«Y sucedió que cuando estaban ellos allí, se cumplieron los días de dar a luz, y dio a luz a su hijo primogénito, lo envolvió en pañales y lo reclinó en un pesebre, porque no había lugar ellos en la posada» (Lc 2, 6-7).

Es más, en otras ocasiones los evangelistas hablan de hermanos, como Jacobo y Juan, los hijos de Zebedeo, y nadie ha planteado que se tratase de primos.

Y, por si fuera poco, tanto en los Hechos de los Apóstoles como en las cartas de Pablo se habla de los hermanos del Señor, de Jesús.

«¿No tengo derecho a llevar conmigo una mujer cristiana, como los demás apóstoles, los hermanos del Señor y hasta el mismo Pedro?» (I Cor 9, 5).

«Y no vi a ningún otro apóstol fuera de Jacobo, el hermano del Señor» (Ga 1, 19).

En relación a esto último, el mismísimo Flavio Josefo, en sus *Antigüedades judías* (tomo XX, IX-1), también mencionó a un tal Jacobo, hermano de Jesús, dando por hecho que eran hermanos carnales.

En resumidas cuentas, en el Nuevo Testamento, tanto los evangelistas como Pablo mencionaron a los hermanos de Jesús con total naturalidad, y unas diez veces en total. Todos tenían claro que eran hijos carnales de María y José. Bueno, todos menos Jesús...

¿Por qué defiende entonces la iglesia la virginidad perpetua de María? Pues por culpa de Jerónimo de Estridón, uno de los padres de la Iglesia, que, indignado con sus compañeros que defendían que María fue virgen antes del parto, pero no después, y que practicó sexo con su marido como cualquier mujer normal, escribió en el año 383 una obra titulada *De Virginitate Beatae Mariae* en la que defendía esta idea, además de identificar, supuestamente, a aquellos supuestos hermanos que se mencionaban en los evangelios, demostrando que eran otros personajes de la epopeya, primos o parientes de Jesús: hijos e hijas de un hermano de José, Cleofás, y de una hermana de la Virgen, María... también.

No es de extrañar que tras la Reforma de Lutero esta fuese una de las principales diferencias que emanaron, pues los protestantes defienden que se trata de hermanos de Jesús, aunque en un principio los líderes reformistas, como Martín Lutero o Juan Calvino, aceptaron a la «siempre Virgen» María.

EL NUEVO MOISÉS

Recuerden, según Mateo, Jesús nació en Belén, en la casa de sus padres, María y José. Ni censo ni pesebre ni nada, como comentó Lucas. Pero su historia se vuelve mucho más alucinante y extraña cuando se propone relatar lo que sucedió a continuación.

¿Conocen ustedes la historia de los magos de Oriente que fueron a presentar sus respetos ante Jesús? Seguro que sí. Lo que igual no conocen, si no han leído este evangelio, es cómo sucedieron los acontecimientos. Y es muy interesante...

Mateo comenta que, tras el nacimiento de Jesús, unos magos procedentes de Oriente se presentaron en Jerusalén diciendo lo siguiente: «¿Dónde está el rey de los judíos que ha nacido? Pues vimos su estrella en oriente y hemos venido a postrarnos ante él» (Mt 2, 1-2). Claro, el rey Herodes, enterado de aquello, se mosqueó y acudió a los sumos sacerdotes en busca de respuestas, y estos le hablaron de una antigua profecía que anunciaba que algún día llegaría un nuevo líder para el pueblo de Israel y que nacería en Belén. Viendo su puesto tambalearse, Herodes llamó a los magos en secreto y los envió a Belén, diciéndoles:

> «Poneos en camino e indagad con exactitud lo concerniente a este niño, y cuando lo encontréis, mandadme aviso para que también acuda yo y me postre ante él» (Mt 2, 8).

Tríptico del altar de Santa Columba (Colonia), de Rogier van der Wayden, 1455. Se muestra la adoración de los Reyes Magos. A modo de curiosidad, mencionar un curioso anacronismo: en mitad de la escena, al fondo del establo, se puede apreciar un crucifijo...

Dicho y hecho, para Belén que se fueron, siempre precedidos por «la estrella que habían visto en oriente» que iba «marcándoles el camino hasta que se detuvo encima del lugar donde estaba el niño» (Mt 2, 9). Entraron en la casa, se postraron ante el neonato y le regalaron oro, incienso y mirra. Y con las mismas, avisados por los sueños de que no informasen a Herodes, regresaron a su tierra.

Acto seguido, un ángel se le manifestó a José y le dijo que cogiese a su familia y se marchase a Egipto, pues Herodes quería acabar con la vida de su hijo. Ni media palabra. La sagrada familia se marchó al país de las pirámides.

Claro, Herodes, enfadado por la traición de los magos, tomó una decisión terrible: «Mandó exterminar a todos los niños de hasta dos años en Belén y sus alrededores» (Mt 2, 16). Es decir, la famosa matanza de los inocentes, siendo estrictos, fue culpa de aquellos misteriosos magos...

Pasado un tiempo, un ángel volvió a manifestarse a José para decirle que Herodes había muerto y que ya podían volver a su tierra. Pero en vez de instalarse en Belén, donde gobernaba uno de los hijos de aquel, Arquelao, por miedo a este, decidieron marchar a Nazaret... donde, curiosamente, gobernaba otro de sus hijos, Herodes Antipas, del que nada dice Mateo, el mismo que varios años después ejecutaría a Juan el Bautista, aquel al que llevaron a Jesús, según Lucas, durante su proceso judicial, para que decidiese qué hacer con él, dejándolo en manos de los judíos y burlándose de él. ¿No les parece raro que José temiese a Arquelao, pero no a Antipas?

Y ¿por qué a Nazaret? Porque, según el evangelista, «de ese modo se cumplió el oráculo de los profetas cuando dicen que será llamado Nazoreo» (Mt 2, 23).

Y hasta aquí la mítica historia de los magos de oriente, la matanza de los inocentes y la huida a Egipto de la sagrada familia, historia de la que solo habló Mateo. Raro, ¿no? ¿Cómo es posible que Lucas, que también escribió sobre el nacimiento de Jesús, no dijese nada de esto? La tradición cristiana defiende, simple y llanamente, que Lucas no conocía esta historia. Pero esto no cuadra. Si aquello sucedió de verdad, debería estar informado.

Pero es posible plantear que nada de esto ocurrió y que se trata, sin más, de un recurso narrativo de Mateo. Sí, es atrevido afirmarlo, pero no sería la primera vez ni la última. Indicios, desde luego, no faltan.

En primer lugar, Mateo empleó el término griego *mágoi* (μάγος), que se suele traducir como *magos*, pero que hacía más bien referencia a hombres sabios de procedencia oriental. Pero también a astrólogos, como era habitual entre los caldeos y los babilónicos; y claro, esto adquiere una importancia especial cuando entra en acción la famosa estrella que marcó el camino e identificó el lugar exacto del nacimiento de Jesús. Así, Mateo quiso indicar con esto que hasta los sabios de las religiones paganas reconocieron al neonato divino gracias a las señales del cielo. Era mucho más que un simple rey de los judíos. Como imaginarán, se ha especulado muchísimo sobre esa misteriosa estrella y sobre si pudo tratarse realmente de algún evento astronómico. Es interesante, pero desde esta perspectiva simbólica que estoy planteando no tiene mayor importancia.

El regreso de la Sagrada Familia de Egipto, Nicolas Poussin, 1628.

Pero no eran reyes, como la tradición cristiana terminó asumiendo. ¿Por qué? Por una antigua profecía que aparecía en los Salmos del rey David: «*Los reyes de Tarsis y de las islas le ofrecerán sus dones y los soberanos de Seba y de Saba le pagarán tributo. Postráranse ante él todos los reyes y le servirán todos los pueblos*» (*Sal 72, 10-11*). A modo de curiosidad, mola comentar que Tarsis hace referencia a la mítica y misteriosa civilización de Tartessos, que se desarrolló en el suroeste de Andalucía, entre las provincias de Huelva, Cádiz y Sevilla. ¿Quiere esto decir que los magos venían de Andalucía? No, aunque cuando lo comentó el papa Benedicto XVI en un libro muchos lo entendieron así. Lo que quería argumentar el pontífice es que la tradición cristiana recreó y adornó la historia de los magos según las supuestas profecías de algunos pasajes del Antiguo Testamento. Sin más.

Además, se dio por hecho que venían de los tres continentes conocidos: Asia, África y Europa. Y que eran tres. ¿Por qué? Por los tres regalos que mencionó Mateo, pero no hay nada que indique realmente su número —por eso, en algunas representaciones antiguas aparecen dos o cuatro—. Sobra decir que los nombres tradicionales, Melchor, Gaspar y Baltasar, también son una invención tardía, en torno al siglo v.

Lo cierto es que en esto de los regalos había algo claramente simbólico, lo que viene a apuntalar la idea de que todo este pasaje de Mateo es una invención construida con claros fines teológicos. El oro simbolizaba la realeza; el incienso, la divinidad; ¿y la mirra? La muerte. Y es que se trata de una sustancia, rojiza, resinosa y muy aromática, que se empleaba para embalsamar a los muertos.

Por otro lado, no existe la más mínima evidencia histórica que permita ni siquiera insinuar que la matanza ordenada por Herodes ocurrió en realidad. Y no porque no fuese capaz, ojo. Fue un tipo bastante violento. Se cargó a parte de su familia por miedo a conspiraciones en su contra, incluidos tres de sus propios hijos (Aristóbulo, Alejandro y Antípater). Por otro lado, se cuenta que antes de morir dijo: «El pueblo de Israel me odia y ahora van a llorar de verdad por mí», ordenando acto seguido que sus arqueros matasen a trescientas personas que había encerrado en un anfiteatro, algo que al final no pasó porque su hermana Salomé anuló la orden.

Pero hay un problema: ni un solo historiador, ni siquiera Flavio Josefo, que se dedicó a contar la historia del pueblo judío muy detalladamente, haciendo especial hincapié en el reinado de Herodes, mencionó este hecho. Pero, además, si se le hubiese ocurrido hacer algo así, con lo caldeado que estaba el ambiente en esa época, hubiese sido factible algún tipo de reacción por parte de los judíos.

Queda claro que este pasaje, así como la huida de la familia de Jesús hacia el país de las pirámides —algo que tampoco mencionó ningún otro evangelista—, fue añadido, como era habitual en Mateo, por algún motivo: como él mismo explicitó, para que se cumpliesen algunas supuestas profecías del Antiguo Testamento: «Cuando Israel era niño, yo le amé y de Egipto llamé a mi hijo.» (Os 11, 1); «Una voz se oye en Ramá, un lamento, amargo llanto. Es Raquel que llora a sus hijos, y rehúsa consolarse por sus hijos, pues ya no existen» (Jr 31, 15).

La masacre de los inocentes, Rubens, 1612.

Pero hay algo más: esta historia se parece bastante a la de Moisés, el héroe del Éxodo. ¿La recuerdan? Según se cuenta en el libro del Éxodo, el faraón, temeroso del poder y de lo numeroso que se estaba haciendo el pueblo de Israel, no solo los sometió a la esclavitud, sino que ordenó a las parteras que matasen a todos los varones que naciesen, cosa que no hicieron. Así que tomó una medida más radical: ordenó a todo su pueblo que arrojasen al río a todos los niños hebreos, dejando solo a las niñas. Pero uno de ellos se escapó gracias a que lo pusieron en una cesta de papiro en el río y fue encontrado, casualmente, por la hija del faraón, que lo terminó tratando como un hijo y le puso el nombre de Moisés.

Ya saben cómo continúa la historia: ya adulto, Moisés tomó conciencia de quién es tras una misteriosa epifanía que tuvo lugar en la montaña del Horeb, donde Dios le encargó que liberase a su pueblo de la esclavitud. Regresó a Egipto, dotado con superpoderes, y tras un largo tira y afloja con el anónimo faraón, consiguió salir con su gente rumbo a la tierra prometida, a la que tardarán en llegar cuarenta años por motivos que no vienen al caso.

Si leemos lo que se narra en Éxodo 1 y 2, el parecido con la historia de Jesús no es obvio. Pero la tradición judía se encargó de ampliar este esencial episodio, y es aquí donde la cosa se pone aún más interesante. Según Flavio Josefo, que se hizo eco de esto en sus *Antigüedades de los judíos* (de finales del siglo I), uno de los escribas del faraón informó a este del peligro que iba a suponer para Egipto el nacimiento de un niño judío que estaba a punto de nacer, pues sería el encargado de libertar a los israelitas. Así, este sería el motivo de la matanza ordenada por el monarca, acabar con aquel niño (en la versión del Éxodo, Moisés ya había nacido cuando se ordena la muerte de los niños).

Significativamente, aunque esto no se dice en el Éxodo, esta actualización será la que se termine popularizando. Y en base a ella construyó Mateo su relato sobre la matanza de los inocentes. Herodes el Grande ocuparía el papel del faraón, que, informado como este por los sabios, decide evitar que la profecía se cumpla. Jesús, claro está, ejercería el mismo papel que Moisés: dirigiría a su pueblo, la humanidad al completo, a una nueva tierra prometida, el Reino de Dios, además de cerrar con Dios una nueva alianza basada en una nueva ley, su ley.

Es más, hay un detalle muy guapo que viene a reforzar esta idea: en Mateo no se produjo la famosa escena de la anunciación, presente en Lucas, en la que un ángel (Gabriel) se manifestó a María para explicarle que iba a ser la madre de un niño sin cohabitar con su marido, ya que en realidad sería hijo de Dios (Lc 1, 26-38); al contrario, en este evangelio, José, apesadumbrado porque su esposa «había quedado preñada por un espíritu santo», recibió un mensaje de un ángel mientras dormía:

> «José, hijo de David, no tengas reparo en recibir a María, tu esposa, pues lo concebido en su seno es obra de un espíritu santo. Parirá un hijo, y le pondrás el nombre de Jesús, pues él salvará a su pueblo de sus pecados» (Mt 1, 20-21).

Pues bien, aunque en el Éxodo se cuenta que Moisés ya había nacido cuando el faraón ordenó matar a todos los niños judíos, en las versiones populares posteriores esto se cuenta de forma diferente. Josefo, de hecho, introduce una escena en la que ¡un ángel se presenta en sueños a Amram, el padre de Moisés, le calma ante su inquietud y le dice lo siguiente:

> «No solo pasará inadvertido a los que lo acechan para matarlo, sino que además será criado en forma maravillosa, liberará el pueblo hebreo de las coacciones que le imponen los egipcios y durante el tiempo que dure el Universo permanecerá en el recuerdo de los hombres no solo hebreos, sino incluso extranjeros» (*Antigüedades de los judíos* II).

Queda claro pues que la intención de Mateo al construir su relato del nacimiento de Jesús era establecer un contundente paralelismo con la historia de Moisés. ¿A que mola verlo así?

La misteriosa vida oculta de Jesús

Tras estas breves historias introducidas por Mateo y Lucas en sus evangelios, sus textos dan un salto para mostrar el bautismo en el río Jordán a manos de Juan el Bautista, escena con la que comenzaba el primer evangelio, el de Marcos. Es decir, no contaron nada sobre su adolescencia, dejando un vacío de cerca de dos décadas en la historia de Jesús, la llamada *vida oculta*. Además, ni Juan ni Pablo, en sus cartas, mencionaron nada sobre su vida hasta, aproximadamente, los treinta años, cuando comenzó la vida pública. ¿Cómo es posible esto?

Sí, Lucas concluyó su relato de la infancia con el conocido episodio en el que un joven Jesús se pierde en el Templo de Jerusalén y conversa con los maestros judíos. Desde entonces, Jesús creció «en sabiduría, estatura y en gracia delante de Dios y de los hombres» (Lc 2, 52). Pero nada más. La siguiente escena será el bautismo en el Jordán, casi un par de décadas más tarde.

Algunos apócrifos (el evangelio del Pseudo Mateo, el Pseudo Tomás o los evangelios Árabe y Armenio de la Infancia) se dedicaron a rellenar en parte estos huecos narrativos, aunque se centraron más bien en la estancia de la sagrada familia en Egipto, completando lo narrado por Mateo, incluyendo un buen número de historias legendarias que poco tienen de histórico y que muestran a Jesús haciendo numerosos milagros y con algunos problemas para controlar sus superpoderes. Además, ahondan en sus primeros años en Nazaret, tras regresar de Egipto, pero siempre centrándose en mostrar que Jesús, desde niño, era capaz de realizar prodigios y romper las reglas de la naturaleza, además de poseer un conocimiento innato sobre la creación y la humanidad.

No sabemos nada más. Los relatos apócrifos abarcan la infancia de Jesús hasta los doce años aproximadamente, al igual que la escena de su desaparición en Jerusalén que introdujo Lucas. Por lo tanto, ni los evangelios canónicos ni los apócrifos contaron nada sobre qué fue de Jesús durante el periodo que va desde los doce años hasta que fue bautizado en el Jordán. No sabemos nada sobre su adolescencia o su madurez.

Los buscadores del Jesús histórico, tirando de deducción y leyendo entre líneas, han sacado algunos puntos en claro de la información disponible, estableciendo una serie de conjeturas que parecen bastante probables.

¿ERA ANALFABETO?

Por ejemplo, podemos deducir que no era un analfabeto, sino que sabía leer y escribir, como se entrevé en algunos pasajes evangélicos. Lucas cuenta que, al principio de su ministerio, Jesús leyó y comentó las Escrituras en una sinagoga de Nazaret durante el *sabbat* judío. Juan cuenta que, durante la fiesta de los Tabernáculos, Jesús estaba predicando en el templo cuando uno de los judíos presentes dijo: «¿Cómo es que este sabe tanto si no ha estudiado?» (Jn 7, 15). Algunas traducciones cambian la forma verbal por «sabe leer» o «sabe escritura», refiriéndose a que conocía las Escrituras judías.

Es cierto que cualquier persona interesada en los asuntos religiosos tenía, necesariamente, que aprender a leer la Biblia. Los evangelios no solamente lo presentan leyendo en sinagogas y discutiendo con los maestros de la ley en el templo, sino que una y otra vez se refieren a él como rabí o maestro. Así que, visto lo visto, es bastante probable que Jesús supiese leer y escribir. Además, esto implica que debía conocer el hebreo, ya que una persona versada y puesta en el estudio de la Biblia debía conocer el idioma en el que fue escrita. Recordemos que el hebreo no era la lengua materna de Jesús, aunque algunos lo han propuesto, sino que hablaba en arameo, el idioma más extendido entre los judíos en aquella época.

¿Conocía Jesús el griego, idioma que funcionó como lengua culta en todo el Mediterráneo? *A priori*, sería posible que Jesús, en la gentil y helenizada Galilea, hubiese conocido este idioma. Pero si apelamos a la historia, hay que tener en cuenta que desde la revuelta de los macabeos (principios del siglo II a.C.) se extendió por Palestina un marcado ultranacionalismo que, sin duda, llevó consigo un renovado interés por sus idiomas autóctonos, el hebreo y el arameo. Es más, cabe plantearse si muchos judíos, especialmente los que vivían en la Galilea de los gentiles, por el mero hecho de revelarse al invasor romano y en busca de recuperar su identidad nacional y cultural, reivindicaron políticamente el empleo de sus propias lenguas. Un ejemplo de ello sería la gran cantidad de textos en hebreo y arameo que se encontraron en Qumrán, obra de los puristas esenios que vivieron allí.

Incluso hay quien dice que pudo ser un sacerdote, basándose en lo afirmado en la carta a los Hebreos: «Considerad al apóstol y sumo sacerdote de la fe que profesamos, a Jesús, modelo de fidelidad a Dios, que le dio tal nombramiento como lo fue Moisés en toda la casa de Dios» (Heb 3, 1-2). Pero en realidad, el autor de esta carta no pretendía decir que Jesús fuese un sumo sacerdote —cargo limitado a los linajes de Leví y de Sadoc—, sino que se refería a algo más metafórico: Jesús se hizo sacerdote por su sacrificio en la cruz, no antes.

Jesús en la sinagoga de Nazaret, Gerbrand van den Eeckhout, 1658.

De hecho, se le muestra en numerosas ocasiones discutiendo con los fariseos y con la casta sacerdotal del templo, los saduceos, aunque con estos se muestra mucho más hostil. Esto puede deberse a que su manera de interpretar las Escrituras, o el hecho en sí de interpretarlas, le acercaba a los fariseos, pese a que en los evangelios se les muestre una y otra vez enfrentados —porque en la época en la que se escribieron estos textos, tras la caída de Jerusalén en el año 70, los fariseos se convirtieron en los dirigentes del judaísmo, para empezar poco tiempo después a perseguir a los cristianos—. Pero, desde el primer momento, Jesús aparece en los relatos evangélicos enfrentado a los sacerdotes del culto oficial en el templo.

¿CARPINTERO?

Por otro lado, era carpintero, y quizás su padre lo fue también. Al menos eso parece quedar claro tras leer una cita de Marcos que ya hemos mencionado anteriormente: «¿No es este el carpintero, el hijo de María?» (Mc 6, 3). El problema es que en ninguna otra parte del Nuevo Testamento se vuelve a mencionar su oficio. Ni siquiera lo hizo Mateo cuando copió esa cita, como vimos, ya que no dijo que Jesús lo fuese, sino su padre. Pero hay que aclarar que la palabra empleada por Marcos es *tektón*, que tiene un significado bastante amplio: se refiere a artesanos que trabajaban materiales duros, como la madera o la piedra. Por lo tanto, Jesús, a pesar de que la tradición ha considerado desde entonces que fue carpintero, pudo perfectamente haber sido ebanista o albañil. Nunca lo sabremos.

La escasez de información no ayuda a entender cuál era el estatus económico de la sagrada familia. La tradición siempre ha optado por afirmar que eran bastante pobres, pero, al ser un artesano con un taller propio, se le podía considerar, cuanto menos, de una clase media-baja. Algunos autores han ido más lejos y han afirmado, sin evidencia alguna que lo avale, que Jesús y José eran maestros de obras itinerantes que iban de pueblo en pueblo realizando proyectos, lo que les situaría en un estatus económico mucho mejor.

No deja de ser curioso que Jesús nunca hable de su supuesto oficio y que en cambio utilice ejemplos y metáforas tomadas de otras labores, como la agricultura o la pesca, para sus parábolas y charlas. Aunque hay que tener en cuenta que sí vivió en una sociedad campesina, humilde y rural, y que en ese mismo estrato social consiguió captar a sus primeros seguidores.

JESÚS Y EL SEXO

Un tema complicado. En ninguna parte del Nuevo Testamento se habla sobre la vida sexual de Jesús ni se comenta nada sobre si tuvo novia o esposa. Nada. Esto, *a priori*, resulta raro, pues en una sociedad como la judía del siglo I, lo normal, y casi lo obligatorio, era que los jóvenes se desposasen en plena adolescencia y tuviesen hijos. Era un mandato divino y cultural. Los judíos se consideraban, y se consideran, como una gran familia elegida por Dios y aliada con él. Por lo tanto, cuantos más hijos, mejor. Y para ello había que estar casado. El propio Jesús aparece en los evangelios defendiendo el matrimonio y mostrándose, incluso, como contrario al divorcio. Es más, en multitud de ocasiones utilizó el símil de las fiestas nupciales para compararlo con el gozo que llegará con la venida del Reino.

Christ in the house of his parents, John Everett Millais, 1850.

145

Pero, por esto mismo, es raro que no estuviese casado ni tuviera hijos, más aún si tenemos en cuenta que muchos de los que le rodeaban sí que lo estuvieron, como el propio Pedro. Hay quien argumenta, hilando fino, que igual sí estuvo casado, pero que aquello no era de especial relevancia para sus seguidores y biógrafos y que se omitió en los evangelios sin maldad alguna —de todos, hasta de los apócrifos—, simplemente porque no era relevante.

A mí me sigue pareciendo raro. Si Jesús estuvo casado, no habría el más mínimo problema en mencionarlo. De hecho, su mujer, simplemente por ser la esposa del hijo de Dios, debería aparecer mencionada, al igual que aparecen sus padres, sus hermanos y hasta algunos supuestos primos. Es más: debería haber estado presente en los momentos claves de la historia de Jesús, como su predicación, su arresto, su muerte y su presunta resurrección. Aunque, pensándolo bien, algunos atrevidos han planteado que quizás sí que estuvo...

Por lo tanto, solo quedan dos opciones: o por algún motivo el estado civil de Jesús y el nombre de su esposa se silenciaron, algo que muchos defienden hoy en día, por culpa en parte del arrollador éxito de la novela *El código Da Vinci*, de Dan Brown, publicada en 2003, en la que se afirmaba que se había casado y había tenido descendencia con María Magdalena; o, como plantea la propia Iglesia, al igual que numerosos exégetas —entre los que me incluyo—, fue célibe voluntariamente.

La primera propuesta no puede defenderse más que con suposiciones: que si Jesús se casó, pero quedó viudo antes de su vida pública; que si dejó a su mujer y a su familia para centrarse en sus predicaciones; que si estaba casado con una gentil y por eso se silenció este tema. Todo esto sería posible, pero no hay nada que lo avale.

Sin embargo, sí que tenemos bastantes indicios que permiten defender un celibato autoimpuesto. Para empezar, no era nada raro en su época. Como afirmaron Plinio el Viejo o Flavio Josefo, muchos esenios lo fueron, especialmente los que decidieron instalarse en comunidad en Qumrán, a orillas del mar Muerto, esperando el que creían incipiente fin del mundo. Juan el Bautista, el maestro de Jesús, también lo fue, y por motivos parecidos. Además, el celibato por motivos religiosos era algo bastante respetado. El propio Jesús lo defendió en alguna ocasión:

«Pues hay eunucos que salieron así del vientre de su madre, hay eunucos castrados por los hombres, y hay eunucos que se castraron a sí mismos por el reino de los cielos. El que pueda entender, que entienda» (Mt 19, 12).

O al menos, como en otros momentos afirmó, el que siguiese su camino tenía que prepararse para recibir el Reino de Dios libre de toda atadura:

«En verdad os digo: nadie hay que haya dejado casa, mujer, hermanos, padres o hijos a causa del reino de Dios que no lo reciba multiplicado en este tiempo, y la vida eterna es el mundo venidero» (Lc 18, 29-30).

«Si uno viene a mí y no odia a su padre y a su madre, a su mujer y a sus hijos, a sus hermanos y hermanas y hasta a sí mismo, no puede ser mi discípulo. Todo el que no lleve su cruz y venga detrás de mí, no puede ser mi discípulo» (Lc 14, 26-27).

De ser así, queda claro el motivo por el que renunció Jesús a los placeres carnales: era un acto de entrega total a Dios y a su ministerio, el mismo que les pedía a sus fieles, aunque más radical, como parece quedar claro en la anterior cita de Mt 19, 12; o por el mismo motivo que los fanáticos esenios, por considerar que al mundo le quedaban tres días y la procreación ya no era necesaria; algo que podemos entrever en varios episodios evangélicos.

Por lo tanto, si Jesús fue un rabino, un maestro, y todo parece indicar que lo fue, su soltería solo sería comprensible desde este punto de vista que vengo comentando.

Juan el Bautista.
¿Fue el auténtico Mesías?

La tradición católica defiende, sin el más mínimo ápice de duda, que el papel de Juan el Bautista fue, simplemente, el de anunciar la inminente llegada de Jesús. Era el precursor, la voz que desde el desierto anunciaría la buena nueva de la llegada del Mesías. Pero una lectura atenta del Nuevo Testamento parece conducir a una posibilidad bastante perturbadora…

Comencemos por el final: en los Hechos de los Apóstoles se incluyó un pasaje que, si se lee entre líneas, nos conduce a un fenómeno inexplicable. En un momento de la narración, se cuenta que Pablo se encontró en Éfeso con unos discípulos con los entabló una breve conversación. Atención:

> «Pablo, después de recorrer las regiones más altas, bajó a Éfeso y encontró algunos discípulos, a quienes preguntó: "¿Recibisteis el Espíritu Sato cuando creísteis?". Ellos contestaron: "¡Pero ni siquiera hemos oído que exista un Espíritu Santo!". Él les dijo: "Entonces, ¿en qué fuisteis bautizados?". Ellos dijeron: "En el bautismo de Juan". Pablo les dijo: "Juan bautizó con un bautismo de penitencia, diciendo al pueblo que creyeran en el que venía después, es decir, en Jesús". Cuando oyeron esto se bautizaron en el nombre del señor Jesús. Al imponerles Pablo las manos, vino el Espíritu Santo sobre ellos y hablaban en lenguas y profetizaban. Eran todos como unos doce hombres» (Hch 19, 3-7).

¿Doce bautizados por Juan que querían ingresar en el movimiento de Pablo en Éfeso? Si la labor de Juan era anunciar la llegada de Jesús, ¿por qué había seguidores suyos después de su muerte y de la de Jesús? De haber sido cierta la versión canónica del papel de Juan, todos sus discípulos se hubiesen marchado junto al verdadero líder; todos se habrían ido con Jesús. Algunos lo hicieron, pero no todos. Es decir, no todos los *juanistas* aceptaron que Jesús fuese el que tenía que llegar, el anunciado por Juan.

Juan el Bautista, Eugène Joors.

¿Y si Juan nunca anunció a Jesús? Esto explicaría todo, aunque alguien podría argumentar que, de ser así, no tendría sentido que todos los evangelistas mencionasen a Juan. ¿Qué importancia tendría Juan en ese caso? Cabe la posibilidad de que se viesen obligados a hacerlo porque se sabía que Jesús y Juan se habían conocido. Los seguidores de Juan conocían a Jesús y su relación con él. Tenía que aparecer en los evangelios. Su omisión hubiese sido también criticada.

Como ya vimos, el relato sobre el bautismo de Jesús a manos de Juan fue evolucionando. En el evangelio de Marcos, el más antiguo, se muestra sin problemas que se trataba de un acto redentor, que eliminaba el pecado, y a Jesús bautizándose con este fin. Pero esto supuso un problema para los cristianos posteriores, que creían que se trataba del hijo de Dios. ¿Cómo iba a ser pecador el hijo de Dios? ¿Cómo iba ser un pecador aquel que había venido para eliminar el pecado del mundo con su muerte voluntaria? Recuerden que este es el credo esencial de los cristianos.

Así, Lucas y Mateo, contrariados por lo que había contado Marcos, decidieron que había que esquivar esta piedra teológica, pero lo hicieron cada uno a su manera, como ya vimos. No pudieron omitirlo directamente porque aquello era *vox populi*. En cambio, Juan, el más tardío, sí lo hizo, aunque le dio mucha importancia al papel del Bautista.

MOVIMIENTOS PARALELOS

Eso sí, todos los evangelistas exponen que el papel de Juan era anunciar la llegada del Mesías, un papel que, además, consideraban que había sido vislumbrado por los antiguos profetas. Marcos lo expuso en los primeros versículos de su texto:

> «Comienzo de la buena nueva de Jesús, el Mesías. Como está escrito en Isaías, el profeta, —"ira, envío mi mensajero delante de ti, que preparará tu camino; una voz grita en el desierto: preparad el camino del Señor, enderezad sus senderos"—, apareció Juan bautizando en el desierto, proclamando un bautismo de conversión para el perdón de los pecados» (Mc 1, 2-3).

Además, los evangelios dejan claro que Juan reunió a varios discípulos que le seguían como a un profeta, como una especie de nuevo Elías, aquel que, según la tradición judía, iba a regresar al final de los tiempos para anunciar la llegada del Reino de Dios. Si Jesús fue bautizado por él, tenía que creer en su mensaje, que era el mismo que posteriormente predicaría el nazareno: predicaba el perdón de los pecados mediante el bautismo como medio para prepararse ante la cercana llegada del fin del mundo y del Reino de Dios, que tendría como consecuencia la instauración de un nuevo Israel libre de la dominación pagana y romana, y que vendría anunciado y conducido por el esperado Mesías.

El bautismo era el rito de iniciación necesario para pasar a formar parte del nuevo pueblo elegido. Y la salvación se conseguiría por la total obediencia y entrega a la ley de Moisés, así como por el arrepentimiento de los pecados. En cambio, los que no se bautizasen ni se redimiesen de sus pecados, sufrirían un terrible castigo en el inminente juicio divino.

Sin duda, todo esto enfrentaba a Juan con el culto oficial judío, basado en los rituales sacrificiales y en el Templo de Jerusalén.

Lo curioso es que el acto del bautismo de Jesús tuvo una intención y unas consecuencias diferentes a lo pretendido. Según los sinópticos, mediante este acto Jesús fue ungido por Juan como el Mesías, el escogido por Dios, para iniciar y preparar la instauración del Reino. Es decir, Juan se empleó para autentificar que Jesús era el legítimo descendiente de David y, por lo tanto, el Mesías político que debía ocupar el trono del nuevo Israel. Posteriormente, conforme avanzó la evolución cristológica, se empezó a convertir en el redentor universal, no solo judío, que propuso Pablo. Y de nuevo, Juan fue usado para reconocerlo.

Sea como fuere, Jesús, al bautizarse, aceptó a Juan como un profeta e hizo suyas sus ideas, lo que no quiere decir que él no tuviese anteriormente unas creencias religiosas similares. Jesús fue discípulo de Juan. Cabe preguntarse si, además de esto, perteneció al círculo de seguidores favoritos del Bautista después de ser iniciado. Marcos y Q, las tradiciones más antiguas, parecen negarlo.

Juan el evangelista, en cambio, aportó algo que permite plantearlo, al mencionar un episodio en el que unos discípulos de Juan le comentaron a este lo siguiente:

«También estaba Juan bautizando en Enón, cerca de Salín, porque allí había mucha agua, y se presentaban y se bautizaban, pues Juan aún no había sido encarcelado. Hubo entonces una discusión de los discípulos de Juan con un judío sobre la purificación. Llegaron ante Juan y le dijeron: "Rabbí, el que estaba contigo al otro lado del Jordán, del que tú has dado testimonio, resulta que ese bautiza y todos acuden a él". Juan contestó: "No puede un hombre recibir nada si no lo ha sido dado desde el cielo. Vosotros mismos habéis dado testimonio de que dije que yo no soy el Mesías, sino que he sido enviado delante de él [...] Es preciso que él crezca y yo mengüe"» (Jn 2, 22-30).

Aquello de «estaba contigo» indica que Jesús no fue un simple bautizado más, sino que se unió al grupo de Juan al menos durante un tiempo. Además, tanto esta escena de Juan, como otras tantas de los demás evangelios, evidencian que Jesús inició su propio movimiento y que llegaron a predicar a la vez y en la misma zona. Marcos, por ejemplo, relató lo siguiente:

«Los discípulos de Juan y los fariseos estaban ayunando, y fueron algunos a decirle: "¿Por qué los discípulos de Juan y los discípulos de los fariseos ayunan y, en cambio, tus discípulos no ayudan?". Y les dijo Jesús: "¿Pueden acaso ayunar los convidados a la sala nupcial mientras el novio está con ellos? En tanto tienen al novio con ellos no pueden ayunar. Pero vendrán días en los que les será arrebatado el novio y entonces, en aquel día, ayunarán"» (Mc 2, 18-20).

También sabemos que Jesús, tras desligarse del grupo de Juan, captó a algunos de los discípulos de este.

Además, Mateo y Lucas se hicieron eco de un significativo episodio, procedente de Q, en el que parece sugerirse que tanto Jesús como su mensaje levantaban ciertas dudas en Juan. Estando este en prisión, algunos de sus discípulos se mostraron dubitativos sobre si realmente era Jesús el Mesías esperado:

«Juan, que había oído hablar en la cárcel acerca de las obras de Jesús, le mandó un recado por medio de sus discípulos y le dijo: "¿Eres tú el que va a venir o esperamos a otro?". Jesús respondió: "Id y contad a Juan lo que oís y veis: los ciegos ven y los cojos andan; los leprosos quedan limpios y los sordos oyen; los muertos resucitan y los pobres son evangelizados"» (Mt 11, 2-4).

¿Acaso dudaba Juan de que Jesús era el Mesías? ¿No era él el que le había anunciado? Que lo comentase Mateo tiene su aquel, pero es que también lo narró Lucas, lo cual es tan significativo como intrigante, ya que este evangelista, y ningún otro, escribió que se conocían desde niños...

LA HISTORIA DE JUAN SEGÚN LUCAS

El evangelio de Lucas, sorprendentemente, ni comienza con el bautismo ni con el nacimiento de Jesús, sino contando la historia de los padres de Juan, un sacerdote llamado Zacarías e Isabel, que no habían podido tener hijos porque ella «era estéril y los dos eran de edad avanzada» (1, 7). Hasta que un buen día, estando en el Templo de Jerusalén, se le apareció un ángel a Zacarías y le dijo:

> «No temas, Zacarías, porque tu plegaria ha sido escuchada, y tu mujer Isabel dará a luz a un hijo para ti al que pondrás el nombre de Juan. Tendrás alegría y gozo, y muchos se alegrarán con su nacimiento. Pues será grande ante el Señor» (Lc 1, 13-15).

Zacarías, patidifuso, no se lo creyó, dada la edad del matrimonio y el fracaso hasta ahora en lograrlo. Pero el ángel, que se identificó como Gabriel, le maldijo con perder la voz hasta que comprobase con sus propios ojos que aquello iba a pasar. Y pasó: Isabel se quedó preñada...

> «Y permaneció oculta cinco meses, pues decía: "Así ha hecho Dios conmigo en los días en los que se dignó quitar mi afrenta de entre los hombres"» (Lc 1, 24-25).

Isabel se refería a la vergüenza por no haber sido madre, algo que sucedió a menudo en el mundo judío, donde nunca se pensaba que la esterilidad pudiera ser cosa de los hombres. Pero ¿por qué se escondió? Lo lógico hubiera sido lo contrario, mostrarlo al mundo. ¿Quizás porque eran ancianos? ¿Quizás porque debía hacerlo primero María, la madre de Jesús, protagonista de un embarazo igual de milagroso, anunciado igualmente por el arcángel Gabriel? Parece más bien esto último, pues la narración de Lucas continua precisamente así, mostrando la anunciación de María.

Esto queda aún más claro si leemos lo que sucede poco después:

«Se levantó María en aquellos días y se dirigió con rapidez a la región de la montaña, a una ciudad de Judea. Entró en la casa de Zacarías y saludó a Isabel. Y sucedió que cuando oyó Isabel el saludo de María, saltó de gozo el niño en su vientre y quedó llena Isabel del Espíritu Santo. Y exclamó con gran voz, diciendo: "Bendita tú eres entre todas las mujeres y bendito es el fruto de tu vientre. ¿De dónde se me concede que la madre de mi Señor venga a mí?"» (Lc 1, 39-43).

La visitación (*Tríptico de la vida de la Virgen*), Dirk Bouts, hacia 1445.

Está claro que Lucas introdujo esta escena legendaria para exponer que desde antes de nacer Juan ya le reconocía como el Mesías. Por supuesto, esto contrasta en gran manera con el pasaje antes comentado de los discípulos de Juan que van a preguntarle, de parte de su maestro, si era en efecto el que había de venir.

¿Por qué fue María a ver a Isabel? ¡Porque eran familia! El propio Gabriel se lo recordó a la joven durante la anunciación:

> «Y mira, Isabel, tu parienta, ha concebido ella un hijo en la ancianidad, y este mes es el sexto para la llamada estéril, porque nada será imposible para Dios» (Lc 1, 36).

La clave de la cuestión está en el término «parienta»: en el original griego es Συγγενείς, que viene a significar eso mismo, «familia, pariente»; pero en realidad es un concepto muy amplio que puede englobar desde primos a tíos o incluso a hermanos. Entonces ¿por qué la tradición cristiana posterior los acabó identificando como primos? No lo sabemos. Pero sí tenemos constancia de que Hipólito de Roma lo afirmó, ya que sus madres, Soba y Ana, eran hermanas. Seguramente fue algo que poco a poco se fue aceptando por el cristianismo para acabar convertido, como tantas otras cosas, en tradición.

Lo cierto es que este parentesco no se menciona en ningún otro evangelio. Es más, en Juan se muestra claramente que el Bautista no conocía a Jesús (1, 31). Además, ¿cómo puede ser que, siendo familia, y visto el buen rollo que parecían tener sus respectivas madres, Juan y Jesús no se viesen durante las siguientes dos décadas?

Sea como fuere, Lucas continúa su relato comentando que María estuvo tres meses con Isabel. Y poco después nació Juan —*Yôḥānnān* en hebreo, que quiere decir «El fiel a Dios»— y fue circuncidado, como Dios manda. Es decir, nació unos seis meses antes de Jesús.

Lucas no comentó nada más sobre Juan hasta que pasó a narrar la escena del bautismo en el Jordán, solo esto:

> «El niño crecía y se fortalecía en espíritu, y estaba en los desiertos hasta el día de su manifestación a Israel» (Lc 1, 80).

¿De dónde sacó Lucas esta información? ¿Por qué omitieron los demás evangelistas esta maravillosa historia que, de ser cierta y conocida, no debían haber obviado? Quizás no lo era; o tal vez estos datos procedían de los seguidores de Juan. No lo sabemos, así que, por desgracia, debemos dudar de la veracidad histórica de este relato. ¿Acaso hubo una tradición sobre el nacimiento de Jesús que sirvió de base para crear la narración del de Juan? ¿O fue al revés? ¿O los dos son falsos? ¿Por qué Lucas, que no situó a Juan en la escena del bautismo de Jesús, aportó esta historia de la mágica concepción del Bautista? La respuesta, probablemente, sea que quiso otorgar a este trascendental personaje un origen milagroso, dejando claro que hasta su nacimiento se produjo para que se cumpliese la misión que, según Lucas, le fue encomendada: ser el precursor de Jesús. ¿Lo fue realmente? No lo parece...

¿FUE JESÚS UN TRAIDOR?

Recapitulemos: si Juan el Bautista fue el maestro de Jesús, y si todo esto del precursor es un invento del cristianismo posterior, que se vio en la necesidad de explicar así la complicada relación entre ambos, podemos llegar a una escandalosa conclusión: Jesús tuvo que ser un simple humano. ¿Por qué motivo el hijo de Dios, rol que la cristiandad acabó añadiendo a Jesús, iba a ser el discípulo de nadie?

Y eso que resultaba evidente. El mensaje era el mismo: Juan predicaba el perdón de los pecados mediante el bautismo como medio para prepararse ante la cercana llegada del fin del mundo y del Reino de Dios, que tendría como consecuencia la instauración de un nuevo Israel libre de la dominación pagana y romana, y que vendría anunciado y conducido por el esperado Mesías, al que llevaban esperando los judíos desde varios siglos atrás. Juan, influido por la tradición escatológica y apocalíptica que tan de moda estaba desde el siglo I a. C., pensaba que el final era inminente. Como Jesús. Además, ambos se enfrentaron al culto oficial judío, basado en los rituales sacrificiales y en el Templo de Jerusalén, que desarrollaban una relación diferente con la divinidad y que prometían una salvación solo accesible mediante la total obediencia de la ley.

Así pues, Jesús fue discípulo de Juan. Pero en algún momento determinado sus caminos se separaron. Y no es que el Bautista diese por terminada su labor, una vez que había llegado el que había de venir, pues, como vimos, todos los evangelios coinciden en mostrar que siguió predicando. No fue así. Al contrario, durante un tiempo ambos estuvieron predicando el mismo mensaje, hasta la detención de Juan. Por si fuera poco, como también vimos, unas décadas después aún había seguidores del Bautista. El propio Apolo, coleguita de Pablo, lo fue:

> «Apolo, alejandrino de origen, hombre elocuente, que dominaba las Escrituras, desembargó en Éfeso. Había sido instruido en el camino del Señor y hablaba y enseñaba con espíritu ferviente y precisión lo referente a Jesús, aunque solamente conocía el bautismo de Juan» (Hch 18, 24-25).

Juan el Bautista, Leonardo da Vinci, 1513-1516.

La cuestión es: ¿es posible que algunos de los seguidores de Juan no reconociesen a Jesús como Mesías y pensasen que en realidad era el Bautista? Claro que es posible. De hecho, existe numerosa literatura en torno a la posible existencia de un movimiento secreto y subterráneo que ha venerado a la figura de Juan el Bautista como el auténtico Mesías, considerando que Jesús fue un traidor o un oportunista que aprovechó la muerte de su maestro para hacerse con el control de su grupo de seguidores. Además, algunos autores defienden que muchos de los movimientos heréticos de la Edad Media, especialmente cátaros y templarios, fueron conocedores de este gran secreto, al igual que lo fueron, posteriormente, los masones y los rosacruces.

Es más, en Irak existió una curiosa secta religiosa cuyos integrantes creían que Jesús fue un traidor a su maestro, Juan el Bautista. Se trata de los *mandeos*, los seguidores de una extraña religión que es considerada como el último vestigio del extinto gnosticismo.

Se cree que surgieron entre el siglo i y el ii en la zona del Jordán, pese a que no tenemos evidencias contundentes de su existencia anteriores al siglo vii. La confusión puede deberse a que siempre han sido pocos y han intentado mimetizarse con su entorno, unas veces cristiano, otras veces musulmán. De hecho, tenemos una referencia a este ocultamiento en uno de sus libros sagrados, el *Ginza* (*Tesoro*):

> «Cuando Jesús os oprima, decid: somos tuyos. Pero no lo confeséis en vuestros corazones, ni neguéis la voz de vuestro Maestro el altísimo Rey de Luz, porque lo oculto no se revela al Mesías que mintió».

Teológicamente hablando, los *mandeos*, aparte de repudiar a Jesús, son defensores de un dualismo radical en el que reino de la luz y el reino de la oscuridad se enfrentan desde el principio de los tiempos.

Entre sus libros sagrados destaca *El libro de Juan*, una colección de treinta y siete obras, entre las que se incluye una dedicada a Juan el Bautista —aunque todo indica que se escribió después del siglo vii, tras la conquista islámica de la zona—. La historia que cuentan de Juan es básicamente la misma que se narra en Lucas, aunque con una importante diferencia: Jesús (Yeshu Messiah), según esta obra, fue un falso Mesías y un traidor que se volvió contra el auténtico elegido, Juan el Bautista, y que embaucó a su pueblo, aunque al final terminó pagándolo al ser condenado por los romanos. Por eso no deja de ser paradójico que a Jesús le denominen en ocasiones como «Cristo el Romano»:

> «No creáis en Jesús porque practica la hechicería y la traición, pervierte la palabra de Juan y desfigura el bautismo del Jordán. Vendrá Enoc y acusará a Cristo el Romano, el mentiroso, el hijo de una mujer que no es de la Luz».

Lo cierto es que más bien parecen referirse al Cristo paulino y evangélico que al Jesús de la historia, y que, por lo tanto, estarían fuertemente influenciados por las propias obras cristianas. Es decir, no recogerían una tradición anterior inédita.

Por todo esto, hay quien ha planteado que se trata realmente de un grupo de discípulos de Juan que sobrevivieron en algún rincón perdido de la historia, mientras que los seguidores del *traidor*, Jesús, triunfaron. Así, según esta propuesta, procedían de Palestina y surgieron hacia el siglo I d.C., algo que no está definitivamente demostrado, aunque los propios *mandeos* lo creen y defienden firmemente.

En la actualidad, siguen existiendo, aunque viven una situación tremendamente delicada por culpa del extremismo islamista y de las dos guerras de Irak, tras haber sido perseguidos por judíos, romanos, persas, árabes, cristianos y hasta por el mismísimo Saddam Hussein. Pero, pese a las persecuciones, la dispersión y el acoso, siguen practicando sus cultos, conservan gran parte de sus libros sagrados, y mantienen su alfabeto y su antiguo idioma, el *mandeo*, derivado del arameo.

Y siguen pensando que Jesús fue un traidor…

LA MUERTE DEL BAUTISTA

Ha quedado claro pues que Jesús fue discípulo del Bautista y que, en un momento dado, se apartó de él y montó su propio grupo. No está claro cuándo sucedió esto. La tradición católica considera que la vida pública de Jesús comenzó tras la muerte de Juan, pero los evangelios muestran explícitamente otra cosa. Por si fuera poco, este terrible desenlace no tiene una explicación clara.

Si hacemos caso a los evangelios, Juan murió decapitado por culpa de un lío de faldas protagonizado por uno de los hijos de Herodes el Grande: Herodes Antipas, tetrarca de Perea y Galilea desde el 4 a. C., criado en Roma y conocido, como su padre, tanto por sus labores constructoras como por su afición a matar gente. El mismo Herodes que, según Lucas —solo lo comentó él (23, 6-12)— se burló cruelmente de Jesús cuando fue enviado ante su presencia por Poncio Pilato, al enterarse de que era galileo y que, por lo tanto, estaba bajo su jurisdicción.

En el evangelio más antiguo, Marcos, se narra el episodio de la muerte de Juan cuando ya las actividades milagreras y proselitistas de Jesús estaban en todo lo suyo, aunque se hace en pasado, como si hubiera tenido lugar un tiempo antes.

Según Marcos, el monarca se había casado con la mujer de su hermano Filipo, Herodías, algo que horrorizaba a los judíos y, especialmente, a Juan. ¿Por qué? Porque esto de enrollarse con la cuñada estaba sancionado por la ley mosaica. Herodías, hija de otro hijo de Herodes, Aristóbulo IV, por algún motivo desconocido, odiaba al pobre Bautista y deseaba su muerte, pero no había conseguido convencer al monarca, que lo veía como un hombre recto y santo, de que había que acabar con él. Hasta que un día tuvo una oportunidad: Herodes organizó un festín para celebrar su cumpleaños, organizó un gran festín, durante el cual danzó la hija de Herodías, Salomé, dejando embelesados a los presentes con su belleza y con su sinuosa figura. El rey, ebrio de más, la invitó a que le pidiese lo que quisiese porque le sería concedido. La joven, sobrina de Herodes (ya que su padre fue Filipo), dubitativa, fue a pedir consejo a su madre. Y esta vio aquí su momento: «La cabeza de Juan el Bautista» (Mc 6, 24). Y Salomé, espléndida, le pidió a su tío la cabeza del Bautista en una bandeja de plata.

El rey, obligado por juramento a concederle el deseo, tuvo que hacerle caso, ordenó que decapitaran a Juan y le entregó la cabeza a Salomé. «Sus discípulos al enterarse de ello vinieron, tomaron el cadáver y lo colocaron en una tumba» (Mc 6, 29). Mateo, que narró exactamente la misma historia —aunque muestra a Herodes reacio a hacerlo por miedo a la reacción del pueblo—, añadió una frase al final: «Y fueron a contárselo a Jesús» (Mt 14, 12).

Digan lo que digan los evangelios, no parece que las quejas públicas que hizo el Bautista contra Herodes por el *affaire* con su cuñada sean suficiente motivo para cortarle la cabeza, aunque, como bien sabemos, estos herodianos eran bastante proclives a cometer barbaridades de todo tipo. Tuvo que haber otro motivo más importante.

La solución la aportó Flavio Josefo en sus *Antigüedades judías*, en la que comentó cómo y por qué se produjo la ejecución de Juan el Bautista por parte de Antipas. Según Josefo no fue porque se opusiese al matrimonio de Herodes con su cuñada Herodías, sino que hubo motivos políticos. El texto lo dice bien claro:

«Algunos judíos creyeron que el ejército de Herodes había perecido por la ira de Dios, sufriendo el condigno castigo por haber muerto a Juan, llamado el Bautista. Herodes lo hizo matar, a pesar de ser un hombre justo que predicaba la práctica de la virtud, incitando a vivir con justicia mutua y con piedad hacia Dios, para así poder recibir el bautismo. Era con esta condición que Dios consideraba agradable el bautismo; se servían de él no para hacerse perdonar ciertas faltas, sino para purificar el cuerpo, con tal que previamente el alma hubiera sido purificada por la rectitud. Hombres de todos lados se habían reunido con él, pues se entusiasmaban al oírlo hablar. Sin embargo, Herodes, temeroso de que su gran autoridad indujera a los súbditos a rebelarse, pues el pueblo parecía estar dispuesto a seguir sus consejos, consideró más seguro, antes de que surgiera alguna novedad, quitarlo de en medio, de lo contrario quizá tendría que arrepentirse más tarde, si se produjera alguna conjuración. Es así como por estas sospechas de Herodes fue encarcelado y enviado a la fortaleza de Maquero, de la que hemos hablado antes, y allí fue muerto. Los judíos creían que, en venganza de su muerte, fue derrotado el ejército de Herodes, queriendo Dios castigarlo». (XVIII, 5-2).

Es decir, según Josefo, Juan fue asesinado por Antipas por miedo a que liderase una conspiración contra él. Aunque hay dudas sobre la autenticidad de este pasaje, muchos lo consideran auténtico porque contradice abiertamente la narración evangélica. ¿Por qué alguien incluiría una interpolación que en realidad pone en dificultades a los cristianos? Además, si se fijan en lo subrayado, Josefo niega que Juan practicase el bautismo para eliminar el pecado, sino como un ritual de purificación.

Ahora bien, de ser así, ¿por qué en los evangelios se contó otra historia? Quizás para eliminar cualquier sospecha de que el movimiento de Juan podía tener matices políticos y revolucionarios, lo que justificaría en parte la reacción de Antipas. Al fin y al cabo, Jesús fue su discípulo. Por eso era mejor mostrar esta versión, en la que el monarca actúa de una forma totalmente irracional.

El ministerio de Jesús

Jesús, tras ser bautizado, y después de superar las tentaciones del diablo en el desierto, se lanzó a los caminos de Galilea para proclamar el mismo mensaje que su maestro, Juan el Bautista: la inminente venida del Reino de Dios. En el camino fue captando discípulos, enseñando en sinagogas, haciendo milagros y creándose enemigos. Hasta que, finalmente, se lanzó de lleno a cumplir su destino en la ciudad santa, Jerusalén.

Sermon on the Mount, Carl Bloch.

Marcos, el primer evangelista, identificó dos partes bien diferenciadas en la llamada vida pública de Jesús: la primera comprende su ministerio en Galilea y la segunda, tras descubrirse ante sus discípulos como el Mesías y anunciar por primera vez la pasión (8, 31-34), transcurre en Judea (10, 1), donde se desarrollaron los últimos días de su vida. Mateo y Lucas mantuvieron un esquema similar, aunque este último alargó muchísimo el viaje a Jerusalén. Así, dado que estos tres evangelistas solo mencionaron una celebración de la Pascua, la última, se ha considerado que el ministerio de Jesús duró, aproximadamente, un año. Aunque quizás estos evangelistas no hicieron referencia a otras visitas a Jerusalén porque no le dieron importancia, centrándose en esta última por un motivo más que evidente.

El caso es que Juan cambió por completo el esquema: Jesús iba y venía continuamente de Galilea a Jerusalén. Así, según Juan, la vida pública duró entre dos años y medio y tres. Si no más. Una vez más, los relatos de los evangelistas no concuerdan. Ni siquiera lo hacen en una de las escenas más famosas protagonizadas por Jesús, la expulsión de los mercaderes y los cambistas del templo, que para Juan tuvo lugar durante su primera visita a Jerusalén con motivo de la Pascua, mientras que los sinópticos la colocan después de su entrada entre ramas de palma en Jerusalén. Y tampoco coinciden a la hora de narrar el itinerario de Jesús: mientras que Marcos, Mateo y Lucas ubican su predicación en Galilea, Juan la centra en Judea.

Sin embargo, aunque con matices, sí parecen coincidir en el contenido de su labor proselitista y en su actividad milagrera, aunque resulta complicado diferenciar entre su mensaje real y las propuestas teológicas de los evangelistas, seguidores de tercera generación que creían en un Jesús distinto. Sobra decir que a esto se han entregado desde hace muchas décadas los exégetas buscadores del Jesús histórico, que, con sus diferencias, han llegado a unas cuentas conclusiones más o menos de consenso.

EL MENSAJE

Para empezar, hay que tener claro que Jesús era judío, y como tal, creía en el dios de los judíos, el dios del Antiguo Testamento, el dios de Abraham, de Jacob y de Moisés. Pero no todos los judíos del siglo I creían en lo mismo.

Los saduceos, la clase dirigente, encargada de la religión oficial, que giraba en torno al Templo de Jerusalén, eran conservadores, fundamentalistas y estrictos a la hora de aceptar la Torá al pie de la letra, sin posibilidad de interpretación. Creían en un dios-juez que premiaba y castigaba en esta vida según la conducta moral y el apego a los dictados divinos de cada uno, un dios al que había que *calmar* mediante un ritualismo exacerbado y la obediencia fiel a la ley. Por lo tanto, no creían en la inmortalidad del alma ni en el juicio final, ni en la resurrección de los muertos, ni en los ángeles, ni, si apuramos, en el más allá, conceptos novedosos en el judaísmo y que procedían de influencias orientales (del zoroastrismo persa) y helénicas.

Esto era lo que diferenciaba a los saduceos de los fariseos —y de Jesús y sus seguidores—, que sí creían en la inmortalidad del alma, la resurrección y el juicio final, y que le daban mucha importancia a la salvación, que se conseguía manteniendo una buena vida, una pureza ritual y cumpliendo la ley de Dios. Además, veían necesario interpretar correctamente la ley y adaptarla a los tiempos y a las diversas circunstancias, sobre todo cuando dos leyes entraban en conflicto y hacían imposible que el fiel cumpliese ambas. Así, los rabinos fariseos comenzaron a coleccionar las opiniones y propuestas de sus más importantes maestros sobre cómo interpretar la ley de forma adecuada, y esto terminará siendo el germen de dos obras posteriores de gran importancia para el judaísmo: la Misná —compendio de doctrinas y enseñanzas de los maestros rabinos que regulaban hasta en sus más pequeños detalles cada aspecto de la vida y la religión, compuesto entre el siglo ii y iii d.C.— y el Talmud. Es curioso, pero, pese a que en los evangelios se muestra a Jesús discutiendo a menudo con los fariseos, sus creencias y sus prácticas eran bastantes parecidas…, incluso esto de discutir sobre la ley. De ahí que muchos consideren que Jesús fue fariseo.

Otros consideran que fue esenio, un grupo religioso muy activo en el siglo i. Los esenios se centraban en una obsesiva obediencia de la ley y en un rígido cumplimiento de todos sus preceptos. Josefo, además, afirmó que creían en la predestinación, en la inmortalidad del alma y en la resurrección de los muertos, algo evidente cuando se leen sus numerosas obras. En resumidas cuentas, fueron, como los fariseos, un movimiento de renovación fundamentalista y antipagano, enfrentado abiertamente al culto que controlaban los saduceos en Jerusalén, y con un fuerte componente escatológico, ya que estaban convencidos de que el fin del mundo y el juicio final eran inminentes, y que solo los que hubiesen cumplido la voluntad de Dios serían salvados.

Por lo tanto, Jesús, como los fariseos y los esenios, creía en la existencia de ángeles y demonios, en la inmortalidad del alma y en el juicio final. Además, tuvo que vivir con un sentimiento de hostilidad, más o menos intenso, hacia los invasores romanos; y, con total seguridad, anheló con ansiedad la llegada del Mesías prometido por las Escrituras, en el contexto de una época de urgencia en la que abundaron las profecías escatológicas.

Además, podemos deducir cómo era el dios en el que creía Jesús: era un dios cercano, bondadoso y salvador; un dios Padre de todos los hombres y mujeres. Creía en el dios creador del cielo y de la tierra, el dios de Abraham y de Moisés; sin embargo, en los evangelios podemos entrever que ese dios estaba mucho más calmado que en los relatos del Antiguo Testamento, donde se mostraba irascible, celoso y violento en multitud de ocasiones. El dios de Jesús era un ser amoroso, abstracto y compasivo. Parecía otro.

Jesús creía que Yahvé acabaría liberando del yugo romano a los judíos y se encargaría de restaurar y actualizar su antigua alianza con Israel. Sería el momento en el que la divinidad instauraría el tan esperado Reino de Dios.

Pero ¿qué era el Reino de Dios? La consumación prometida de la alianza y de lo anunciado por los profetas durante los siglos anteriores, la salvación y redención colectiva de Israel, dirigida personalmente por la divinidad que, para ello, se quitaría del medio al invasor pagano.

Jesús lo veía como algo inminente, tanto que, en los evangelios canónicos, se pone en palabras de Jesús que llegaría en aquella misma generación.

> «Os aseguro que hay algunos de los aquí presentes que no probarán la muerte antes de que vean venir el Reino de Dios con poder» (Mc 9, 1).

Y además, todo aquello vendría acompañado de terribles catástrofes. No hay mejor ejemplo que lo que se ha venido a llamar el *pequeño Apocalipsis* de Marcos 13, en el que se vaticina la destrucción del templo, además de anunciar que habrá guerras, terremotos y hambre; y surgirán falsos Mesías y profetas.

La ética de Jesús estaba influida por la necesaria preparación ante lo que se avecinaba y por una cierta actitud de renuncia hacia lo material de este mundo, que, al fin y al cabo, iba a desaparecer en muy poco tiempo. Se entienden mejor así sus ataques contra los que acumulan riquezas, innecesarias cuando llegase el final, o su empeño en centrarse en la oración y en el cumplimiento de la ley, dejando un poco de lado, si es preciso, las obligaciones domésticas, las posesiones terrenales e incluso el trabajo. Había que centrarse en conseguir ser uno de los elegidos en el inminente Reino de Dios.

Israel acabó destrozado tras las dos guerras judeo-romanas, el templo fue aniquilado y el pueblo judío se esparció por el mundo…, pero no cayeron estrellas del cielo, ni vino el Hijo del Hombre entre nubes. Esta fallida predicción, unido al escándalo de la cruz, llevó a que los cristianos primitivos se replanteasen aquellos conceptos: el Reino de Dios pasó a ser algo que sucedería en un futuro indeterminado y que no se circunscribiría solo al pueblo de Israel, sino que afectaría a toda la humanidad. Y de camino, se empezó a retrasar la segunda venida de Jesús, que en un primer momento también se consideraba inminente.

En otras palabras: la cristiandad, ya desde tiempos de Pablo, pasó de anunciar lo que anunciaba Jesús, el Reino de Dios, a anunciar a Jesús mismo, convertido ya en una divinidad. Esto es importante tenerlo claro.

¿Y los gentiles qué?

Por otro lado, el reino del que hablaba Jesús era algo material; es decir, no se planteaba en un más allá etéreo y difuso, como abogó el cristianismo posterior. Esto tuvo una consecuencia interesante: la instauración del reino implicaba, en la práctica, un gobierno de Dios sobre Israel y, por lo tanto, la expulsión del poder extranjero, el Imperio romano, así como de todos sus colaboradores y del resto de paganos que no aceptasen los mandatos y exigencias de lo que estaba por venir.

Era un mensaje claramente nacionalista. El Reino de Dios era para ellos, para los judíos, los elegidos, y, a lo sumo, para aquellos paganos que se convirtiesen, si es que quedaba sitio… Nada que ver, claro, con lo que defendieron sus seguidores posteriores, especialmente por influencia de Pablo de Tarso.

Solo así se explican determinados episodios, como la curación de la hija de la mujer sirofenicia, cuando calificó despectivamente a los gentiles como «perrillos» (Mc 7, 27). ¿Lo conocen? Es uno de esos episodios que suelen pasar desapercibidos al lector no iniciado, pero, si lo leen con atención, verán que es muy significativo lo que sucede. Precisamente por los problemas que ocasionaba a los cristianos posteriores, es muy probable que sea histórico, ya que muestra a Jesús contradiciendo las ideas de inclusión masiva de los gentiles que defendieron Pablo de Tarso y el resto de autores del Nuevo Testamento.

Andaba Jesús por Tiro, tierra de gentiles descendientes de fenicios. No se sabe muy bien el motivo, pero estaba en la casa de una mujer sirofenicia, gentil, cuya hija estaba poseída por un demonio. La señora le pidió a Jesús que liberase a su hija.

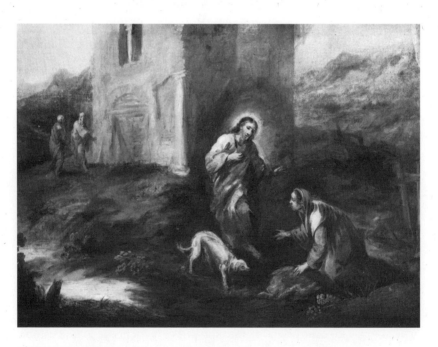

Cristo y la mujer cananea, Francisco Antolínez y Sarabia, 1674.

«Pero él le decía: "Deja primero que se harten los hijos, pues no está bien tomar el pan de los hijos para echárselo a los perrillos". Pero ella le replicó y le dijo: "Señor, incluso los perrillos debajo de la mesa comen de las migajas de los hijos". Él le contestó: "A causa de estas palabras, vete; el demonio ha salido de tu hija"» (Mc 7, 27-29).

¿Lo pillan? Y no será el único caso.

«No toméis camino de gentiles ni entréis en ciudad de samaritanos, dirigíos más bien a las ovejas perdidas de la casa de Israel» (Mt 10, 6).

¿Cómo explicar los episodios evangélicos en los que los gentiles son presentados de forma simpática y Jesús se muestra dispuesto a aceptarlos en la comunidad de elegidos? Se trata de las propias creencias de las comunidades evangelistas, constituidas por muchos paganos conversos. Episodios como la adoración de los magos, la curación del criado del centurión romano, la negativa de Pilato a condenarle o la insistencia en culpar a los judíos de lo que fue una condena de muerte exclusivamente a la romana, dejan claro que aquellos primitivos cristianos, en su lucha por apartarse del judaísmo, reformularon la predicación y la historia real de Jesús.

En resumidas cuentas, se trataba de un mensaje subversivo que no podía ser tomado a la ligera por Roma, y que reclamaba, amparándose en sus creencias religiosas, la independencia de Israel. Además, este gobierno divino iría de la mano de un descendiente de la legítima estirpe monárquica, según los judíos, la casa de David; de ahí el empeño de los evangelistas (sobre todo de Mateo y Lucas) por emparentarlo con aquella extinta dinastía real.

Un rey de los judíos que inesperadamente acabó ejecutado por sedición.

¿Y CÓMO SE CONSEGUIRÍA LA SALVACIÓN?

Con bastante seguridad, Jesús consideraba que solo gozarían del Reino de Dios aquellos que, además de entregarse en cuerpo y alma a preparar su llegada, siguiendo sus pasos por los caminos de Galilea, obedeciesen la ley dictada por Yahvé a Moisés en el Sinaí, pese a que la Iglesia y numerosos estudiosos han propuesto que pretendía derogarla.

Los evangelios lo muestran explícitamente: Jesús no solo defendía la validez de la ley, sino que consideraba que era el único camino posible hacia la salvación:

> «La ley y los profetas, hasta Juan. Desde entonces el Reino de Dios es anunciado como buena nueva, y todo el mundo es forzado a entrar en él. Más fácil es que el cielo y la tierra pasen que no que caiga un solo acento de la ley» (Lc 16, 16-17).

Y no digamos esta escena de Mateo, tomada como la anterior de Q:

> «No penséis que viene a abolir la ley o los profetas; no vine a abolir, sino a dar mejor cumplimiento. Pues os aseguro que hasta que pasen el cielo y la tierra, ni la más pequeña de las letras, ni una coma va a pasar de la ley hasta que toda ella se cumpla. Así pues, el que transgreda uno solo de estos mandamientos más pequeños y así lo enseñe a los demás, será declarado ínfimo en el reino de los cielos. En cambio, el que los cumpla y así lo enseñe, será declarado grande en el reino de los cielos» (Mt 5, 17).

Es más, generalmente, se mostraba aún más duro y estricto que la propia ley, por ejemplo, en su oposición al divorcio (en Mc 10, 2-12) o cuando prohibió jurar en modo alguno (Mt 5, 34). Además, no renegó en ningún momento de los aspectos más importantes de la religiosidad judía, aceptando explícitamente la circuncisión, las normas de pureza, los sacrificios en el templo o el carácter sagrado de las Escrituras, a las que continuamente apelaba.

Será el cristianismo posterior, inspirado por Pablo, el que pretenda superar la ley, considerando que su cumplimiento ya no era garantía de salvación, sino que esta habría de venir por la fe en el valor redentor y expiatorio de la muerte de Jesús y por la creencia en su posterior resurrección y segunda venida, ideas claves del pensamiento paulino. Así, los episodios en los que Jesús se mostraba contrario a algunas prescripciones de la ley proceden, sin duda, de los evangelistas y las comunidades cristianas primitivas, ya apartadas del judaísmo.

Aun así, pese a que los preceptos morales que probablemente predicó el Jesús histórico no se alejaban demasiado de los que defendían y practicaban el resto de los judíos de su época, predicó algunas ideas diferentes, especialmente la exaltación del amor.

Al respecto, destaca especialmente este fragmento del famoso Sermón de la Montaña:

«Oísteis que se dijo: "Ojo por ojo y diente por diente". Ahora bien, yo os digo: no os enfrentéis al malvado. Al contrario, si uno te abofetea en la mejilla derecha, vuélvele también la otra. Y al que quiera denunciarte y arrebatarte la túnica, déjale también el manto. Y si uno te requisa para caminar una milla, ve con él dos. Da al que pida, y al que te pida prestado no lo rechaces.

»Oísteis que se dijo: "Amarás al prójimo como a ti mismo" y odiarás a tu enemigo. Ahora bien, yo os digo: amad a vuestros enemigos y orad por los que os persiguen para que seáis hijos de vuestro Padre que está en los cielos, que hace salir el sol sobre los malos y sobre los buenos y hace llover son los justos y sobre los injustos. Si vais a amar a los que os aman, ¿qué recompensa vais a tener? ¿No lo hacen así los recaudadores? Y si saludáis solo a vuestros hermanos, ¿qué hacéis de aventajado? ¿No lo hacen así incluso los gentiles?» (Mt 5, 38-47).

Ahora bien, ¿quién era el prójimo al que había que amar? Según los evangelios, y Pablo, eran, simplemente, los demás. todos. El propio Jesús parece atestiguarlo con el llamado *mandamiento del amor* del que habló Juan:

«Os doy un mandamiento nuevo: que os améis unos a otros lo mismo que yo os he amado, para que también os améis unos a otros. En esto conocerán todos que sois mis discípulos, si tenéis amor entre vosotros» (Jn 13, 35).

Ahora bien, los judíos entendían esto del prójimo de otra manera. Jesús citó un versículo que pertenece al Levítico: «No te vengarás ni guardarás rencor a los hijos de tu pueblo. Amarás a tu prójimo como a ti mismo» (Lv 19, 18). Es decir, los gentiles no eran prójimos. Jesús también lo entendía así, aunque es posible que fuese menos intransigente que sus paisanos e incluyese a los conversos. Por lo tanto, aquellos enemigos a los que había que amar y ante los que había que poner la otra mejilla, en realidad eran enemigos dentro del propio pueblo judío.

En conclusión, no parece cierto que Jesús extendiese el mensaje de amor al prójimo a toda la humanidad, enemigos y gentiles incluidos.

Y es que Jesús tenía su genio. Y si no, que se lo digan los pobres mercaderes y cambistas del Templo de Jerusalén. Su mensaje era de amor, aunque habría que determinar el alcance de ese amor, pero también era terrible y despiadado a la hora de juzgar a los que pusieran trabas de un modo u otro al reino de los cielos; por eso atacaba duramente a los ricos (Lc 6, 20-25), a los fariseos y a los saduceos (Lc 11, 39), o a las ciudades por las que anduvo predicando sin que su mensaje llegase a ser aceptado, como Corazóin, Betsaida o Cafarnaún (Mt 11, 20).

Pero cuando más iracundo se mostró Jesús fue a la hora de atacar a la propia Jerusalén, anticipándose de algún modo a la destrucción de la ciudad que se produjo durante la primera guerra Judeo-Romana, que tuvo lugar solo unas décadas después. De hecho, esto de juzgar a la ciudad por no hacer caso a Dios era de lo más habitual en los profetas judíos, y Jesús no podía ser menos:

> «¡Jerusalén, Jerusalén, la que mata a los profetas y lapida a los que se le envían! ¡Cuántas veces he querido reunir a tus hijos, como la gallina a su nidada bajo las alas, y no quisisteis! He aquí que vuestra casa se queda. Os digo que no volveréis a ver hasta que llegue el momento en el que digáis: "¡Bendito el que viene en nombre del Señor!"» (Lc 13, 24-35).

¿LLEGÓ A PENSAR QUE ERA EL HIJO DE DIOS?

Pregunta compleja donde las haya: ¿se consideraba Jesús hijo de Dios en un sentido físico y real? Si hacemos caso a los evangelios, está más que claro. Si hacemos caso a la Iglesia, no solo fue el hijo de Dios, sino que también era Padre y Espíritu Santo. Pero parece difícil que Jesús pensase eso porque no encajaría con la religión que él mismo defendía y predicaba. Esto pertenece a una reinterpretación teológica posterior de sus primeros seguidores y/o de los evangelistas.

Sí que llama la atención el empleo del término *abbá* para designar a Dios, que significa algo así como «padre mío», en plan cariñoso, que curiosamente no aparece en textos judíos hasta el siglo II, lo que implicaría que Jesús, al menos, fue novedoso al dirigirse a su divinidad cariñosamente. Pero esto quizás sea una muestra de que Jesús practicaba y defendía una especial e íntima relación con un Dios al que se podía acceder directamente desde la oración y no solo desde el culto oficial.

Así, todo parece indicar que el Jesús de la historia no pensaba que era realmente el hijo de Dios o Dios mismo. Es más, lo que sí vemos es lo contrario: por ejemplo, cuando le respondió al hombre rico que le llama «maestro bueno» lo siguiente: «¿Por qué me llamas bueno? Solo Dios es bueno» (Mc 10, 18).

En cambio, sí parece probable que se considerase a sí mismo un profeta. Pero, ¿creyó Jesús que era el Mesías? Tampoco está muy claro, ya que, aunque Jesús es mostrado en varios versículos evangélicos reconociéndolo, la mayoría de estudiosos consideran que solo al final de su vida, y con matices, pudo llegar a pensarlo, cuando ya había reunido a su alrededor a un buen número de seguidores que sí estaban convencidos de que lo era, y por ese motivo se tiró al monte y preparó junto a sus discípulos su entrada victoriosa en Jerusalén.

EL SIEMPRE COMPLICADO TEMA DE LOS MILAGROS

En otro orden de cosas, los cuatro evangelios, además de mostrar a Jesús predicando por las zonas rurales de Galilea y en Jerusalén, describen un montón de escenas en las que realiza hechos portentosos, rompe las reglas de la naturaleza y sana enfermedades incurables. Marcos, el primer evangelista, le dio especial importancia a esto, hasta el punto de que, de los 666 versículos que tiene su evangelio, 209, un 31 por ciento, están dedicados a estas fantásticas proezas.

Por lo tanto, al margen de que realmente pudiese hacer milagros, está claro que sus seguidores sí lo creían y que adquirió fama de milagrero. Eso sí, los evangelistas ni coincidieron en sus listados de milagros, ni los interpretaron de la misma forma, ni emplearon en ningún caso la palabra *miracolum* (milagro) para referirse a las proezas de Jesús, sino que emplearon otras: *dynamis* (fuerza), en relación al poder curativo que muestra en muchas ocasiones; *thaumazô* (maravillarse), para explicar la reacción de los presentes; *paradoxa* (increíble por inesperado); o *teras* (prodigio), a veces acompañado de *sêmeion* (señal), con el sentido de una evidencia visible del obrar sobrenatural de Dios.

Para Marcos, Jesús no vino a sanar, sino a salvar, y el paso previo a la salvación era limpiar la culpa y el pecado, lo que, cerrando el círculo, también sanaba. A Mateo le interesaba, y en eso coincide con Lucas, el mensaje que deseaba transmitir al contar el milagro, generalmente relacionado con la fe, el auténtico motor de las curaciones. Y Juan, por último, consideró que los milagros eran señales que tenían como objetivo atestiguar el poder de Jesús/Dios. Por ese motivo, en su evangelio los milagros son mucho más rotundos (la curación de un ciego de nacimiento, la resurrección de Lázaro).

Pero todos atribuyeron a Jesús fenómenos prodigiosos, como la transfiguración, la resurrección de Lázaro, la conversión del agua en vino (en las bodas de Caná) o la multiplicación de los panes y los peces (lo hizo un par de veces); o cuando calmó una tempestad en el mar de Tiberíades. Y coinciden en atribuir a Jesús numerosas curaciones, aunque de diverso tipo: cura con sus propias palabras o mediante el tacto; pero también llegó a curar a algún sordomudo con su propia saliva, o a una mujer que simplemente le tocó el manto.

Por otro lado, los sinópticos mencionan que Jesús fue un activo exorcista que dominaba a las fuerzas del mal, a los demonios, de cuya existencia no se dudaba en aquella época. Juan, en este caso, no se interesó demasiado.

La resurrección de Lázaro, José de Ribera, 1616.

Obviamente, muchos de estos milagros tenían un trasfondo simbólico y ejemplarizante y se utilizaron para ilustrar alguna enseñanza del maestro, recogidas rigurosamente por la tradición oral. Es incuestionable que las más primitivas tradiciones cristianas incluyeron relatos de curaciones milagrosas, exorcismos y milagros de la naturaleza, lo que no quiere decir que esto sucediese en realidad.

Como es lógico, a lo largo de los últimos siglos se ha intentado aportar una explicación racional y convincente a algunos de los milagros de Jesús. Y algunas han sido muy curiosas. Por ejemplo: hace unos años, en el 2006, un tal Doron Nof, profesor de Oceanografía de la Universidad del estado de Florida, propuso que el mar de Galilea, en determinadas épocas especialmente frías, puede congelarse en su superficie y formar grandes placas de hielo, pese a que sus aguas no suelen bajar casi nunca de los 10° C. ¿Cómo puede congelarse entonces? Por una peculiaridad de este lago: por las corrientes anómalas que producen los manantiales de su orilla occidental, al verter agua templada y salada en el fondo del lago. Esto cambia los flujos de convección normales y posibilita que el agua fría quede arriba. Así, aunque Nof lo ve escasamente probable en la actualidad (considera que sucede una vez cada 10.000 años), sí ve posible que pase en la época de Jesús, con unos 3° C menos de temperatura media. Así, sería factible imaginar que Jesús anduvo sobre las aguas congeladas del mar de Galilea.

Al margen de esta remota posibilidad, lo cierto es que existe un relato en el Antiguo Testamento que podría considerarse como la fuente de este milagro: en el libro de Job, durante un discurso en el que se describe el poder de Dios, se dijo lo siguiente: «Si él lo prohíbe, el Sol no se levanta, ni las estrellas dan su resplandor. Solo él extiende los cielos y camina sobre las olas del mar» (Job 9, 7-8).

Esto será una constante: muchos de los milagros atribuidos a Jesús aparecen en algunas de las historias del Antiguo Testamento, lo que parece indicar que, de algún modo, las tradiciones orales se construyeron tomando estos ejemplos como inspiración.

Por ejemplo, el episodio en el que Jesús calmó una tormenta cuando navegaba con sus apóstoles por las enfurecidas aguas del mar de Galilea (Mc 4, 35-41 y paralelos) se inspiró sin duda en un pasaje del libro de Jonás: este profeta se encontraba a bordo de un barco, cuando Dios envió una tormenta, que casi hizo zozobrar la nave. Los otros miembros de la tripulación, tras echarlo a suertes, decidieron que Jonás era el culpable por haberse quedado frito, y tal y como él mismo había pedido, dispusieron que había que tirarle al mar. Y nada más lanzarle por la borda, «el mar calmó su furia» (Jon 1, 15). Es más, si leemos el texto de Marcos, en este se dice que Jesús estaba «durmiendo sobre el cabezal» del barco, cuando sus discípulos le despiertan alarmados por su inacción ante la terrible tormenta: «Maestro, ¿no te importa que perezcamos?» (Mc 4, 38). Según el relato de Jonás, este «había bajado a la bodega del barco» y «estaba acostado y dormía en profundidad», cuando, al igual que Jesús, fue despertado al grito de «¿Qué haces aquí durmiendo? Levántate e invoca a tu Dios, a ver si ese Dios se ocupa de nosotros y no perecemos» (Jon 1, 6).

Tormenta en el mar de Galilea, Rembrandt, 1632.

Algo parecido pasa con la conversión del agua en vino durante las bodas de Caná y las dos multiplicaciones de panes. El primero no tiene la más mínima veracidad histórica, ya que solo lo comentó Juan y contiene evidentes anacronismos. Respecto a las dos multiplicaciones de pan, los únicos milagros que aparecen en todos los evangelios, aunque con ligeras diferencias, también están inspirados en las Escrituras judías: en 2 Reyes podemos leer la siguiente historia protagonizada por Eliseo, el sucesor de Elías:

> «Llegó un hombre de Baalsalisá trayendo al hombre de Dios el fruto de las primicias: veinte panes de cebada y espigas nuevas en su alforja. Eliseo ordenó: "Dáselo a la gente para que coma". Su criado le contestó: "¿Cómo voy a dar de comer con esto a cien personas?". Replicó Eliseo: "Dáselo, porque el Señor dice: 'Comerán y sobrará'. Él lo sirvió, comieron, y sobró, según la palabra del Señor"» (2 Re 4, 42-44).

Los paralelismos son más que evidentes. No solamente por el mandato imposible de cumplir que tanto Eliseo como Jesús ordenaron, sino por la respuesta que obtuvieron: «¿Cómo vamos a comprar nosotros pan por valor de doscientos denarios para darles de comer?» (Mc 6, 37). Si hasta en los dos relatos sobró algo de pan…

Además, tanto en las bodas de Caná, como en las multiplicaciones del pan, Jesús parece referirse, prematuramente, a la posterior instauración del rito de la eucaristía: en uno sirvió, milagrosamente, el vino, y en el otro el pan.

Milagro de los panes y los peces, Giovanni Lanfranco, 1620-1623.

¿Cómo explicar las milagrosas curaciones que, según los evangelios, realizó Jesús? Esto es más difícil, sobre todo si tenemos en cuenta que las descripciones de las dolencias sanadas que se narran en los evangelios son tremendamente parcas: se habla de paralíticos, lisiados, ciegos, leprosos y demás sin precisar con exactitud la patología. La escasez de datos impide comprobar el alcance real de los presuntos padecimientos.

Aunque quizás haya una excepción: en Mc 9, 14-29 se narra la curación de un chico poseído, aunque parece más bien una clara referencia a los habituales ataques de un epiléptico: «Maestro, te traje a mi hijo porque tiene un espíritu mudo. Y en cualquier parte donde se apodera de él lo derriba; echa espumarajos por la boca, rechinan sus dientes y se vuelve rígido» (9, 17-18). Es más, Mateo, al mencionar este mismo episodio, fue más concreto: «Señor, apiádate de mi hijo, que es lunático y sufre mucho; pues muchas veces se tira al fuego y muchas veces al agua» (17, 15). ¿Por qué? Porque en la antigüedad se creía que este tipo de ataques eran provocados por la influencia de la Luna. Dicho esto, ¿cómo curó Jesús a un epiléptico? Quizás, simplemente, le calmó, se pasó el ataque y pensaron que estaba curado.

En efecto, determinados síntomas, como algunas cegueras, la incapacidad de hablar, de comer o de moverse, pueden ser provocados por depresiones, traumas o algunos trastornos mentales. Además, existen muchas enfermedades y patologías psicosomáticas; es decir, son problemas físicos producidos por algún proceso mental. El estrés, por ejemplo, tiene una grave influencia en la salud del que lo padece. La úlcera gástrica, el asma, la alopecia o los eczemas, por citar algunos ejemplos, suelen manifestarse ante estados alterados de la mente; y no se curan atendiendo solamente a los síntomas, sino trabajando también lo psicológico. Sin olvidar el poder de la sugestión, capaz, como bien sabrán, de curar algunas dolencias. De ahí el llamado *efecto placebo* que consiste en la curación de algún síntoma mediante un falso medicamento, una falsa terapia, o un simple acto médico, y que viene a explicar el esporádico éxito que tienen algunos sanadores y algunas terapias pseudocientíficas con sus pacientes. Estos pacientes, si se curan, lo hacen por la fe que depositan en los químicos, en los doctores o en los curanderos.

Quizás Jesús conocía este extraordinario fenómeno de la sugestión. Es más, existe algún pasaje evangélico que alude a esto: Mateo cuenta que Pedro, tras ver a Jesús caminar sobre las aguas, quiso imitarlo, pero sucedió lo siguiente:

> «Pedro saltó de la barca, echó a andar sobre el agua y se acercó a Jesús, pero al acusar la violencia del viento temió, y como comenzaba a hundirse, gritó: "¡Señor, sálvame!". Al punto, Jesús extendió la mano y lo trabó, diciéndole: "Desconfiado, ¿por qué has dudado?"» (Mt 14, 30-31).

Las supuestas posesiones diabólicas se han intentado explicar como ataques epilépticos, trastornos disociativos o trastornos de personalidad múltiple, o incluso, como algunos cuadros esquizofrénicos; así que sería posible pensar que el poder de la fe podría ayudar en algo, sobre todo si se pensaba que la causa del mal era el mal...

Cristo curando a un leproso, Jean-Marie Melchior Doze, 1864.

Pero no todos los milagros pueden explicarse por factores psicosomáticos o por el poder de la sugestión: ¿Cómo es posible que un hombre con las piernas marchitas y torcidas se cure? ¿Acaso un ciego de nacimiento puede comenzar a ver gracias al poder de la sugestión? ¿Y un paralítico? ¿Y un leproso? ¿Cómo explicar las resurrecciones?

¿Fue Jesús un mago?

Los judíos posteriores no creyeron que aquellos prodigios que atribuían a Jesús sus seguidores demostrasen que se trataba del salvador enviado por Dios, sino que, al contrario, dieron por hecho que era un mago que utilizaba artes oscuras para engañar a la gente. Por ejemplo, en un fragmento del Talmud (Sanhedrin 43a) se dice lo siguiente:

> «En la víspera de la fiesta de la Pascua se colgó a Yeshu. Cuarenta días antes, el heraldo había proclamado: "Es conducido fuera para ser lapidado, por haber practicado la magia y haber seducido a Israel y haberlo hecho apostatar. El que tenga algo que decir en su defensa, que venga y lo diga". Como nadie se presentó para defenderlo, se lo colgó la víspera de la fiesta de Pascua».

No negaban sus milagros, ojo, sino que los achacaban a las prácticas mágicas que había aprendido en Egipto. Y hay más ejemplos: en otra parte del Talmud (b. Shabbat 104b) se habla de un tal Ben Stada —que muchos han querido identificar con Jesús— como «aquel que hace incisiones en su piel» y se pone en boca de Rabí Eliezer la siguiente pregunta: «¿No trajo de Egipto Ben Stada conjuros en una incisión en su carne?».

Hay que tener en cuenta, al hablar de las referencias a Jesús en el Talmud, que estas obras son muy tardías (siglos III-IV). Pero tampoco hay que olvidar que en los mismos evangelios se recogen varias acusaciones parecidas por parte de los judíos.

Por ejemplo, se le acusó de ser un aliado del demonio Belcebú, el de la peli *El Exorcista*: «Los escribas, los que habían bajado de Jerusalén, decían: "Tiene a Beelzebul y por el príncipe de los demonios expulsa a los demonios"» (Mc 3, 22). Sí, esto no es exactamente una acusación de practicar la magia, sino más bien, en el caso de las curaciones de endemoniados, de usar poderes satánicos para lograrlo.

Es más, los judíos también tuvieron sus propios milagreros, algunos incluso galileos contemporáneos de Jesús. Por lo tanto, tampoco estaba tan mal vista en Israel la práctica de la magia.

Además, disponemos de dos fuentes documentales anteriores al Talmud en las que se aplicó a Jesús el calificativo *mago*. Una procede del apologista cristiano Justino Mártir, que vivió en la primera mitad del siglo II, quien, en varias obras suyas, la *Primera Apología* y el *Diálogo con Trifón* (69, 7), escritas hacia el año 150, dijo literalmente que los judíos «se atrevieron a llamar mago a Jesús». La otra fuente, también del siglo II (hacia el 180) es la obra de Celso, en la que de nuevo se acusó a Jesús de ser un mago que había aprendido las artes oscuras en Egipto.

Por todo esto, no es de extrañar que algunos eruditos y divulgadores planteasen esta hipótesis, como, por ejemplo, Morton Smith (1915-1991), profesor de Historia Antigua de la Universidad de Columbia, Nueva York, además de un conocido erudito bíblico. Lo hizo en su obra *Jesús the Magician: Charlatan or Son of God* (*Jesús el mago*), publicada en 1978, en la que propuso que Jesús había sido un hechicero que había aprendido el oficio en Egipto y que los evangelistas limpiaron todas las referencias a las prácticas y ritos mágicos que Jesús realizó para mostrarle como un ser divino y no como un simple humano que tiraba de magia para efectuar prodigios y curaciones.

Además de hacerse eco de las menciones de Justino y Celso, y de los apuntes talmúdicos, Smith trajo a la palestra una colección de textos, los llamados *Papiros mágicos egipcios* (*Papyri Graecae Magicae*), que si bien son en su mayoría de los siglos III-V, alguno en concreto puede remontarse a la época de Jesús o incluso antes. En todos ellos se aprecia un profundo sincretismo religioso, mezclándose elementos de las religiones griega, egipcia, judía, babilónica y cristiana sin el más mínimo pudor —de esto nos podría hablar largo y tendido mi gran amigo Javier Arries, uno de los mayores especialistas en magia egipcia—. Y todos contienen decenas de encantamientos y remedios mágicos para todo tipo de males y deseos: desde técnicas para curar exorcismos a invocaciones para curar un simple resfriado, conquistar a una amante, fastidiar a alguien o, lo que es más importante, conseguir una ansiada erección.

Smith, en resumidas cuentas, argumentó que Jesús conocía estas técnicas ancestrales y las aplicó por tierras de Palestina durante su ministerio. El problema es que muy pocos relatos evangélicos presentan realmente a Jesús haciendo algo que pueda ser considerado como un rito de los que aparecen en estos papiros, por no decir ninguno. Smith planteó que las frases arameas *talithá koum*, que pronuncia Jesús en la resurrección de la hija de Jairo (Mc 5, 41), o *effathá*, en la curación de un sordomudo (Mc 7, 34), podrían ser una reminiscencia de estos conjuros. Lo curioso es que esas palabras misteriosas solo aparecen en Marcos, mientras que Lucas y Mateo, que reprodujeron esos mismos milagros, las omitieron de sus textos. Pero Marcos aportó una traducción al griego en su obra de dichos términos: *talithá koum* significa «niña, levántate», y *effathá*, «ábrete». Aunque fuesen fórmulas mágicas, la diferencia con las largas peroratas que se debían soltar según los papiros mágicos egipcios es enorme.

Los doce apóstoles

Jesús eligió a doce de sus seguidores para que le acompañasen por los caminos de Palestina predicando la venida del Reino de Dios. ¿Por qué a doce? ¿Las doce tribus, las doce constelaciones? Sin duda, esto tiene un matiz simbólico, porque Jesús, evidentemente, tuvo muchos más seguidores.

No existe ninguna referencia extrabíblica sobre los discípulos de Jesús. De hecho, solo encontramos en fuentes externas menciones a Jesús, Jacobo (su supuesto hermano), y Juan el Bautista, y todas son dudosas. Aunque nada parece indicar que sea falso que, tras la muerte de Jesús, se lanzasen a difundir el mensaje de Jesús, el movimiento no tuvo que ser ni muy amplio ni masivo, sino más bien algo local. Otra cosa es lo que sucedió con Pablo, que sí que se lanzó a una energética labor proselitista por las costas del Mediterráneo oriental. Pero él no fue uno de los doce apóstoles.

Por lo tanto, nuestras únicas referencias son las obras del Nuevo Testamento y algunos textos de los padres apostólicos. Sí, existen diversos apócrifos en los que se narran las tribulaciones de cada uno de ellos, los llamados Hechos Apócrifos de los Apóstoles, pero estas obras son tardías (las más antiguas son de mediados del siglo II), están llenas de episodios sobrenaturales y no se sustentan por ninguna evidencia empírica.

Apóstoles son los doce que conocieron a Jesús, fueron elegidos por él, le siguieron, y le vieron después de resucitar. Hasta que se les sumó el aventurero Pablo de Tarso, que, si bien no conoció en vida a Jesús, lo vio en aquella alucinante visión que tuvo camino de Damasco, según se cuenta en los Hechos de los Apóstoles. El resto, los setenta de Lucas, los quinientos a los que se apareció según Pablo, y tantos otros, eran meros discípulos, incluida María

Magdalena y otras mujeres que, si bien cumplen todas condiciones, no cumplen las esenciales, haber sido llamadas por Jesús... y ser hombres.

DOCE APÓSTOLES, DOCE TRIBUS

¿Por qué doce? Sencillo, por las doce tribus de Israel a las que así, simbólicamente, volvía a reunir. ¿Conocen esta historia? La tradición judía, recogida en la Biblia, considera que Jacob, hijo de Isaac, que a la vez era hijo de Abraham, tuvo doce vástagos —con cuatro mujeres distintas, Lea y Raquel, que fueron sus esposas, y dos sirvientas, Bilha y Zilpa—, y estos, a su vez, se convirtieron en los líderes de doce comunidades distintas. Por orden de nacimiento, serían los siguientes: Rubén, Simeón, Leví, Judá, Dan, Neftalí, Gad, Aser, Isacar, Zabulón, José (cuyos hijos fueron Manasés y Efraín) y Benjamín.

Todos acabaron en Egipto, y varios siglos después, tras él Éxodo, y siempre según las Escrituras, regresaron a Canaán, donde cada tribu se estableció en un lugar distinto. Pasó el tiempo, y tras la muerte del mítico rey Salomón, hijo del rey David, se produjo una ruptura en el reino de Israel: nueve de las míticas doce tribus (las de Rubén, Isacar, Zabulón, Dan, Neftalí, Gad, Aser, Efraín y Manasés, a las que posteriormente se unió la de Simón) rechazaron a Roboam, hijo de Salomón, como monarca, y se unieron a Jeroboam, un funcionario de la corte. Así, el reino es dividió en dos: al norte se fundó el reino de Israel y al sur el de Judá, donde vivían las dos tribus restantes (las de Judá y Benjamín).

Cristo y los doce apóstoles, anónimo, mediados del siglo XIX.

Durante varios siglos, ambos estados permanecieron separados, independientes y enfrentados, hasta que, tras la conquista asiria, la población del reino norteño fue deportada por los invasores, mientras que los habitantes del sur mantuvieron cierta independencia gracias a que llegaron a un acuerdo con los asirios.

Las diez tribus del norte, siempre según el relato bíblico, desaparecieron por completo. Desde entonces su paradero ha sido un misterio, aunque los historiadores tienen bastante claro que en realidad no había ningún enigma: parte de esas poblaciones fueron absorbidas y asimiladas por el Imperio asirio, mientras que otros tantos, simplemente, emigraron al sur y se mezclaron con la población del reino sureño de Judá. Y todo esto sin tener en cuenta que en la actualidad numerosos historiadores no creyentes dudan de la veracidad de este relato y consideran que aquellos dos estados no se formaron tras el colapso de un reino unificado anterior, sino que eran dos reinos independientes, aunque emparentados, con el mismo Dios, lenguas similares y leyendas comunes.

Pero en la memoria colectiva de aquel pueblo quedó el ansia de encontrar a aquellas supuestas tribus perdidas. De ello dio testimonio el propio Jesús en algunos versículos procedentes de Q:

> «Os aseguro que vosotros, los que me habéis seguido, en la renovación universal, cuando el Hijo del hombre se siente en su trono glorioso, os sentaréis también vosotros en doce tronos para juzgar a las doce tribus de Israel» (Mt 19, 28).

La antigüedad de esta cita y la dificultad que implicaría de tratarse de una construcción del cristianismo primitivo hacen que sea, probablemente, una cita real de Jesús y una referencia histórica sobre los doce apóstoles.

Es más, en el Apocalipsis, cuando se habla de los 144.000 mártires que se encontraban en la nueva Jerusalén celestial, los nombres de las doce tribus aparecen inscritos en las puertas de la ciudad. Es más, ese número surge de la multiplicación de 12x12 = 144.

LISTAS CONTRADICTORIAS

Por lo tanto, parece claro que Jesús eligió a doce discípulos entre sus seguidores por un motivo simbólico. Uno podría esperar que, dada la importancia de esta elección, los diferentes evangelios estuviesen de acuerdo, aunque solo fuese por una vez, a la hora de ofrecer las listas de los integrantes. Pero no.

El evangelio de Marcos, el más antiguo, ofreció la siguiente lista:

> «Subió a una montaña, llamó junto a sí a quienes quiso y vinieron a él. Y constituyó a doce a los que denominó apóstoles para que estuvieran con él, para enviarlos a predicar con autoridad para expulsar a los demonios; y constituyó a los doce: a Simón le dio el sobrenombre de Pedro; a Jacobo el de Zebedeo y a Juan, el hermano de Jacobo, los apodó Boanergés, que significa "tronantes"; a Andrés, Felipe, Bartolomé, Mateo, Tomás, Jacobo el de Alfeo, y Tadeo, Simón el Cananeo y a Judas el Iscariote, el mismo que lo entregó» (Mc 3, 13-19).

Mateo matizó que Simón Pedro era hermano de Andrés, pero, aparte de eso, reprodujo la misma lista que Marcos. Lo mismo hizo Lucas, tanto en su evangelio, como en los Hechos, pero introdujo en su lista dos desconcertantes novedades: Simón el Zelota y un tal Judas hijo de Jacobo. El primero se ha pretendido identificar con Simón el Cananeo, y el segundo con Tadeo, pero no está tan claro.

Por otro lado, Juan solo nombró a siete de los apóstoles, aunque añadió otro nuevo, un tal Natanael, identificado habitualmente con Bartolomé. Lo interesante es que no dijo nada de Juan —supuestamente porque era el que escribía—, Bartolomé, Mateo, Jacobo el hijo de Alfeo, Simón el Cananeo, Simón Zelota, Leví, ni de Mateo el publicano, Tadeo o Judas el hijo de Jacobo.

Además, llama la atención la poca presencia, importancia y actividad de algunos de ellos. Si bien Pedro, Juan, Jacobo, Andrés, Simón el Cananeo (o el Zelota, según la lista) y Tomás están muy presentes, otros, como Tadeo, Bartolomé, Mateo o Felipe aparecen muy poquito.

Andrés era hermano de Simón Pedro y, como este, fue pescador y nació en Betsaida, a orillas del mar de Galilea. Fue discípulo de Juan el Bautista, tal y como se cuenta en el evangelio de Juan. Por este motivo la tradición le consideró el primero en ser llamado por Jesús para acompañarle, de ahí que le pusiesen el sobrenombre griego *Protocletos* («el primer llamado»).

Bartolomé, cuyo nombre original en arameo (*bar-Tôlmay*) significa «el hijo de Tolmai» —aunque podría ser una versión hebrea de Ptolomeo, lo que llevó a que en la Edad Media se le considerase descendiente de esta estirpe real de herederos de Alejandro Magno—, ha sido identificado con el Natanael del que habló Juan (1, 45-51), debido a que este no mencionó a Bartolomé y a que este nombre parece más bien su apellido: sería Natanael bar Tolmay, aunque en ninguno de los otros evangelios se le llamó así. No sabemos nada de él, excepto que fue captado por Felipe, junto al que aparece asociado en todas las listas de apóstoles.

Felipe, según Juan, era también oriundo de Betsaida, como Pedro y Andrés, lo que ha llevado a que se piense que era, como ellos, pescador. También fue discípulo de Juan el Bautista —como Andrés y, posiblemente, Natanael/Bartolomé—, hasta que un día Jesús se lo encontró y le dijo: «Sígueme». Y con él que se fue, sin más.

Juan el apóstol era el más joven de todos y fue uno de los discípulos más importantes y nombrados —junto con Pedro y Jacobo el Mayor formó lo que se conoce como *círculo de dilectos*—. Sus padres fueron Zebedeo y Salomé; por lo tanto, era el hermano menor de Jacobo el Mayor y primo, según la tradición, de Jesús —ya que Salomé era, supuestamente, hija de un tal Salomae, el tercer marido de Ana, la madre de la Virgen María—. Era galileo de origen y pescador de profesión, como su hermano y su padre, aunque en los evangelios se indica que eran dueños de una pequeña flota de barcos. Se dice que era el otro discípulo que iba con Andrés el día en el que Juan el Bautista identificó a Jesús como el Cordero de Dios.

Juan estuvo presente en varios de los momentos esenciales de la historia de Jesús: en la resurrección de la hija de Jairo (Lc 8, 51), en su transfiguración (Mc 9, 2), en el huerto de Getsemaní (Mc 13, 3) y en la pesca milagrosa del Tiberíades (Jn 21, 1-7). Fue, además, el encargado, junto a Pedro, de preparar la última cena. Más tarde, según Hechos, tuvo un papel muy importante en la comunidad primitiva de Jerusalén: aparece predicando junto a Pedro en numerosas ocasiones y fue uno de los que se reunió con Pablo en el llamado Concilio de Jerusalén. Además, fue reconocido por Pablo, en Gálatas, como una de las columnas de la Iglesia.

Según la tradición cristiana, Juan no solo fue el supuesto autor de su evangelio, sino también de tres cartas y del Apocalipsis, aunque en realidad, ni fueron cosa suya ni las hizo la misma persona.

Judas Iscariote fue el traidor, el que por treinta monedas traicionó voluntariamente a su maestro. Al parecer era hijo de Simón Iscariote (según Jn 6, 71), y procedía de Keriot (una ciudad de Judea cercana a Edom), de donde proviene su nombre; aunque hay quien dice que hace referencia a su pertenencia a los *sicarii* (sicarios), un grupo violento de zelotas, por el parecido de esta denominación con su apellido, *iscario-te*. Por lo tanto, fue el único apóstol de Judea, ya que todos los demás eran galileos. Curiosamente, y a diferencia del resto de apóstoles, no sabemos cómo se unió al grupo ni cuándo, aunque sí que era el tesorero.

La última cena, Juan de Juanes, 1562.

188

Mateo (*Mattai* en arameo), el evangelista, era un cobrador de impuestos, una figura muy mal vista, ya que eran considerados colaboradores mercenarios del Imperio romano. Lo curioso es que solo en el evangelio de Mateo (9, 9) se le llama Mateo, mientras que tanto en Lucas (5, 27) como en Marcos se le conoce como Leví —Juan ni lo mencionó—. Pero ni Lucas ni Mateo dijeron nada de que fuese hijo de Alfeo —lo que le convertía en hermano de Judas Tadeo y de Jacobo el Menor—. ¿Se refería realmente Marcos a Mateo cuando habló de Leví de Alfeo? Nunca lo sabremos, aunque suena raro.

Jacobo el Menor ha sido llamado así para diferenciarle de Jacobo el hijo de Zebedeo. En todas las listas neotestamentarias aparece como hijo de Alfeo —el padre de Leví/Mateo según Marcos—, también conocido como Cleofás y Tadeo, un señor que estaba casado con María de Cleofás y que, según la tradición cristiana, era hermano —o primo, según quien lo diga— de José y tío de la Virgen María, quien, a su vez, sería hermana de María de Cleofás. ¿Cómo puede ser esto? Sencillo: todas eran hijas de Ana, pero de diferentes padres: la Virgen María era hija de Joaquín, y esta era hija de Cleofás, curiosamente con el mismo nombre que su marido.

Pero no queda aquí la cosa: Alfeo y María de Cleofás serían también los padres de Judas Tadeo, quien sería, por lo tanto, hermano de Jacobo el Menor, tal y como se dice en la carta que tradicionalmente se le adjudica a este, y de Mateo, según dijo Marcos. Y los tres eran primos de Jesús.

El problema es que otros defienden que se trata de Jacobo el hermano del Señor, del que habló Pablo en su carta a los Gálatas como, una de las «columnas de la Iglesia» junto a Pedro y Juan (Ga 2, 9), el primer obispo de la ciudad santa y el que digirió el Concilio de Jerusalén —además de ser el presunto autor de la carta de Jacobo—. Ahora bien, esto de «hermano del Señor» ha sido interpretado de forma literal por algunos exégetas, que apuntan a que se trata de la misma persona que aparece mencionada en Marcos (6, 3) como hermano sanguíneo de Jesús; y podría tratarse del mismo personaje del que habló Flavio Josefo, un tal Jacobo, hermano carnal de Jesús, que murió lapidado por orden del pérfido sumo sacerdote Anán en el año 62.

Por otro lado, tenemos a Jacobo el Mayor (Jacobo), también hijo de Zebedeo y Salomé, hermano mayor de Juan y primo, según la tradición, de Jesús. Junto a su hermano, es citado por los evangelistas en muchos momentos importantes de la historia de Jesús. En los Hechos de los Apóstoles (12, 1-2) se cuenta que predicó por Judea hasta que Herodes Agripa lo mandó ejecutar hacia el año 41 o 42, lo que le convirtió en el primer apóstol martirizado. Poco más sabemos, aunque la tradición defiende que estuvo predicando en Hispania y que fue enterrado en lo que hoy en día es Santiago de Compostela...

Otro de los grandes apóstoles —ocupa el primer puesto en todas las listas neotestamentarias— fue Simón, al que Jesús cambió el nombre por Pedro (o Cefas, «piedra» en arameo, como le llamaba Pablo), por su genio irascible y por su dura mollera. Al parecer, era hijo de un tal Jonás y hermano de Andrés —y como ellos, era de Betsaida y pescador de profesión—. Además, sabemos que estaba casado, gracias a un episodio en el que Jesús curó a su suegra enferma (Mc 1, 29-21). En el evangelio de Juan se dice que fue su hermano quien le introdujo en el movimiento, aunque según los sinópticos se cuenta que Jesús se encontró con ellos en el mar de Galilea y les dijo aquello de «venid tras de mí y os haré pescadores de hombres» (Mt 4, 18-20).

Desarrolló un rol primordial como discípulo, estuvo presente en un sinfín de momentos claves de la trama evangélica y tuvo un importante papel durante los años posteriores a la muerte de Jesús, convirtiéndose en uno de los líderes de la comunidad de Jerusalén, acompañando a Juan y Jacobo. La tradición afirma que, después de haber sido obispo en Antioquía, se acabó trasladando a Roma para pasar allí el resto de sus días como primer obispo. Algunos autores clásicos, como Clemente de Roma —supuesto tercer papa, que afirmaba haberle conocido en persona—, Orígenes o Eusebio, afirmaron que fue martirizado y crucificado boca abajo, por petición propia, en tiempos de Nerón; y que allí mismo se le enterró, en el lugar en el que tres siglos después el emperador Constantino construyó la Basílica de San Pedro, en el Vaticano.

El otro Simón fue uno de los apóstoles más enigmáticos y de los que menos sabemos. Solo aparece mencionado en las listas de apóstoles, y con epítetos distintos: Marcos y Mateo le identificaron como el Cananeo, haciendo alusión a que era de Canaán. Pero todos los apóstoles eran de allí, por lo que no acaba de tener sentido ese apodo. Lucas y Hechos, en cambio, le definieron como el Zelota. ¿Tenía el tal Simón algo que ver con aquel grupo radical antirromano e independentista? Puede...

Otro apóstol enigmático fue Judas Tadeo, también llamado Tadeo (por Marcos y Mateo), Judas de Jacobo (por Lucas y Hechos) y Lebbeo (como aparece en algunos manuscritos). Era tanta la confusión que existía con este personaje que Jerónimo de Estridón le llamó el «trinomio». ¿Se trataba de la misma persona? No está claro: muchos autores defienden que no, pero la tradición cristiana (Orígenes, Tertuliano) siempre ha afirmado que sí. Para demostrarlo se ignoró lo que se decía en Lucas y Hechos (que era hijo de un tal Jacobo), y se propuso que en realidad era otro hijo de Alfeo (también llamado Tadeo) y María de Cleofás, lo que le convierte en hermano de Jacobo el Menor y de Mateo Leví, ya que Marcos indica que este era también hijo de Alfeo.

Por último, tenemos a Tomás, también llamado Judas Tomás y Tomás Dídimo. Se trata de otro apóstol del que apenas sabemos nada y que aparece poco en los sinópticos, a excepción de en los listados de apóstoles. En cambio, en el evangelio de Juan tiene tres apariciones, y en una de ellas, que tuvo lugar tras la resurrección de Jesús, tuvo un papel estelar.

Por otro lado, es importante mencionar que tanto la palabra hebrea *tau'ma* (Tomás) como la griega *dídimo* significan «gemelo» o «mellizo». Así, su nombre sería Gemelo Gemelo (Tomás Dídimo). En los Hechos de Tomás, una obra apócrifa del siglo IV, se dice que era el hermano gemelo de Jesús...

EL DISCÍPULO AMADO

Ya lo comenté, pero lo repito: no conocemos realmente quiénes escribieron los evangelios. Pero en el de Juan, a diferencia del resto, se menciona a su autor, o autora. Pero no se afirma explícitamente que fuese cosa del apóstol Juan, al que se lo atribuye la Iglesia, sino de un personaje anónimo realmente sorprendente.

Al final de la obra, se muestra a Jesús resucitado hablando en el mar de Tiberíades con algunos discípulos: «Simón Pedro, Tomás el llamado Mellizo, Natanael el de Caná de Galilea, los de Zebedeo y otros dos de sus discípulos» (Jn 21, 2). Jesús se dirige a Pedro y le pregunta en varias ocasiones si le ama; este responde que sí, y Jesús, como respuesta, le dice que siempre apaciente a sus ovejas. Justo en ese momento sucede algo bien curioso. Presten atención:

«Al volverse Pedro vio que lo seguía el discípulo al que Jesús amaba, el que además se recostó en el pecho de Jesús y le preguntó: "Señor, ¿quién es el que te va a entregar". Pedro, al verlo, le dijo a Jesús: "Señor, pero este, ¿qué?". Jesús le respondió: "Si quiero que él se quede hasta que yo venga, ¿a ti qué? Tú sígueme".

»De ahí llegó a los hermanos el rumor de que aquel discípulo no iba a morir; pero Jesús no le dijo "No va a morir", sino "Si quiero que él se quede hasta que yo venga, ¿a ti qué?". Este es el discípulo que da testimonio sobre estas cosas y el que las ha escrito, y sabemos que su testimonio es verdadero» (Jn 21, 20-24).

¿Quién es este misterioso personaje al que Jesús tanto amaba?

No lo sabemos a ciencia cierta, pese a que la tradición católica defienda que era el apóstol Juan, el más joven, el evangelista, el autor de las tres cartas de Juan y el Apocalipsis. Y no viene de ahora. Ya en los primeros siglos del cristianismo lo afirmaron grandes como Ireneo de Lyon, Orígenes o Agustín de Hipona.

Sí, llama la atención que en este evangelio no se mencionen por sus nombres a los apóstoles Jacobo y Juan, hermanos que, junto a Pedro, forman el trío de favoritos de Jesús —solo aparecen nombrados como «los de Zebedeo» (en Juan 21, 2) y, encima, la crítica afirma que se trata de una interpolación tardía—. Este silencio es sumamente significativo, vista la importancia que se les da en los sinópticos, pero la tradición cristiana, siempre atenta, considera que Juan que omitió su nombre por humildad.

El problema es más grave de lo que parece, ya que el discípulo amado, se trate de quien se trate, estuvo presente en varias escenas importantísimas de los últimos días de Jesús.

Fue la persona que se recostó sobre el pecho de Jesús durante la última cena y al que Jesús informó de quién era el traidor (Jn 13, 21-26). La mayoría de representaciones artísticas de este episodio sitúan a un joven e imberbe Juan, con aspecto algo femenino, recostado sobre Jesús, excepto *La Última Cena* de Leonardo da Vinci.

Además, según Juan, fue el único de los discípulos masculinos de Jesús que estaba presente durante la crucifixión:

«Estaban junto a la cruz de Jesús su madre y la hermana de su madre, María la de Cleofás y María Magdalena. Jesús, viendo a su madre y al discípulo al que más amaba al lado, dijo a su madre: "Mujer, he ahí a tu hijo". Luego dijo al discípulo: "He ahí tu madre" Y desde aquella hora el discípulo la acogió en lo suyo» (Jn 19, 25-27).

Por último, acudió junto a Pedro para ver el sepulcro vacío de Jesús, después de ser informados por Magdalena, y creyó que Jesús había resucitado, pese a su reticencia anterior (Jn 20, 1-9); y fue el que reconoció a Jesús desde la barca durante su aparición en el mar de Tiberíades tras la resurrección.

Tenía que ser alguien que mantuviese una relación especial y cercana con Jesús desde los primeros tiempos de su misión y que permaneciese fiel a su maestro durante los momentos más críticos, tanto como para que le confiase a su propia madre. Podría ser Juan, al que la tradición atribuye, en efecto, que quedó al cargo de la Virgen María, pero es de lo más sospechoso que los otros evangelistas no le mencionasen como uno de los presentes durante la crucifixión: en todos los sinópticos se dice que solo había mujeres...

Capitel románico del monasterio de San Juan de la Peña.

De ahí que algunos desconfiados hayan propuesto otros candidatos para el puesto de discípulo amado, como Lázaro de Betania, debido a que, en el episodio de su resurrección, que solo aparece en el evangelio de Juan, se hace especial hincapié en que Jesús le quería especialmente. Lázaro desaparece del texto poco después de su milagrosa resurrección y es, precisamente, desde entonces cuando entra en acción el discípulo amado, que parece sustituirle. ¿Podría haber estado Lázaro en la última cena? No se menciona en ningún texto, pero tampoco se afirma explícitamente que solo estuviesen allí Jesús y los doce, lo que deja abierta la posibilidad de que hubiese algún otro discípulo.

Otro candidato es Juan Marcos, un personaje que no aparece en los evangelios, pero sí en los Hechos de los Apóstoles —donde se cuenta que estuvo predicando con Pablo y Bernabé— o en algunas cartas de Pablo, ya que parece posible que fuese en su casa donde se celebró la última cena, haciéndose eco de lo que se cuenta en Hechos (12, 12-14), y dado que, según han planteado algunos estudiosos, la costumbre judía de la época era que el dueño de la casa, o su primogénito, se sentaran siempre a la derecha del invitado.

La lista de posibles candidatos contiene muchos más nombres, aunque son todos tan posibles como endebles, como Matías el Apóstol —incluido en el selecto grupo tras el suicidio de Judas—, Pablo, Natanael, Tomás, la mujer samaritana, José de Arimatea o Nicodemo. Y hay quien ha dicho que no puede ser identificado porque en realidad no era nadie específico, sino algo así como un prototipo, una figura ideal y simbólica que vendría a representar al propio lector, como iniciado en el mensaje joánico.

Pero también es posible que se tratase de María Magdalena. Hay quien lo plantea y yo mismo lo he defendido en alguna ocasión. De primeras, parece complicado, ya que se habla de él en masculino. Algunos descreídos han pensado que quizá alguien modificó el texto y sustituyó a María Magdalena, dejándola presente solo en los episodios en los que la tradición anterior, y los evangelios de Marcos, Lucas y Mateo, la situaban.

Visto así, parece claro, ¿no? El problema es que, en un par de escenas importantísimas, Magdalena aparece junto al discípulo amado, lo que parece imposibilitar, *a priori*, esta teoría. Quizás se deba a que no pudieron eliminarla, ya que, en los otros evangelios, nuestra protagonista aparecía en dichas escenas. La solución consistió en añadir al discípulo amado, a riesgo de que todo quedase un poco raro.

La primera de estas escenas sucede durante la crucifixión:

> «Estaban junto a la cruz de Jesús su madre y la hermana de su madre, María la de Cleofás y María Magdalena. Jesús, viendo a su madre y al discípulo al que más amaba al lado, dijo a su madre...» (Jn 19, 25-27).

¿Ven algo raro aquí? ¿Por qué se enumeran a las personas allí presentes, pero no al supuesto discípulo amado, al que, en cambio, sí que se menciona justo después? Tendría mucho más sentido si partimos de que se modificó el género y de que, en realidad, decía «la discípula a quien tanto amaba».

El otro episodio es todavía más raro: en Juan 20, 1-10 se cuenta que el domingo por la mañana, María fue al sepulcro y lo encontró vacío, y que después fue a contárselo a Pedro y a nuestro enigmático discípulo. Estos dos fueron para allá a toda prisa, pero el discípulo amado llegó el primero, vio que estaba vacío y no entró. Fue Pedro el que lo hizo en primer lugar, siguiéndole a continuación el otro. Después de esto, entre los versículos 10 y 17, se cuenta que los dos apóstoles se marcharon, que Magdalena se quedó allí y que poco después se le apareció Jesús resucitado. ¿Qué es lo raro? Pues el texto no dice nada de que María regresase al sepulcro junto a Pedro y el discípulo amado. Además, este versículo da qué pensar: «Entonces entró también el otro discípulo, el que había llegado primero al sepulcro. Vio y creyó» (Jn 20, 8). ¿Cómo? ¿No habíamos dicho que la primera en llegar había sido María Magdalena?

En el resto de apariciones del discípulo amado, este es perfectamente sustituible por María Magdalena. ¿Pudo ser ella? No me atrevería a decir que no de primeras. Puestos a especular, la secuencia de acontecimientos parece razonable.

Pero no cantemos victoria. Hay algo que estamos obviando y que es necesario mencionar antes de concluir: ¿Dónde está, entonces, Juan, que, recordemos, no es mencionado en su supuesto evangelio y que, sin embargo, tiene una importancia trascendental en los sinópticos, en los Hechos y en las cartas de Pablo? Y, sobre todo, ¿cómo es posible que nadie mencionase esto durante los primeros siglos del cristianismo, aunque fuese para denunciarlo como una mentira? De haber sido así, se hubiese sabido.

La tragedia de la cruz

La muerte de Jesús en la cruz es el epicentro tanto del cristianismo como religión independiente del judaísmo como de las narraciones evangélicas, que están construidas mediante un largo *in crescendo* que termina con este terrible drama, aunque con las reconfortantes narraciones posteriores de su resurrección. De algún modo, todas las obras del Nuevo Testamento giran en torno a la muerte de Jesús.

Pero ni siquiera en algo tan importante como esto, que debió ser recordado durante décadas por sus discípulos y familiares, se pusieron de acuerdo los evangelistas. Además, la crítica histórica ha identificado numerosas anomalías, contradicciones y referencias que permiten afirmar que la historia de la crucifixión también fue recreada e interpretada con fines teológicos por las generaciones posteriores.

Es más, tampoco está claro qué fue lo que precipitó los acontecimientos. Por ejemplo, en el cuarto evangelio se comenta que la resurrección de Lázaro, hermano de Marta y María y amigo de Jesús, que tuvo lugar cuatro días después de su muerte, fue uno de los motivos de la posterior detención de nuestro protagonista:

> «Muchos judíos que habían ido a casa de María y habían presenciado lo que hizo creyeron en él; pero algunos de ellos se dirigieron a los fariseos y les contaron lo que había hecho Jesús. Entonces los jefes de los sacerdotes y los fariseos se reunieron en consejo y dijeron: "¿Qué hacemos, puesto que este hombre realiza muchos signos?. Si lo dejamos así, todo creerán en él y los romanos vendrán y nos arrebatarán nuestro lugar y nuestra nación". Pero uno de ellos, Caifás, que era sumo sacerdote este año, les dijo: "Vosotros no sabéis nada, ni consideráis que os conviene que un solo hombre muera por el pueblo y que perezca toda la nación"» (Jn 11, 45-50).

Es decir, según Juan, decidieron matarlo por el bien de Israel. El problema es que solo Juan contó esta historia de la resurrección de Lázaro, que, sorprendentemente, no aparece en ninguno de los otros evangelios.

En los sinópticos, en cambio, parece que el punto decisivo fue la expulsión de los mercaderes del templo, que tuvo lugar después de la triunfal entrada en Jerusalén a lomos de un borrico —de nuevo, para hacer cumplir una profecía—, pese a las amenazas de los judíos y pese a conocer de antemano cuál iba a ser su trágico final…, siempre según estos textos.

Esto suponía una clara afrenta contra el *establishment*, y más en plena Pascua judía Los vendedores estaban allí para que los peregrinos pudiesen comprar sus animales para el sacrificio, y los cambistas para cambiar la moneda a los judíos procedentes de otras partes del Imperio romano y pudiesen pagar el tributo al templo. No había nada raro ni aparentemente malo en todo esto. Fue en realidad un acto de provocación política, el inicio de una revuelta contra los saduceos.

La purificación del templo, El Greco, 1570.

Así, si esto se produjo durante la semana antes de la Pascua, como afirman los sinópticos, pudo ser un motivo claro para que las autoridades judías detuviesen a Jesús. Fue un claro motín fiscal. Y en el corazón del judaísmo.

Pero Jesús no fue detenido de inmediato. Durante los días siguientes, se dedicó a visitar el templo y a predicar por allí, enfrentándose en varias ocasiones a los sacerdotes y fariseos, que continuamente trataban de provocarle. Así que tampoco era difícil encontrarle.

Por aquel entonces se produjo la supuesta traición de Judas, momento clave de esta trama algo incomprensible. ¿Por qué necesitaban los judíos a alguien para entregar a Jesús? ¿Es que no sabían cómo era o dónde estaba?

LA ÚLTIMA CENA

Un episodio clave fue la supuesta última cena que Jesús tuvo con sus discípulos, que aparece en todos los evangelios y que sucedió inmediatamente antes de su arresto.

Pero hay un problema de fechas: según se deja bien claro en las Escrituras, los corderos pascuales eran sacrificados en el Templo de Jerusalén el día 14 del Nisán, primer mes del año judío, y debían ser comidos esa misma noche después del ocaso, una vez comenzado el día de Pascua, el 15 de Nisán. Los evangelios sinópticos describen la última cena como la cena de Pascua, por lo tanto, debió ser la noche en la que, tras ponerse el Sol, comenzó el día 15 de Nisán, el mismo día en el que se produjo la detención, el juicio, la muerte y el entierro de Jesús. Pero esto era imposible: ¿cómo iba a suceder todo aquello en un día tan importante y sagrado como la Pascua judía? El propio Marcos dejó claro que los sacerdotes y escribas buscaban apresar a Jesús, pero decían: «Durante la fiesta no; no sea que el pueblo se alborote» (14, 2). Sin embargo, este mismo evangelista situó la cena y todo lo que vino después en el día de la Pascua.

La cosa se complica todavía más porque el propio Marcos dijo que Jesús murió el día de la víspera de la Pascua, y que este día cayó en viernes, como tradicionalmente se ha celebrado. Y no fue el único, sino que Lucas (23, 52) y Juan (19, 31) lo corroboraron. De todo esto podemos deducir que aquel año la Pascua, el día 15 de Nisán, cayó en sábado. Por lo tanto, Jesús falleció el viernes, día 14, y la cena se preparó el jueves. Pero ¿no habíamos quedado que la cena de Pascua se celebraba justo al comenzar el 15 del Nisán y que el día antes, el 14, era cuando se preparaba la Pascua? De ser ciertas las citas evangélicas antes mencionadas, la cena no se celebró nada más ponerse el Sol el viernes, cuando comenzaría el sábado de Pascua, tal y como debería haber sido, sino un día antes, el jueves. Es decir: ¡No fue una cena de Pascua!

Y esto parece corroborarlo el bueno de Juan con una declaración sorprendente: tras el arresto de Jesús, y después de haber sido llevado a las casas de Anás y Caifás, se le trasladó hasta el palacio de Pilato. Pues bien, así narró Juan aquel preciso momento: «Llevaron a Jesús desde Caifás al pretorio; era de madrugada. Ellos no entraron al pretorio para no contaminarse y poder comer la Pascua» (Jn 18, 28). Es decir, ¡aún no se había celebrado la cena!

Así pues, o no fue una cena pascual, o los evangelistas se liaron con las fechas, o Jesús adelantó el ágape por algún motivo. La tradición cristiana dice que lo hizo adrede porque era consciente de lo que iba a suceder. Por eso mismo instauró el sacramento de la eucaristía durante aquella cena. Pero nada de esto está claro, ni que Jesús supiese que iba a morir, ni que realmente instaurase la eucaristía.

La Última Cena, Leonardo da Vinci, 1495-98.

Por otro lado, de haber sido así, toda esta serie de acontecimientos tuvieron que darse en uno de estos tres años: 27, 30 o 33 d. C. ¿Por qué? Porque en esos años la Pascua cayó en sábado.

ARRESTO

Una vez terminada la cena, según los evangelios, Jesús y sus discípulos se fueron a orar al Monte de los Olivos, donde finalmente Jesús fue apresado. Pero los evangelistas no se ponen de acuerdo al explicar cómo se produjo el arresto: los sinópticos plantean que fue detenido en el huerto de Getsemaní por los sacerdotes judíos y los guardias del templo, que se presentaron con «espadas y palos» (Mc 14, 43). Pero Juan contó algo diferente:

> «Judas, tomando una cohorte y ayudantes de los jefes de los sacerdotes y los fariseos, fue allí con antorchas, lámparas y armas» (Jn 18, 3).

Es decir: para unos fue un grupo de judíos con espadas y palos, mientras que para Juan fue una cohorte romana. Aunque había varios tipos de estas, todas estaban compuestas por decenas de soldados armados...

Tampoco coinciden en lo que pasó a continuación: los sinópticos cuentan que Jesús fue llevado a casa de Caifás, el sumo sacerdote, aunque no se sabe muy bien por qué motivo, ya que poco después, al alba, fue llevado ante el Sanedrín, el principal tribunal judío. Allí se celebró el juicio religioso contra Jesús, en el que fue condenado.

Marcos, el más antiguo, explicó que los dirigentes judíos buscaban condenar a Jesús con cualquier excusa. Pero no lograron encontrar nada. Caifás se hartó, fue directamente a Jesús y le preguntó si era el Mesías. La respuesta de este fue contundente: «Yo lo soy, y veréis al hijo del Hombre sentado a la diestra del poder viniendo entre las nubes del cielo» (14, 62). El sumo sacerdote condenó aquello como blasfemia y el Sanedrín decidió que había que matarle. Pero, como los judíos no podían matarlo, dado que solo la autoridad romana tenía esa facultad, lo llevaron ante Pilato.

Mateo repitió la secuencia de acontecimientos del mismo modo que Marcos, pero Lucas introdujo varios cambios sustanciosos: en su texto, el juicio sucedió por la mañana —en Marcos y Mateo se produjo de noche—; además, comentó que, tras ser llevado ante Pilato, este decidió enviarlo al gobernante de aquella región, Herodes Antipas, que estaba en aquellos días en Jerusalén con motivo de la Pascua. Esto no parece histórico, pero, de serlo, se trataría de una buena treta procesal de Pilato, que escurrió el bulto y lo lanzó al tetrarca, quien tenía plena jurisdicción sobre el galileo. Lamentablemente, parece más bien que esto fue un invento de Lucas o de sus fuentes, con la clara intención de quitarle responsabilidades a Pilato y de echar aún más culpa sobre los judíos. En cualquier caso, Antipas devolvió el marrón a los romanos.

El prendimiento, Anton van Dyck, 1620.

202

JUICIO

Los líderes judíos le incriminaron por amenazar con destruir el Templo de Jerusalén y le acusaron de blasfemia, ya que había asegurado que era el hijo de Dios. Por otro lado, Pilato, en última instancia, como representante del Imperio romano, fue el que dictó sentencia por sedición y rebeldía contra Roma, en teoría, por haberse negado a pagar impuestos y por afirmar que era el rey legítimo de Israel.

Es decir, Jesús tuvo dos juicios distintos: uno religioso y otro civil.

Aquello de amenazar con destruir el Templo de Jerusalén era un decir. Juan el Bautista, los esenios y Jesús se enfrentaron al culto oficial, es decir, querían destruir simbólicamente el templo.

Afirmar que era el hijo de Dios no debería haber importunado demasiado a los romanos, aunque sí a los judíos apegados al culto oficial. Sí, se podría considerar blasfemo, pero varios personajes también fueron considerados así: lo vemos en algunos salmos, en la promesa de Dios a David, o incluso para referirse simplemente a los israelitas en su conjunto. Eso sí, declarar que era el Mesías no podía ser considerado blasfemia.

Ecce Homo, Antonio Ciseri, 1871.

Por otro lado, como el Sanedrín no podía hacer efectiva la condena a muerte, y dado que ninguna de estas acusaciones religiosas habría tenido peso alguno ante un tribunal del imperio, los jefes de los judíos añadieron dos nuevas acusaciones que sí estaban penadas por el derecho romano: que Jesús se negaba a pagar los debidos tributos a Roma y su pretensión de ser el Mesías y el rey de Israel, algo en lo que todos los evangelios coinciden. ¿Era motivo suficiente como para ser crucificado? Sí, aquello podría ser interpretado como una traición contra Roma, como un delito de *laesae maiestatis* (lesa majestad) o de sedición. Jesús, de haberse proclamado rey, estaría deslegitimando el poder del imperio y, aunque fuese de forma pasiva, alentando una rebelión, ya fuese pacífica o violenta. Por este motivo, Jesús fue acusado de *seditiosus*.

En efecto, la crucifixión era un castigo habitual en Roma. Los crímenes castigados con la cruz iban desde delitos de lesa majestad o deserción en una batalla a incitación a la revuelta, asesinato o falsificación de un testamento.

Pero todo esto fue muy irregular. Si bien los evangelios no son demasiados explícitos en detalles, sí aportan lo suficiente para que nos quede claro que se cometieron graves irregularidades respecto al protocolo habitual de los tribunales romanos y judíos.

El juicio religioso fue una pantomima, si es que es realmente sucedió: en primer lugar, se produjo justo después del arresto, la misma noche de la última cena. Pero la legalidad judía estipulaba que los juicios debían ser de día. Quizás por este motivo Lucas lo situó a la mañana siguiente. Además, tampoco estaban todos los miembros del Sanedrín, algo prohibido por su propia ley. Por si fuera poco, el proceso se celebró en la casa del sumo sacerdote, en vez del lugar que tenían reservado para ello, la Casa del Sillar, un edificio anexo al Templo de Jerusalén.

Además, los juicios judíos tenían que ser públicos, pero de los relatos evangélicos se deduce que se celebró en privado; los testigos presentados ni siquiera se pusieron de acuerdo y a Jesús no le permitieron aportar los suyos; no se menciona ninguna votación del Sanedrín y la sentencia fue proclamada de forma inmediata por el sumo sacerdote, cuando lo legalmente establecido era que debía pronunciarse al día siguiente; la ley judía, para más inri, dejaba claro que el juez y el acusador no podían ser la misma persona, además de que el tribunal, para decidir la sentencia, tenía que reunirse a puerta cerrada, cosa que aquí no pasó; y sí, Jesús acabó confesando que era el hijo de Dios, pero, como no podían matarle, modificaron la acusación para que fuese aceptada por el derecho romano.

Un despropósito.

Pero también el proceso romano fue irregular: no se convocó ningún jurado; no se menciona a ningún abogado, ni defensor ni acusador; no aparecen testigos acusatorios, centrándose en la confesión pública de Jesús, algo que de por sí no debía haber sido suficiente. Además, de ninguna de las acusaciones vertidas contra él se presentaron pruebas, ni de la religiosa, ni de la política. Todo se basó en el testimonio de la acusación y en las parcas palabras de Jesús que, casi siempre mantuvo el silencio al ser interrogado. Además, para el Sanedrín, este silencio significa admisión de culpabilidad, mientras que, para Pilato, siguiendo el pensamiento romano, «quien calla nada dice».

Pilato decidió en un primer momento una sentencia, pero luego la modificó. Hubo, por lo tanto, dos veredictos. Y esto era otra grave irregularidad. Pero también pronunció dos condenas: primero ordenó flagelar a Jesús, con la intención de que fuese suficiente castigo para saciar a los iracundos judíos, y luego terminó mandándole a la cruz.

Hay que tener en cuenta que todo este relato se hizo con la clara intención de exonerar de la culpa a Roma, aunque esto implicase dejar al gobernador como una mera marioneta. Pilato no era así: fue despiadado en otras ocasiones en las que tuvo que impartir justicia. Así que no acaba de encajar que, en un asunto banal como este, fuera manipulado por los líderes judíos. De hecho, lo normal es que, por fastidiarlos, no hubiese condenado a Jesús.

En resumidas cuentas, difícilmente pudo ser el juicio de Jesús como lo describieron los evangelistas. Algo más tenía que haber. Algo que permita explicar por qué un simple profeta judío acabó condenado por sedición por Poncio Pilato.

¿FUE JESÚS UN GUERRILLERO ARMADO?

Numerosos exégetas plantean que, en efecto, la condena por sedición no se debió solo a que Jesús afirmase que era el rey de los judíos, sino a que su movimiento, además de religioso, tenía aspiraciones políticas, revolucionarias e independentistas antirromanas, y que posiblemente incluía elementos armados. No es nada nuevo. Ya Reimarus, en el siglo XVIII, consideró que Jesús pudo ser un agitador político. Pero fue en el siglo XX cuando esta idea comenzó a tomar cada vez más fuerza dentro de los ambientes académicos.

¿Pudo Jesús liderar un movimiento político y religioso centrado en propiciar la llegada del Reino de Dios mediante la lucha armada contra el invasor romano? Claro. ¿Pero existe alguna evidencia que lo avale? Depende.

Es obvio que el anuncio de la llegada inminente del Reino de Dios, que acabaría con la situación de explotación del pueblo judío, implicaba la liberación del yugo del Imperio romano. Otra cosa es que Jesús pensase en precipitar la llegada de esta nueva realidad luchando contra Roma. Esa es la clave. Pero tampoco debería sorprendernos. El maestro Antonio Piñero, al respecto, considera que incluso la evangélica escena de la entrada en Jerusalén entre multitudes, narrada en los evangelios, «pudo muy bien ser interpretado como un golpe de mano, aunque semiimprovisado y sin ejército efectivo, para suscitar el levantamiento de la población de la capital contra sus gobernantes en pro del nuevo Reino de Dios» (Piñero 2006, 221). Es decir, quizás su movimiento no era armado, pero sí intentó levantar en armas al pueblo de Jerusalén.

Visto así, la escena de la expulsión de los mercaderes y los cambistas del templo, en plena Pascua, adquiere un tono bien diferente. Y es posible que Roma viese aquello como un intento de dar comienzo a una rebelión.

Desde esta perspectiva, llama mucho la atención que uno de los apóstoles sea identificado como Simón el Zelota. Los zelotas —del griego *zelotai*, «celosos»—, caracterizados por una postura más política, aparecieron a mediados del siglo I. Se trataba de una sección desgajada de los fariseos y se centraba en la lucha armada por la independencia de Israel frente al opresor romano. Este grupo tomó bastante fuerza en los años previos a la gran revuelta del 66 d. C., para acabar convirtiéndose en protagonistas destacados de la primera guerra Judeo-Romana.

Hay quien ha querido relacionar también el movimiento iniciado por Jesús con estos zelotas, pero no está del todo claro, sobre todo porque este grupo como tal apareció después de la muerte del nazareno, aunque sus orígenes se sitúan mucho antes. ¿El tal Simón tenía relación con esta gente? Es posible. Además, Judas Iscariote ha sido relacionado por algunos autores con otro movimiento armado, los *sicarii* («sicarios», literalmente «hombres de cuchillo»), por el parecido de esta denominación con su apellido, *iscario-te*. Se trataba de otro grupo violento no demasiado conocido y relacionado con los zelotas.

Por si fuera poco, Lucas introdujo una extraña escena, justo después de la última cena e inmediatamente antes de la detención de Jesús, que, vista así, resulta muy llamativa:

> «Jesús les dijo: "Pero ahora, el que tenga bolsa, que la coja; igualmente la alforja; y el que no tenga, que venda su manto y compre una espada. Pues os digo que es necesario que se cumpla en mí lo escrito, a saber: 'Y fue contado entre los inicuos'; pues lo que a mí se refiere toca a su fin". Ellos dijeron: "Señor, mira, aquí hay dos espadas". Él les dijo: "Es suficiente"» (Lc 22, 36-38).

El significado parece claro y contundente. Jesús pidió a los suyos que se armasen. Es más, justo después, Lucas pasó a narrar la detención, un pasaje en el que podemos encontrar una escena bastante curiosa que, significativamente, suele pasar desapercibida, pese a que aparece en los otros dos evangelios sinópticos: después de llegar Judas con las hordas mandadas por los jefes de los judíos, sucedió lo siguiente:

> «Y los que estaban con él viendo lo que iba a pasar, dijeron: "Señor, ¿golpeamos con la espada?". Y uno de ellos golpeó al siervo del sumo sacerdotes y le cortó la oreja derecha. Y tomando la palabra, dijo Jesús: "¡Dejadlo, hasta aquí!". Y tocando la oreja, lo curó» (Lc 22, 49-51).

Marcos y Mateo contaron lo mismo, aunque este último, quizás para intentar solucionar el problema, añadió una declaración pacífica de Jesús:

> «Vuelve a envainar tu espada, pues todos los que empuñen espada, a espada morirán. ¿Crees acaso que no puedo hacer una petición a mi Padre, y me enviaría al punto más de doce legiones de ángeles? Si no, ¿cómo se cumplirían las escrituras que anunciaron que así tenía que suceder?» (Mt 26, 52-54).

Y Juan, no solamente cambió la historia, sino que nos dijo quién era el portador del arma:

> «Entonces Simón Pedro, que tenía una espada, la desenvainó e hirió al siervo del sumo sacerdote y le cortó la oreja derecha; el siervo se llamaba Malco. Jesús le dijo entonces a Pedro: "Devuelve la espada a la vaina. La copa que me ha dado el padre, ¿no voy a beberla?"» (Jn 18, 10-11).

Recordemos que también fue Juan quien afirmó que Judas se presentó junto a una cohorte romana. No podemos precisar el número de soldados, pero resulta significativo que pusiesen tanto empeño y encomendasen tantos hombres para detener a un simple profeta iluminado, como nos ha querido vender la historia. ¿No les parece?

Tampoco debería extrañarnos. En aquellos años se produjeron varios levantamientos que guardaban ciertos parecidos con el movimiento de Jesús. Por ejemplo, hacia el año 4 a. C., Judas el Galileo lideró una revuelta contra Roma, tras asaltar los arsenales reales de Séforis (capital de Herodes) y hacerse con un buen puñado de armas. Unos años después, en el 45 d. C., se produjo el levantamiento de Teudas, que se autoproclamó Mesías y embaucó a un montón de judíos que le siguieron hasta el Jordán, para acabar finalmente decapitado por orden del prefecto Fado. Y finalmente, el estallido de la primera guerra Judeo-Romana que terminó, como ya saben, con la derrota definitiva de Israel y con la destrucción del templo. Y todo esto, sin olvidar a los zelotas, de los que ya hemos hablado varias veces por aquí, ni a Juan el Bautista, que fue asesinado por Herodes Antipas, según contó Flavio Josefo, por miedo a que sus dotes de persuasión y su popularidad le llevasen a dirigir una revuelta violenta.

Es más, en la memoria de los judíos del siglo I estaba muy presente la revuelta de los macabeos contra los monarcas seléucidas, herederos del imperio de Alejandro Magno, que, por su empeño en helenizar Palestina, acabaron provocando un estallido social en el año 165 a. C., que terminó en unas cuantas décadas de independencia judía, finiquitada en el año 63 a. C. con la conquista romana.

Dimas y Gestas

Un último detalle: como bien sabrán, según se cuenta en todos los evangelios, Jesús fue crucificado junto a otros dos misteriosos y anónimos personajes. Marcos lo expresó así: «Y con él crucificaron a dos bandidos, uno a su derecha y otro a su izquierda» (Mc 15, 27). Mateo comentó lo mismo, aunque añadió un detalle: «Con parecidos improperios le increpaban los bandoleros crucificados con él» (Mt 27, 44). Lo interesante es que ambos usaron la palabra griega *lestaí*, que se puede traducir, en efecto, como «bandido» o «ladrón». Pero Flavio Josefo también empleó esa palabra para referirse a los rebeldes judíos y a los zelotas, lo que evidencia que había un matiz político en su uso. Por si fuera poco, el cuarto evangelista, al narrar la historia de Barrabás (18, 40), usó la palabra *lestés*, que significa lo mismo.

Así pues, parece claro que no se trataba realmente de dos delincuentes comunes. No tiene sentido que fuesen condenados a morir en la cruz, ya que, como vimos, era un castigo reservado para los sediciosos. Así que probablemente lo eran. Ahora bien, ¿y si pertenecían al grupo de Jesús? Es posible, ¿no? Imaginen que es cierta esta teoría. Jesús fue detenido por liderar una revuelta armada, pero, pese a que los evangelios dicen que todos sus seguidores huyeron despavoridos del Monte de los Olivos, quizás algunos sí que fueron atrapados, juzgados y condenados con él.

Lo podría explicar yo, pero el maestro Antonio Piñero ya lo hizo, y mucho mejor:

> «...la posición central en la que fue colocado por los romanos, aunque los evangelios mencionan el hecho, pero no relacionan a Jesús con los otros crucificados. La explicación más sencilla y razonable es la de suponer que Jesús era considerado por ellos el jefe de los dos *bandidos*, es decir, acusados de un crimen político por sedición, y que estos eran algunos de sus discípulos capturados junto con él, o bien gente relacionada con la misma ideología mesiánica. Era evidente que los romanos no podían tolerar un reino de Dios en la tierra en la que el supremo señor no fuera Tiberio» (Piñero 2021, 588).

Por cierto, la tradición terminó poniéndole nombre a estos dos: Gestas, crucificado a la izquierda de Jesús, y Dimas, a su derecha. El primero suele representarse con un gesto de dolor y como contorsionándose en la cruz, y siempre evitando mirar a Jesús. Dimas, en cambio, aparece con apariencia de serenidad y mirándole. Gestas es conocido como el mal ladrón, y el otro, como el buen ladrón. ¿Por qué? Por una conversación que se sacó Lucas de la manga:

«Uno de los malhechores colgados le injuriaba diciendo: "¿No eres tú el Mesías? Sálvate a ti mismo y a nosotros". Pero el otro, en respuesta, le recriminaba diciendo: "¿Ni siquiera temes a Dios estando en la misma condena? Nosotros, por nuestra parte, justamente, pues recibimos lo adecuado por lo que hicimos, pero este nada inapropiado ha hecho". Y dijo: "Jesús, acuérdate de mí cuando llegues a tu reino". Y le dijo: "En verdad te digo, hoy estarás conmigo en el paraíso"» (Lc 23, 39-43).

Ambos, por cierto, suelen representarse atados en vez de clavados en la cruz... por eso, porque Lucas dijo que estaban «colgados».

Crucifixión, Antonello da Messina, 1475.

Visto lo visto, parece incuestionable, como mínimo, que Jesús lideró un movimiento político-religioso que llegó a ser temido por parte de los romanos, quienes, sin duda, debieron pensar que era uno más de los muchos que se levantaron en armas contra ellos durante aquellos tempestuosos años del siglo I anteriores a la primera guerra Judeo-Romana. Si no, no se explica que fuese crucificado, un castigo que, como hemos repetido hasta la saciedad, solo estaba destinado a los condenados por sedición o por delitos de lesa majestad.

De este modo, aunque no se puede descartar que fuese denunciado por algunos judíos especialmente poderosos y cercanos al poder político del César, está claro que los evangelistas intentaron exculpar a los romanos de su muerte, legando toda la responsabilidad a los judíos en su conjunto. Sirva este claro y conocido ejemplo:

> «Viendo Pilato que no había nada que hacer y que amenazaba un tumulto, recabó agua y se lavó las manos ante la multitud, diciendo: "Soy inocente de la sangre de esa persona. Vosotros veréis". Y el pueblo entero contestó: "Su sangre sobre nosotros y sobre nuestros hijos"» (Mt 27, 24-25).

Pero también lo hizo Pablo:

> «Vosotros, hermanos, resultasteis imitadores de las iglesias de Dios de Judea, pues vuestros propios compatriotas os han hecho sufrir exactamente como a ellos los judíos, esos que mataron al Señor Jesús y a los profetas y nos persiguieron a nosotros» (1 Tes 2, 14-15).

¿Por qué? Sencillo, porque la expansión del cristianismo, especialmente la que patrocinó y dirigió Pablo, tuvo lugar dentro del Imperio romano. Y claro, no podía predicar la historia de un señor que había sido condenado por Roma.

LA CRUCIFIXIÓN

Marcos fue el primero en contar cómo se desarrollaron los acontecimientos aquel fatídico día, a lo que dedicó muchas páginas de su texto; Lucas y Mateo construyeron sus relatos de la pasión a partir de Marcos, aunque con pequeños cambios y matices; y Juan, siempre por libre, lo contó a su manera, aunque sin diferenciarse demasiado de los anteriores.

La flagelación

Marcos comenzó su relato con la liberación de Barrabás, de la que les hablaré más adelante. Pilato, según este evangelio, tras preguntar varias veces al populacho allí presente qué debía hacer con Jesús, le entregó «después de azotarlo, para que lo crucificaran» (Mc 15, 15). Mateo no alteró la escena, pero Lucas sí, y de una forma muy curiosa, al introducir una curiosa sentencia de Pilato: «Pues, ¿qué mal ha hecho este? No he encontrado en él delito alguno merecedor de muerte. Así que, tras haberle dado un escarmiento, lo soltaré (Lc 23, 22)». Aunque al final, ante la insistencia de los allí presentes, decidió entregarlo a la cruz. Y Juan cambió la secuencia por completo: mostró en primer lugar que Pilatos ordenó que fuera azotado, para, acto seguido, mostrárselo al populacho con las palabras *«ecce homo»*, traducidas generalmente como «he aquí el hombre» (Jn 19, 5). Además, según Juan, Pilato volvió a insistir a Jesús para que reconociese su inocencia, en un nuevo intento por conseguir su salvación, aunque fue en vano. Así que, finalmente, como en los demás evangelios, fue entregado para que lo crucificaran.

La flagelación del Señor, William-Adolphe Bouguereau, 1880.

En realidad, la práctica habitual era flagelar a los condenados a muerte antes de la ejecución. Para ello se usaba el *flagellum*, un látigo con varias correas o cadenas en cuyos extremos había huesecillos, pequeñas bolas de plomo o anzuelos, con el que se golpeaba al reo, después de desnudarlo y atarlo a un poste. Se trataba de un castigo tan violento y brutal que en muchas ocasiones el reo terminaba falleciendo como consecuencia de las heridas y de la pérdida de sangre. Los que hayan visto *La pasión* de Mel Gibson sabrán de qué hablo…

La humillación

Nada raro en esto. En cambio, sí es extraño lo que contó a continuación Marcos tras la flagelación…

> «Lo vistieron [los soldados romanos] de púrpura y tranzaron y colocaron sobre él una corona de espinas. Y comenzaron a saludarlo: "Salve al rey de los judíos". Y golpeaban su cabeza con una caña y le escupían, y, arrodillándose, le adoraban» (Mc 15, 17-19).

La coronación de espinas, Anton van Dyck, 1620.

¿Por qué le vistieron de púrpura? Porque es el color de la realeza. La púrpura, si era auténtica, era carísima, pues se extraía de unos pequeños moluscos y se necesitaban muchas cantidades de ellos para un poco de tintura.

Lucas no dijo nada de esto, en su línea habitual de exonerar a los romanos de toda culpa, pero Mateo sí que lo contó, añadiendo que le pusieron «una caña en la mano derecha» a modo de cetro (Mt 27,29), ahondando en la burla del reo como supuesto rey de los judíos.

A continuación, según también era habitual, el reo era conducido al lugar de la crucifixión, con el *patibullum*, el travesaño horizontal de la cruz, sobre sus hombros —el madero vertical, el *stipes*, se colocaba en el lugar de la ejecución—, y una tablilla con su nombre y el motivo de la pena, el *titulus*, que luego se fijaba en la cruz.

Los evangelios discrepan en cuanto al contenido de esta placa: «El rey de los judíos» (Mc 15, 26), «Este es el rey de los judíos» (Lc 23, 38), «Este es Jesús, el rey de los judíos» (Mt 27, 37) o «Jesús de Nazaret, el rey de los judíos» (Jn 19, 19). En el último evangelio se especifica que estaba escrito en latín, griego y hebreo, y que lo escribió el propio Pilato, además de añadir algo muy interesante:

> «Así que los jefes de los sacerdotes de los judíos dijeron a Pilato: "No escribas 'El rey de los judíos', sino: 'Él dijo: soy rey de los judíos'". Pilato respondió: "Lo que he escrito, escrito queda"» (Jn 19, 21-22).

De la versión del *titulus* propuesta por Juan vendrá aquello de INRI, acrónimo de la frase en latín, «Iesvs nazarenvs rex ivdaeorvm».

La Vía Dolorosa y el Gólgota

Así pues, tras la flagelación y las burlas de soldados romanos, Jesús cogió su *patibullum* y se dirigió hasta el Gólgota, donde, según los evangelios, fue crucificado. La tradición cristiana llegó a identificar el recorrido exacto que realizó, la llamada Vía Dolorosa, uno de los principales reclamos turísticos de la ciudad de Jerusalén. Además, en todas las iglesias cristianas existe una representación simbólica de este vía crucis, el camino hacia la cruz. Tanto la Vía Dolorosa como los vía crucis están divididos en catorce estaciones que marcan distintos momentos especiales del camino hacia el Gólgota, aunque a veces se le añade una decimoquinta estación dedicada a la resurrección. Pero no hay nada que permita avalar esto desde un punto de visto histórico. Además, en los evangelios no se comenta nada de este penoso tránsito, excepto en Lucas, que comentó que le seguía una muchedumbre y varias mujeres que lloraban y se lamentaban por él. Eso sí, excepto Juan, todos mencionaron que un tal Simón de Cirene le ayudó a llevar la cruz... Luego volveremos con él.

Y finalmente, los evangelios describen la llegada al lugar de la crucifixión, el Gólgota. Sus autores no dieron demasiados datos al respecto. Marcos, sin más, escribió: «Lo llevaron al lugar llamado "Gólgota", que se traduce por "lugar de la Calavera"». En efecto, ese es el significado de esa palabra aramea —claro indicio, por tanto, de que este texto fue escrito para gentiles de otros lugares del imperio—. ¿Por qué se llamaba así? La tradición defiende que se trataba de un pequeño cerro con forma de cráneo, pero... Marcos no habló de ningún cerro, ni Lucas ni Mateo. Juan, tampoco, pero aportó un dato novedoso: «El lugar donde fue crucificado Jesús estaba cerca de la ciudad»; es decir, no estaba en la ciudad, sino en el exterior. En cualquier caso, el nombre de aquel lugar se acabó latinizando como *Calvariae Locus*, el lugar de la calavera, el calvario.

Por otro lado, algunos padres de la Iglesia, como Orígenes de Alejandría, plantearon que recibió aquel nombre porque en ese lugar se había encontrado la calavera de Adán, el primer humano, haciéndose eco de una antigua tradición judía —recogida, por ejemplo, en el apócrifo bíblico conocido como el Libro de Adán y Eva— según la cual los restos de Adán, tras ser confiados por Noé a su hijo Sem, y este a Melquisedec, se acabaron depositando en un lugar llamado así, La calavera. Se trataría, por lo tanto, de algo simbólico: el primer pecador fue enterrado en el lugar en el que Jesús entregó su vida para redimir a la humanidad del pecado.

Por este motivo se suele representar la escena de la crucifixión de Jesús en las obras artísticas con una calavera a los pies de la cruz. Compruébenlo. Y por esto la mística alemana Ana Catalina Emmerick dijo que, en una visión, «a gran profundidad, debajo de la peña que forma el calvario, vi el sepulcro de Adán y de Eva».

Vino, mirra, vinagre y ropas

Siguiendo con las narraciones evangélicas, Marcos comentó que, una vez en el Gólgota, le dieron de beber vino mezclado con mirra, aunque Jesús no lo tomó (15, 23). ¿Por qué? Por los efectos narcóticos y calmantes de la mirra. Al parecer, era una costumbre judía que las mujeres administrasen esta bebida a los condenados —se comenta, por ejemplo, en el Talmud de Babilonia, Sanedrín 43a—. Marcos no explicó quién lo hizo, aunque por el contexto se entiende que fueron los soldados romanos. Raro. Cuesta creer que le diesen a un sedicioso crucificado algo que mitigase su dolor. Por eso, quizás, Mateo modificó la escena: «Le dieron de beber una mezcla de vino y miel, pero él, después de probarla, no quiso beberla» (Mt 27, 34). ¿Por qué cambió la mirra por miel? Por una profecía: «Antes echaron hiel en mi comida y en mi sed me abrevaron con vinagre» (Sal 68, 22).

En cualquier caso, Jesús no lo tomó. ¿Por qué? Quizás por una cuestión de dignidad.

La crucifixión, Evangelios de Rabula, 586. Se trata de la primera representación conocida de la crucifixión.

Acto seguido, Jesús fue crucificado. Marcos comenta que justo después sucedió algo curioso: «Entonces lo crucificaron y "dividieron sus ropas, echando a suertes sobre ellas" qué llevaría cada uno» (Mc 15, 24). ¿Cómo? Sí, según este evangelio, la soldadesca romana se repartió la ropa del condenado. Por asombroso que pueda parecer, esto era algo bastante común, en parte porque la ropa era bastante cara en la antigüedad. De hecho, se sabe que el emperador Adriano prohibió esta práctica. Ahora bien, ¿a qué ropas se refería Marcos? Pues, posiblemente, a la túnica interior, la túnica exterior, el cinturón y las sandalias. ¿Se repartieron las ropas llenas de sangre de un tipo al que acababan de flagelar violentamente? Eso parece. Juan, siempre a lo suyo, dijo que los soldados dividieron en cuatro lotes sus vestidos, uno para cada uno, y que dejaron aparte la túnica, «tejida de una pieza de arriba abajo» (Jn 19, 23). Esta fue la prenda que sortearon entre ellos. Ahora bien, ¿por qué añadió esto Juan? Pues parece deberse a algo muy curioso, aunque la interpretación clásica viene a ser que la túnica sin costuras hace referencia a la unidad de la Iglesia. La prenda tradicional del sumo sacerdote era una túnica de lino fino (tal y como se dice en Éxodo 39, 27), pero según informó Flavio Josefo en sus *Antigüedades judías* (III, 161), era de una sola pieza. Por lo tanto, Juan quiso decir con esto que Jesús murió no solo como rey de los judíos, sino también como el legítimo sumo sacerdote.

A continuación, después de que la oscuridad invadiese misteriosamente la zona y de que Jesús se lamentase en arameo por su pena —«Eloi, Eloi, lema sabachtami», que se traduce como «Dios mío, Dios mío, ¿por qué me has abandonado?»—, uno de los allí presentes, aunque no se identifica si era un soldado romano u otra persona, «corrió, empapó una esponja en vinagre, la puso en una caña y trató de dársela a beber» (Mc 15, 36). Y justo después, Jesús murió. Pero ¿por qué vinagre? Porque igual no era exactamente vinagre, sino una especie de mosto agrio que los soldados romanos solían beber. Pero ¿por qué se lo dieron a Jesús? Unos dicen que para reanimarlo y alargar el sufrimiento; otros dicen lo contrario: que se lo dieron para acelerar su muerte, ya que, al parecer, estaba extendida la creencia de que la muerte de un crucificado se precipitaba al beber algo. O igual fue, simplemente, para burlarse de él.

¿A qué hora murió?

Según Marcos, Jesús murió «en la hora nona» (15, 25), las tres de la tarde. Sin embargo, Juan dijo que fue «a la hora sexta», a las doce del mediodía. ¿Por qué ese cambio? Porque Juan estableció un paralelismo con la Pascua, ya que, a esa hora precisamente, es cuando se solían sacrificar los corderos que se comerían en la cena pascual.

Además, este introdujo una curiosa escena que no aparece en los demás evangelios y que tiene su interés:

> «Los judíos, puesto que era la preparación, para que los cuerpos no permanecieran en la cruz el sábado —pues era el día grande aquel sábado—, pidieron a Pilato que quebrasen sus piernas y los retiraran. Fueron, pues, los soldados y quebraron las piernas del primero y del otro que había sido crucificados con él; pero al llegar a Jesús, como vieron que él ya estaba muerto, no le quebraron las piernas, sino que uno de los soldados le atravesó el costado con su lanza y al instante salió sangre y agua. Y el que ha visto lo atestigua, y es verdadero su testimonio, y él sabe que dice verdad, para que también vosotros creáis. Esto ocurrió para que se cumpliera la Escritura: "No se le quebrará hueso alguno"» (Jn 19, 37).

¿Por qué Marcos y compañía no comentaron nada sobre esto? ¿Quiere esto decir que no ocurrió realmente? Lo más seguro. Mas bien hay que entenderlo como algo simbólico: la sangre derramada del cordero sagrado sacrificado. Poco le importaba esto a la tradición cristiana, que llegó a ponerle nombre al soldado: Longino; además de crear numerosas leyendas sobre su vida posterior y de darle gran importancia a la lanza con la que, supuestamente, atravesó el pecho de Jesús, la famosa lanza de Longino, sobre la que tanto se ha hablado, casi siempre sin tener en cuenta que el episodio no es histórico.

Ya para terminar, ¿por qué se ha dicho siempre que Jesús murió a los treinta y tres años? La tradición llegó a esa idea hace varios siglos, debido a algo que dijo Lucas en su evangelio: «Y este Jesús al comenzar como de treinta años» (3, 23). Como Juan habló de tres Pascuas, da esa cifra. El problema es que la Iglesia defiende que falleció en el año 33, pero, como vimos, esto no puede ser por la sencilla razón de que, como dijo Mateo, Jesús nació en tiempos de Herodes, y este murió en el año 4 a.C. De haber muerto Jesús en el año 33, lo habría hecho, como mínimo, con treinta y siete años. El problema es que, de ser esto así, no encajaría con la fecha que propuso el propio Lucas sobre el bautizo de Jesús en el Jordán, «el año quince del reinado de Tiberio», en torno al 28 o 29 d. C.

Por lo tanto, Jesús falleció cuando tenía entre treinta y tres y treinta y ocho años.

Nunca lo podremos saber. Lo que sabemos casi con total seguridad es que murió antes del 36 d. C., fecha en la que Poncio Pilato dejó el cargo de procurador romano en Palestina.

¿DE DÓNDE PROCEDE ESTA HISTORIA?

Si en algo están de acuerdo todos los evangelios y la inmensa mayoría de los buscadores del Jesús histórico, creyentes o no, es que Jesús murió en la cruz. Es normal. Solo los que nieguen la existencia de Jesús pueden negar que no falleció de una manera tan brutal y cruel. Son muy pocos, aunque los hay.

Pietà (naar Delacroix), Vincent Van Gogh, 1889.

El testimonio flaviano

Resulta realmente inverosímil creer que se trató de un invento, en parte porque hasta disponemos de algún testimonio extracristiano que lo afirma, aunque hay serias dudas en cuanto a su autenticidad. Se trata de un famoso y controvertido texto que introdujo Flavio Josefo en sus *Antigüedades judías,* una monumental obra de veinte tomos que trata la historia de los judíos desde la creación del mundo hasta el comienzo de la revuelta del año 66, redactada hacia el año 93 o 94. El texto en cuestión, el llamado *Testimonium Flavianum,* aparece en mitad de la narración sobre los conflictos entre Pilato y los judíos —en el tomo XVIII, capítulo III-3—:

> «Vivió por esta época Jesús, un hombre sabio, <u>si es que se le puede llamar hombre</u>. Porque fue hacedor de hechos portentosos, maestro de hombres que aceptan con gusto la verdad. Atrajo a muchos judíos y a muchos de origen griego. <u>Era el Mesías</u>. Cuando Pilato, tras escuchar la acusación que contra él formularon los principales de entre nosotros lo condenó a ser crucificado, aquellos que lo habían amado al principio no dejaron de hacerlo. <u>Porque al tercer día se les manifestó vivo de nuevo, habiendo profetizado los divinos profetas estas y otras maravillas acerca de él</u>. Y hasta el día de hoy no ha desaparecido la tribu de los cristianos».[3]

Hasta el siglo XVIII nadie puso en duda la autenticidad de este pasaje, en parte porque aparecía de la manera citada en todas las copias disponibles de los escritos de Josefo. Pero desde entonces, la crítica comenzó a poner en duda su autenticidad. No parece razonable que Josefo, un antiguo fariseo que por motivos que no vienen al caso terminó convirtiéndose en ciudadano romano, identificase a Jesús como el Mesías («era el Mesías»), y que dijese de él eso de «si es que se le puede llamar hombre». Lo mismo pasa con esto: «Porque al tercer día se les manifestó vivo de nuevo, habiendo profetizado los divinos profetas estas y otras maravillas acerca de él», una clara profesión de fe cristiana.

---

3   Las partes subrayadas parecen corresponder a interpolaciones posteriores.

Así, muchos estudiosos consideran que estos fragmentos, que además parecen cortar el estilo narrativo del contexto, son interpolaciones posteriores. Si los quitamos y leemos la cita de nuevo, según Josefo, Jesús sería un hombre sabio y un taumaturgo que captó muchos seguidores entre los judíos y los gentiles. Su éxito acabaría pasándole factura y terminaría siendo crucificado por Pilato, aunque, a pesar de ello, sus seguidores le seguirían recordando y siendo fieles.

Por lo tanto, con toda probabilidad, ya que está avalado por multitud de fuentes independientes, Jesús murió en la cruz. Otra cosa es que la historia fuese como la contaron los evangelistas.

Problemas

El primero que habló de los acontecimientos de la pasión de Jesús, claro está, fue Marcos. El documento Q no mencionaba para nada el triste final de Jesús. Y Mateo y Lucas se inspiraron en el relato de Marcos. Los tres sirvieron, posiblemente, a Juan, cuyo evangelio, como ya saben, fue el más tardío, aunque seguramente recogió algunos elementos procedentes de su propia tradición independiente y se inventó alguna cosilla con fines teológicos. Y Pablo, que escribió antes que todos estos, apenas explicó nada sobre el juicio y la muerte de Jesús. Solo que murió en la cruz y resucitó unos años antes que él.

Por lo tanto, la fuente es Marcos. Así que la cuestión es intentar averiguar de dónde sacó la información para elaborar el relato de la pasión que aparece en su evangelio. No lo sabemos, pero tenemos ciertos indicios.

Como es lógico, los discípulos de Jesús, tras la terrible e inesperada muerte de su líder, digan lo que digan los evangelios, debieron quedar en estado de *shock*. ¿El Mesías crucificado de una manera tan terrible? ¿Cómo era posible aquello? Ni entendieron el porqué, ni debían conocer muchos detalles, ya que, como el propio Marcos dejó claro, todos huyeron despavoridos tras el arresto de Jesús; bueno, todos excepto algunas mujeres…

Con el paso del tiempo comenzaron a escudriñar las Escrituras judías en busca de relatos, imágenes y profecías que pudieran ayudar a entender los luctuosos sucesos que ocurrieron aquel trágico día.

Y llegaron a una conclusión asombrosa: la historia de Israel y todos los textos de la Biblia servían como una especie de introducción a la culminación del plan divino, la historia de Jesús, que acababa con su muerte en el madero.

Y como era de esperar, encontraron un montón de referencias bíblicas que fueron interpretadas como profecías de este trágico final, y gracias a ellas pudieron confeccionar un primigenio relato de la pasión, transmitido en un primer momento exclusivamente de forma oral.

Crucifixión o *Corpus hypercubus*, Salvador Dalí, 1954.

El estudioso John Dominic Crossan, en su obra de 1991 *The Historical Jesus: The Life of a Mediterranean Jewish Peasant* (*El Jesús de la historia: vida de un campesino judío*), propuso que todo esto acabó dando forma a un hipotético texto que denominó como el *Evangelio de la Cruz*, una obra que serviría de base al apócrifo evangelio de Pedro —incompleto en la actualidad, del siglo I, al que le da mucha importancia este autor—, que posteriormente sería la fuente de la que Marcos tomó el relato de la pasión. Al margen de la veracidad de este último paso que propuso Crossan, bastante cuestionado desde ambientes académicos, es innegable que muchos de los elementos que forman el drama evangélico de los últimos días de Jesús proceden del Antiguo Testamento y que el autor o los autores que crearon el relato de la pasión confeccionaron la trama en torno a ellos.

Las semejanzas son obvias.

Por ejemplo, la expulsión de los mercaderes del templo (Mc 11, 15), un trascendental relato que muchos estudiosos han considerado histórico, parece inspirada por este texto de Zacarías: «Y aquel día no habrá ya traficantes en el templo del Señor todopoderoso» (Zac 14, 21). Sí, se podría contraargumentar diciendo que Jesús conocía este versículo de Zacarías y que hizo lo que hizo para hacer cumplir la profecía. Pero… hay otros muchos ejemplos: la traición de Judas (Mc 14, 10), que de alguna manera también simboliza la traición del pueblo judío en su totalidad, podría haberse inspirado en este fragmento del Salmo 41: «Hasta mi amigo íntimo, en quien yo confiaba, el que compartía mi pan, me levanta calumnias» (Sal 41, 10). Incluso el precio de la traición parece proceder del Antiguo Testamento:

«Yo les dije: "si os parece bien, dadme mi sueldo y, si no, dejadlo. Ellos me pagaron treinta monedas de plata". El Señor me dijo: "echa al tesoro ese valioso precio en que me han tasado". Tomé las treinta monedas de plata y las eché en el tesoro del templo del Señor» (Zac, 11, 12-13).

Y no solo esto. Observen la clara relación entre el último versículo de la cita anterior y lo que dijo Mateo en su evangelio al contar la traición de Judas: tras la detención de Jesús, se arrepintió y…

«...arrojó entonces las monedas al templo, se marchó y fue a ahorcarse. Los jefes de los sacerdotes recogieron las monedas y dijeron: "No es lícito ingresarlas en la tesorería, porque son precio de sangre"» (Mt 27, 5-6).

Blanco y en botella.

Incluso la crucifixión entre delincuentes (Mc 15, 27) tiene un posible correlato en el siguiente pasaje:

«Le daré un puesto de honor, un lugar entre los poderosos, por haberse entregado a la muerte y haber compartido la suerte de los pecadores. Pues él cargó con los pecados de muchos e intercedió por los pecadores» (Is 53, 12).

Además, en esta cita tenemos un ejemplo que permite ver dónde encontraron los primitivos cristianos la inspiración para explicar la muerte de Jesús como un autosacrificio redentor, entre los otros muchos que existen. No en vano, en Isaías ya se dice que el Mesías sería «traído como un cordero al matadero» (53, 7).

Pero hay más: como vimos, aquello del vinagre y la hiel (Jn 19, 29-30) que le dieron a Jesús mediante una esponja parece proceder del Salmo 68; o el episodio del oscurecimiento del Sol (Mc 15, 33), que pudo estar inspirado por este versículo del libro de Amos: «Aquel día, oráculo del Señor, haré que el Sol se ponga a mediodía, y en pleno día cubriré la tierra de tinieblas» (8, 9); hasta lo de lavarse las manos por parte de Pilato fue vaticinado por los antiguos escritores bíblicos: «Mis manos lavo en la inocencia y ando en torno a tu altar, Señor» (Sal 26, 6).

El Cordero de Dios

Lo cierto es que todo el drama pasión-muerte-resurrección guarda un inquietante parecido con una serie de relatos del Antiguo Testamento en los que se narran varios casos de hombres o mujeres acusados injustamente, condenados a muerte, rescatados *in extremis* y exaltados a los cielos en algunos casos.

Un ejemplo clave sería el siervo sufriente que se describe en Isaías 53, del que, sin duda, tomó mucho Marcos, el primer redactor del relato de la pasión, para la construcción de su historia.

«¿Quién hubiera creído este anuncio? ¿Quién conocía el poder del Señor? Creció ante el Señor como un retoño, como raíz en tierra árida. No había en él ni belleza ni esplendor, su aspecto no era atractivo. Despreciado, rechazado por los hombres, abrumado de dolores, y familiarizado con el sufrimiento; como alguien a quien no se quiere mirar, lo despreciamos y lo estimamos en nada. Sin embargo, llevaba nuestros dolores, soportaba nuestros sufrimientos. Aunque nosotros lo creíamos castigado, herido por Dios y humillado, eran nuestras rebeliones las que lo traspasaban, y nuestras culpas las que lo trituraban. Sufrió el castigo para nuestro bien y con sus llagas nos curó. Andábamos todos errantes como ovejas, cada cual por su camino, y el Señor cargó sobre él todas nuestras culpas. Cuando era maltratado, se sometía, y no abría la boca; como cordero llevado al matadero, como oveja ante el esquilador, enmudecía y no abría la boca. Sin defensa ni justicia se lo llevaron y nadie se preocupó de su suerte. Lo arrancaron de la tierra de los vivos, lo hirieron por los pecados de mi pueblo; lo enterraron con los malhechores, lo sepultaron con los malvados. Aunque no cometió ningún crimen ni hubo engaño en su boca, el Señor lo quebrantó con sufrimientos. Por haberse entregado en lugar de los pecadores, tendrá descendencia, prolongará sus días, y por medio de él, tendrán éxito los planes del Señor. Después de una vida de aflicción comprenderá que no ha sufrido en vano. Mi siervo traerá a muchos la salvación cargando con sus culpas. Le daré un puesto de honor, un lugar entre los poderosos, por haberse entregado a la muerte y haber compartido la suerte de los pecadores. Pues él cargó con los pecados de muchos e intercedió por los pecadores» (Is 53).

Es el mismo rol de Jesús: un mensajero de Dios que sufrió en silencio y que fue acusado, condenado pese a ser inocente, y castigado, para finalmente ser rehabilitado y exaltado por Dios. Y además, en este caso preciso de Isaías, con la característica cristiana de la muerte redentora.

Es más, todo esto guarda una simbólica relación con una antigua celebración judía, el Día de la Expiación, descrita e instaurada en el Levítico 16. En esta festividad se realizaba un rito —según lo ordenado siglos atrás por Yahvé a Aarón—, que consistía en lo siguiente: se elegían dos chivos para el sacrificio de expiación y un carnero para el holocausto. Uno de los chivos debía ser sacrificado en el templo por el sumo sacerdote (Aarón), pero el otro se le tenía que entregar a Azazel, un demonio que vivía en el desierto, tras un curioso ritual:

«Hecha la expiación del santuario, de la tienda del encuentro y del altar, Aarón hará traer el macho cabrío vivo, pondrá las dos manos sobre su cabeza, confesará sobre él todas las culpas de los israelitas, todas sus transgresiones y pecados, los descargará sobre la cabeza del macho, y lo enviará al desierto por medio de un hombre designado para ello; el macho cabrío llevará sobre sí todas las culpas a tierra desierta. (Lv 16, 20-22).

¿No es exactamente eso lo que hizo Jesús según la reinterpretación paulina, presente en todos los evangelios? De ahí viene lo de «Cordero de Dios que quita el pecado del mundo».

Pero hay más. Ojo a esta interesantísima historia, que nos puede ayudar a entender un turbio episodio de otro modo: el historiador Filón de Alejandría (que vivió entre el 15/10 a. C. y 45/50 d. C.) narró en su obra *Contra Flaco* cómo el pueblo de Alejandría se burló de una manera muy curiosa de Agripa I tras ser nombrado rey de los judíos por el emperador Calígula, durante la parada que hizo el nuevo monarca en aquella ciudad rumbo a Judea (en el año 38 d. C.) Unos dicharacheros judíos alejandrinos cogieron a un desequilibrado mental, un tal Carabas, pusieron sobre su cabeza una sábana a modo de tiara, le cubrieron con una estera a modo de manto y le dieron un trozo de papiro enrollado a modo de cetro, para acto seguido fingir su nombramiento como rey y burlarse de él. No tiene desperdicio:

Cordero de Dios, de Francisco de Zurbarán, 1635-1640.

«Había un desequilibrado, llamado Carabas, cuya locura no era del tipo furioso y salvaje, que tan peligroso resulta para los propios locos y para todo el que se les acerca, sino de ese otro estilo campechano y gracioso. Se pasaba el día y la noche desnudo por la calle, sin que le arredraran ni el frío ni el calor, haciéndose blanco de las burlas de los muchachos y la gente ociosa. Los sublevados arrastraron al pobre hombre al gimnasio y, colocándolo en un sitio elevado, donde todos pudieran verlo, pusieron sobre su cabeza una sábana de Biblos extendida a modo de tiara, y cubrieron el resto de su cuerpo con una estera a modo de manto real, mientras que otros, viendo un trozo de papiro del país tirado en el arroyo, se lo pusieron en la mano a modo de cetro. Y después de aquella farsa en que se le hacía entrega de las insignias reales y se le vestía como a un rey, unos cuantos jóvenes llevando mazas al hombro, imitando a una tropa de lanceros, se situaron a uno y otro lado de él, como si fueran su guardia. Otros se le acercaban luego como si quisieran saludarlo, o como si se presentaran pidiendo justicia, o para consultarle cuestiones de política. A continuación, se levantó entre la muchedumbre que lo rodeaba un griterío tremendo, que lo proclamaba "Marin", título que, según dicen, utilizan en Siria para decir "señor". Pues todo el mundo sabía que Agripa era sirio de nacimiento y poseía una gran parte de ese país, de la cual era rey» (Crossan 2000, 428).

Adoración del Cordero Místico, con la sangre brotando,
detalle del *Políptico de Gante,* Jan van Eyck, 1432.

No quiero decir con esto que este relato sea la inspiración del episodio de las burlas de los soldados romanos que narran varios evangelios, pero ¿es posible que Marcos conociese este episodio narrado por Filón? Posible es, aunque no tenemos ninguna evidencia que permita afirmarlo, excepto el tremendo parecido que guarda este pasaje con algunas narraciones evangélicas, por ejemplo, la de Mateo, que incluía la dichosa caña a modo de cetro.

Sea como fuere, lo que parece claro es que el autor o los autores del relato original de la pasión crearon una bella historia a partir de muchos elementos tomados de las Escrituras judías y, quizás, de otras fuentes de la época, lo que permitía, de camino, que con la muerte de Jesús se cumpliesen un montón de profecías que, en realidad, no se referían a Jesús. Visto así, todo estaba escrito ya. Y el mismo Pablo lo dejó bien claro:

> «Pues os transmití en primer lugar lo que recibí: que el Mesías murió por nuestros pecados según las Escrituras; que fue sepultado y que fue resucitado al tercer día, según las Escrituras» (1 Cor 15, 3-4).

UN PAR DE CURIOSIDADES

Zombis

Antes de continuar, permítanme que me detenga en un par de aspectos interesantes relacionados con los relatos de la pasión y con algunos personajes que aparecen en esta fase tan importante de la historia de Jesús y que me permitirán irme un poco de las ramas, pero poniendo encima de la mesa algunas ideas esenciales.

Atención a esto que comentó Mateo al narrar el momento exacto de la muerte de Jesús:

> «Y he aquí que el velo del templo se rasgó en dos de arriba abajo, la tierra tembló y las rocas se escindieron, las tumbas se abrieron y muchos cuerpos de santos que habían muerto resucitaron, y después de la resurrección de él salieron de sus tumbas, entraron en la ciudad santa y se aparecieron a mucha gente» (Mt 27, 51-53).

¿Cómo? ¿Salieron los santos difuntos de sus tumbas, entraron en Jerusalén y se aparecieron a la gente? ¿Zombis en el siglo I? Sí, solo lo menciona Mateo, y no parece que realmente sucediese, pero ¿cuál es la intención teológica de esta extraña escena? Lo veremos, pero antes de nada hay que aclarar que existe una antiquísima tradición, anterior incluso a los evangelios, según la cual Jesús, antes de resucitar, bajó al Sheol, a la morada de los muertos según los judíos. Sí, como lo leen.

De hecho, podemos encontrar varias referencias en otras obras neotestamentarias; por ejemplo, Pedro, en un supuesto discurso que pronunció, y que aparece en los Hechos de los Apóstoles, dijo: «pero Dios lo ha resucitado de entre los muertos, y nosotros somos testigos de ello» (Hch 3, 15). Pablo, en la carta a los Romanos, expresó: «El mismo que resucitó a Jesús de entre los muertos hará revivir vuestros cuerpos mortales por medio de ese Espíritu suyo que habita en nosotros» (Ro 8, 11). Es decir, según estas tradiciones, Jesús, al conocer la muerte, estuvo «entre los muertos», pero, gracias a Dios, regresó. No resucitó. Murió y fue resucitado por Dios.

Por si no les queda claro hacia dónde va mi argumentación, unos versículos de la tardía carta de los Hebreos quizás ayuden un poco:

> «Puesto que los hijos [de Dios] tienen en común sangre y carne, también él ha participado igualmente de ellas para anular con su muerte al que posee el poder de la muerte, es decir, al Diablo, y para liberar a cuantos por temor a la muerte estaban sometidos a servidumbre durante toda la vida. Pues no se ocupa de los ángeles, sino que se ocupa de la descendencia de Abrahán» (Heb 2, 14-16).

¿Me siguen? Espero. Pero, por si acaso, matizo cosas: todo esto guarda relación con algo que ya se planteó en las primeras comunidades cristianas fundadas por Pablo: si Jesús, mediante su muerte vicaria, había asegurado la salvación a todos aquellos que tuviesen fe y creyesen en él, ¿qué pasaba con los que habían fallecido antes?

En realidad, lo que vemos aquí es la formación de una tradición que llegó a estar bastante extendida durante los primeros siglos del cristianismo. Es más, podemos encontrar algo inquietante relacionado con esto si leemos con atención el Credo Apostólico, también llamado Símbolo de los Apóstoles, un breve resumen de los principales puntos de la fe cristiana elaborado en el siglo IV; bastante parecido, pero con importantes diferencias, al Credo de Nicea-Constantinopla (promulgado en el Concilio de Nicea en el 325 y ampliado en el de Constantinopla del 381), parte esencial de la misa católica.

«Creo en Dios Padre todopoderoso, creador del cielo y de la tierra. Creo en Jesucristo, su único hijo, nuestro Señor, que fue concebido por obra y gracia del Espíritu Santo; nació de santa María Virgen; padeció bajo el poder de Poncio Pilato; fue crucificado, muerto y sepultado; descendió a los infiernos; al tercer día resucitó de entre los muertos; y subió a los cielos; está sentado a la derecha del Padre, y desde allí ha de venir a juzgar a los vivos y a los muertos. Creo en el Espíritu Santo, la Santa Iglesia católica, la Comunión de los Santos, el perdón de los pecados, la resurrección de la carne y la vida eterna. Amén».

El descenso a los infiernos, Duccio di Buoninsegna, 1308-1311.

¿Descendió a los infiernos? Sí, eso, aunque tenemos que tener claro que la expresión griega *ta katôtata*, traducida como «infiernos», hace referencia en realidad a «lo que está debajo». Si bien el Credo de Nicea no incluye esta sorprendente afirmación, que tampoco aparece en ninguno de los evangelios, sí que hay una referencia en otra obra neotestamentaria, en la carta a los Efesios:

> «Por eso se dice: "Al subir a la altura, llevó cautiva la cautividad, repartió dones a los hombres". ¿Qué quiere decir "subió", sino que también había bajado hasta las regiones inferiores de la tierra? El que ha bajado es el mismo que ha subido por encima de todos los cielos para llenar todas las cosas» (Ef 4, 8-9).

¿Para qué demonios descendió Jesús a los infiernos, es decir, a las regiones inferiores de la tierra, donde habitan los muertos? No tenemos más referencias canónicas, pero la literatura apócrifa sí aportó algo de información al respecto, lo que nos permite establecer que desde antiguo existía esta curiosa tradición.

Por ejemplo, a mediados del siglo IV, más o menos cuando se redactaron los credos anteriormente citados, se escribió el evangelio de Nicodemo, aunque se da por hecho que contiene tradiciones muy anteriores. El texto está compuesto por dos partes: las Actas de Pilato, un supuesto informe oficial que el prefecto romano envió al emperador Tiberio, y el Descenso de Jesús a los Infiernos. En esta segunda parte, que, según los estudiosos, recoge tradiciones mucho más antiguas, se narra con pelos y señales este alucinante episodio: Jesús, al morir, bajó a la morada de los muertos, al Sheol o al Hades, como prefieran. Allí se encontraban todos los que habían muerto antes que él, incluidos todos los patriarcas y profetas, además de Adán y Juan el Bautista. ¿Por qué bajó? Para rescatar a todos los justos que allí estaban y llevárselos consigo al cielo. Es lógico. Habían muerto antes de su muerte vicaria y expiatoria, por lo que no pudieron beneficiarse de la salvación. Algo había que hacer. Y Jesús, según esta tradición, lo hizo.

Claro, aquello no debió gustar ni un pelo al malvado Satán.

Quizás así se entienda mejor la extraña oleada zombi que describe Mateo en su evangelio. ¡Eran los muertos liberados por Jesús!

Ahora bien, ¿rescató a todos los hombres, incluso a los malvados? Los padres de la Iglesia, que también se hicieron eco de esta movida, no se pusieron de acuerdo: Ireneo, por un lado, afirmó que solo liberó a los justos de la historia judía, mientras que Orígenes pensó que se dirigió a todos los difuntos, aunque solo los justos fueron con él a los cielos.

Así, aunque las referencias son muy sutiles, todo parece indicar que esta tradición procede de los primeros tiempos del cristianismo. En cualquier caso, hacia el siglo IV se convirtió en algo muy popular. Y lo siguió siendo durante gran parte de la Edad Media, hasta que poco a poco fue desapareciendo. Aun así, en el XIII, santo Tomas de Aquino, en su *Summa Theologiae*, planteó de nuevo que Jesús descendió para liberar a los justos, aplicándoles los frutos de la redención que había dado a los vivos.

Es más, la Iglesia católica, en su catecismo actual, defiende lo siguiente:

> «El descenso a los infiernos es el pleno cumplimiento del anuncio evangélico de la salvación. Es la última fase de la misión mesiánica de Jesús, fase condensada en el tiempo, pero inmensamente amplia en su significado real de extensión de la obra redentora a todos los hombres de todos los tiempos y de todos los lugares porque todos los que se salvan se hacen partícipes de la Redención».

Al margen de todo esto, lo cierto es que esta tradición guarda relación con algunos relatos mitológicos, como las aventuras de Ulises y Hércules en el Hades o el descenso al inframundo que protagonizó Orfeo en busca de su amada Eurídice, o la historia de Anubis, guardián de los muertos para los egipcios.

Además, Mateo, sin duda, se inspiró en una profecía vertida por el profeta Ezequiel que guarda notable parecido con este episodio:

> «He aquí yo abro vuestros sepulcros, pueblo mío, y os haré subir de vuestras sepulturas, y os traeré a la tierra de Israel. Y sabréis que yo soy Yahvé cuando abra vuestros sepulcros y os saque de vuestras sepulturas, pueblo mío. Y pondré mi Espíritu en vosotros, y viviréis, y os haré reposar sobre vuestra tierra» (Ez 37, 12-14).

Pero también se pudo inspirar en otros textos del Antiguo Testamento:

«Vivían en tinieblas y entre sombras, estaban encadenados y en la miseria, por haber sido rebeldes a las órdenes de Dios, y haber despreciado los designios del Altísimo; Él los humilló con sufrimientos, sucumbían y nadie les ayudaba. Pero clamaron al Señor en su angustia y Él los salvó de la aflicción; los sacó de las tinieblas y las sombras, e hizo pedazos sus cadenas» (Sal 107, 10-15).

Un último detalle: según Pablo, la primicia de la resurrección fue cosa de Jesús. Con ello quería demostrar Dios lo que les esperaría a todos los justos que siguiesen su palabra.

«Puesto que, por un hombre existe la muerte, también por un hombre existe la resurrección de los muertos. Como, pues, en Adán mueren todos, así también en el Mesías serán vivificados. Pero cada cual en su rango: el Mesías como primicia; luego los del Mesías en su venida. Luego el fin, cuando entregue el Reino a Dios Padre» (1 Cor 15, 21-24).

Pero, según Mateo, antes que él resucitaron aquellos santos y fueron vistos deambulando por Jerusalén. Es decir, volvieron a la vida por la muerte de Jesús, no por su resurrección, como defendía Pablo que sucedería. ¿Ven la contradicción? Sí, se puede interpretar que el evangelista hablaba simbólicamente, mostrando que con la muerte de Jesús se abrían todas las tumbas, o que en realidad era una especie de anuncio escatológico de la futura resurrección masiva que se producirá tras la parusía. Esto último no encaja con la narración mateana, pero lo primero sí, quizás.

La exégesis católica ha pretendido solucionar este choque entre Pablo y Mateo argumentando que, realidad, esos muertos resucitados no regresaron a la vida con un cuerpo glorificado, que es como resucitarán, según Pablo, los difuntos cuando llegue el fin, sino con sus cuerpos físicos, con los que vivieron, como sucedió con los otros tantos resucitados de los que hablan los evangelios. El primero en hacerlo de este modo, con un cuerpo glorificado, fue Jesús.

En realidad, todo esto parece responder a que el redactor de estos extraños versículos estaba convencido de que el fin del mundo se inició en aquel preciso momento. Sin más.

Además, Mateo no explica qué pasó con todos aquellos cadáveres revividos, como tampoco dejó claro quiénes eran aquellos santos:

¿eran los patriarcas y profetas de la tradición judía o se trataba de algunos personajes evangélicos ya fallecidos, como Juan el Bautista, Ana, Zacarías o el padre putativo, José? Quién sabe...

El velo del templo

Pero volvamos atrás: Mateo, en aquellos extraños versículos, dijo que «el velo del templo se rasgó en dos de arriba abajo», como ya había comentado Marcos en su texto y como también haría Lucas. ¿Qué quisieron decir con esto?

Se trata de una referencia a una de las dos cortinas que había en el Templo de Jerusalén. La primera separaba el último atrio, el de los israelitas, de la zona de las mujeres; la segunda aislaba el *sancta sanctorum*, el recinto más sagrado y secreto del templo, donde se preservó durante mucho tiempo, siempre según las tradiciones judías, el arca de la alianza, en cuyo interior se custodiaban las tablas de la ley, la *menorá* y otros objetos sagrados; un recinto al que solo podía acceder el sumo sacerdote y únicamente en un momento concreto: el Día de la Expiación, el Yom Kipur. ¿Recuerdan? El día en el que se celebraba, precisamente, aquello del chivo expiatorio que comenté páginas atrás. Allí, creían, se manifestaba la presencia de Dios.

Por lo tanto, se trata de un anuncio teológico lanzado por Marcos (y por Mateo y Lucas) con graves implicaciones: «No quedará aquí piedra sobre piedra que no sea demolida» (Mc 13, 2), comentó en el fascinante capítulo que se conoce como el pequeño apocalipsis de Marcos (el capítulo 13 entero, que tiene lugar justo antes de la narración de la última cena). Además, Jesús ya había dicho que el templo sería reconstruido en el mundo futuro por venir. Uno de los testimonios que, según Marcos, buscaron los jefes de los sacerdotes para condenar a Jesús se hace eco de esto: «Le oímos decir: "Destruiré este templo hecho por manos humanas, y en tres días construiré otro no hecho por manos humanas"» (Mc 14, 58). Algo parecido se puede leer en los Hechos de los apóstoles (6, 14) y en uno versículos de Juan en los que se muestra a Jesús discutiendo con los judíos en el templo, después de la escena de la agresión a los cambistas y mercaderes.

«Entonces los judíos tomaron la palabra y le dijeron: "¿Qué signo nos muestras para hacer esto?". Contestó Jesús y les dijo: "Destruid este templo y en tres días lo levantaré". Le replicaron los judíos: "En cuarenta y seis años se construyó este templo, ¿y tú lo vas a levantar en tres días?". Pero él se refería al templo de su cuerpo. Cuando fue levantado de entre los muertos, recordaron sus discípulos lo que había dicho y creyeron en la Escritura y en lo que había dicho Jesús» (Jn 2, 18-22).

Claro, el evangelista, fuese quien fuere, jugaba con ventaja, ya que sabía que esto había terminado sucediendo. Un claro ejemplo de profecía *ex eventu*.

En resumidas cuentas, lo que quería expresar el evangelista, de manera más simbólica que literal, es que la muerte de Jesús fue el comienzo del fin de la separación entre Dios y los humanos, representada por ese velo que solo podían traspasar los sumos sacerdotes judíos en el Yom Kipur. La presencia de Dios dejaba de ser algo exclusivo que solo unos pocos tenían a su alcance. Y no solo se refería a los sumos sacerdotes, sino a los judíos en general. Es decir, con su muerte, Jesús extendió la salvación a toda la humanidad, no solo a aquellos que sacó de Egipto. Por eso se rompió el velo del templo, por eso Jesús amenazaba con destruirlo. Aquel templo ya no tenía sentido, ni siquiera para realizar sacrificios. El mayor sacrificio lo había realizado el propio Jesús entregándose voluntariamente a la muerte.

Un último detalle que guarda relación con esto.

Marcos, al contar esta escena, dijo algo más, algo que a simple vista no parece tener importancia:

«El velo del templo se rasgó en dos de arriba abajo. Y el centurión, que estaba de pie frente a él, al ver que había expirado de esa manera, dijo: "Realmente este hombre era hijo de Dios"» (Mc 15, 38-39).

Esto también aparece en las versiones de Mateo y Lucas, pero con diferencias. Así lo contó el primero:

«El centurión y los que con él estaban custodiando a Jesús, al ver el terremoto y todo lo que sucedía [lo de los zombis] quedaron aterrados y reconocieron: "Verdaderamente este era hijo de Dios"» (Mt 27, 54).

El segundo cambió la sentencia del romano: «Realmente este hombre era justo» (Lc 23, 47).

Es decir, según Mateo, los romanos le reconocieron como hijo de Dios al ver aquellos prodigios; y según Lucas, el centurión solo le identificó como un justo. Pero Marcos, que escribió el texto primigenio, quiso indicar otra cosa. Lean de nuevo esos versículos. Marcos indicó sutilmente dos cosas importantísimas: la ruptura del velo, con toda la simbología que hemos comentado, y el reconocimiento por parte de un gentil, romano para más inri, de que Jesús era el hijo de Dios. No lo hizo ninguno de sus discípulos, pues habían huido, ni los sacerdotes judíos, que continuaban oponiéndose a Jesús, ni ninguna de las mujeres allí presentes. ¡Lo hizo uno de los soldados romanos que lo crucificó! Y no lo hizo, como planteó Mateo, porque presenciase algún prodigio, sino por su muerte en la cruz.

Si recuerdan, Marcos comenzó su evangelio con el bautismo en el Jordán, momento en el que Jesús fue bautizado por Dios. De algún modo, con este curioso y significativo versículo, Marcos quiso cerrar el círculo, colocando a un gentil que representaría a la humanidad al completo reconociendo quién era.

Una última reflexión: ¿por qué Juan no introdujo esta escena? Sencillo: porque para él Jesús no era el hijo de Dios. Por eso su escena termina con Jesús proclamando un lacónico: «Todo se ha cumplido» (Jn 19, 30).

Y ALGUNOS PERSONAJES PROBLEMÁTICOS...

El joven desnudo

Marcos, al final de la escena del prendimiento de Jesús, expuso algo que es sumamente inquietante:

> «Y abandonándolo, huyeron todos. Cierto joven lo seguía, envuelto en un lienzo sobre su cuerpo desnudo, y se apoderaron de él. Pero este, abandonando el lienzo, huyó desnudo» (Mc 14, 50-52).

Por un lado, resulta llamativo que los apóstoles, que habían oído en boca de Jesús, según se comenta en el propio texto de Marcos, que se iba a entregar voluntariamente a la muerte, salgan despavoridos.

Raro. Por eso Lucas lo omitió de su texto, y por eso Juan introdujo una orden expresa de Jesús al respecto (18, 8-9).

Pero ¿quién era este enigmático discípulo? No se sabe, aunque siempre se ha relacionado con el joven rico que había aparecido en el capítulo 10 del mismo evangelio:

> «Al salir Jesús de camino, un hombre corrió a preguntarle, arrodillándose ante él: "Maestro bueno, ¿qué tengo que hacer para alcanzar la vida eterna?". Jesús le dijo: "¿Por qué me llamas bueno? El único bueno es Dios" [...]. Jesús le miró con amor y le dijo: "Te queda una cosa por hacer: Anda, vende todo lo que tienes, dáselo a los pobres y tendrás un tesoro en el cielo. Después, ven y sígueme". Al oír esto, el joven se fue muy triste, porque tenía muchos bienes» (Mc 10, 17-22).

Hay quien ha planteado que se trata de Juan Marcos, el autor de este evangelio, pues la tradición considera que era un adolescente. Vendría a ser una especie de «yo estuve allí». Epifanio propuso en el siglo IV que se trataba de Jacobo el hermano de Jesús, pues por aquel entonces se creía que había llevado una vida ascética; por eso iba sin apenas ropa. Ambrosio, por aquella misma época, consideró que era Juan el apóstol, del que se pensaba que era más joven de los discípulos. Pero también hay quien propone que se trata de una suerte de alegoría del propio Jesús, que se había quedado solo, abandonado por todos. Nunca lo sabremos, pero esto tuvo que suponer un problema para los posteriores evangelistas, pues lo omitieron por completo.

Lo curioso es que este misterioso personaje guarda relación con un hallazgo que realizó en 1958 el erudito bíblico Morton Smith en la biblioteca del monasterio ortodoxo griego de Mar Saba, a unos veinte kilómetros de Jerusalén: encontró una carta en griego atribuida a Clemente de Alejandría, uno de los primeros padres de la Iglesia, que hacía mención a un supuesto evangelio secreto escrito por Marcos.

El texto de la carta había sido transcrito a mano en las páginas en blanco de una edición de 1646 de las *Cartas de Ignacio de Antioquía*, en algún momento indeterminado de los siglos XVIII o XIX. Smith fotografió en blanco y negro las tres páginas del libro que contenían la supuesta misiva, y todo esto acabó saliendo a la luz en una obra suya llamada *Clement of Alexandria and a Secret Gospel of Mark*

(1973). Lo curioso es que, tras el hallazgo, el libro volvió a la biblioteca del monasterio y... desapareció durante varios años, hasta que en 1976 un grupo de estudiosos israelíes lo volvieron a encontrar. Finalmente acabó en una biblioteca griega ortodoxa en Jerusalén. Desde entonces, ningún investigador ha podido acceder al documento, lo que ha llevado a que muchos pongan en duda la veracidad de este hallazgo, como es normal.

El autor de la supuesta misiva se identificaba como Clemente de Alejandría, un importante miembro de la Iglesia de aquella ciudad que vivió entre los siglos ii y iii. La carta estaba dirigida a un tal Teodoro, un seguidor suyo del que no se sabe nada, que le había preguntado a Clemente por un grupo sectario del que sí tenemos algo de información, los carpocracianos, considerados herejes por la Iglesia, y por un supuesto evangelio secreto de Marcos que al parecer poseían los miembros de dicha secta.

Cattura di Cristo, Antonio da Correggio, siglo xvi.

Los carpocracianos fueron un grupo gnóstico del siglo II que seguía las doctrinas de Carpócrates de Alejandría. Sus seguidores, entre otras cosas, practicaban el intercambio de parejas, en coherencia con sus creencias en una comunidad de bienes, además de llevar a cabo algunas prácticas sexuales y litúrgicas extremas con el fin de ver lo absurda y maligna que era la materia y/o el cuerpo.

Pues bien, en la carta, al hablar de estos carpocracianos, Clemente mencionó que habían manipulado un evangelio secreto de Marcos, escrito tras el martirio de Pedro en Roma, cuando Marcos fue a Alejandría, que contenía enseñanzas destinadas a iniciados avanzados, aunque en su mayor parte era idéntico al canónico. Imaginen la importancia de esto: según este padre de la Iglesia, hubo dos versiones del primer evangelio: la oficial y la solo para iniciados…

Sea como fuere, el tal Carpócrates, según esta carta, obtuvo una copia del texto secreto y lo manipuló a su antojo, interpretándolo «de acuerdo con su doctrina blasfema y carnal y, además, ensució, mezclando con las palabras inmaculadas y santas mentiras absolutamente desvergonzadas». Clemente se empeñó en identificar los añadidos procedentes del grupo sectario aquel, cuyas doctrinas y enseñanzas, como es lógico, consideraba heréticas.

Señaló dos ejemplos, pero a mí solo me interesa uno, situado entre Marcos 10, 34 (tercer anuncio de la pasión por parte de Jesús, durante el viaje final hacia Jerusalén) y Marcos 10, 35. Es el siguiente:

«Llegan entonces a Betania. Había allí una mujer cuyo hermano había muerto. Se acercó, se postró ante Jesús y le dice: "Hijo de David, ten compasión de mí". Pero los discípulos la conjuraron. Habiéndose airado Jesús, se marchó en compañía de ella al jardín donde se encontraba el sepulcro. Al punto resonó desde el sepulcro una voz poderosa. Se acercó Jesús e hizo rodar la losa de la puerta del sepulcro. Entró directamente adonde se encontraba el joven, extendió la mano y lo resucitó cogiéndolo de la mano. El joven, mirándolo fijamente, le mostró afecto. Entonces comenzó a suplicarle que lo admitiese en su compañía. Al salir ellos del sepulcro fueron a la comunidad del joven (es que era rico). Al cabo de seis días, Jesús le dio una orden. Al caer la tarde, viene el joven junto a él envuelto en una sábana sobre su desnudez. Y permaneció con él aquella noche estando desnudo con (el otro también) desnudo. En efecto, le iba enseñando Jesús el proyecto recóndito del Reino de Dios. Habiéndose levantado de allí, regresó al otro lado del Jordán».

El añadido que hicieron los carpocracianos sería el texto subrayado: «estando desnudo con (el otro también) desnudo». Clemente propuso que se trataba de algún rito de iniciación gnóstico que representaba una muerte y una resurrección simbólicas. Smith planteó, aunque tímidamente, que quizás esto se deba al vago recuerdo de algún tipo de ceremonia de iniciación privada que Jesús realizaba y que, quizás, incluía algo de carnalidad...

Por otro lado, numerosos autores han señalado las analogías de este fragmento con el episodio de la resurrección de Lázaro narrado en el evangelio de Juan (11, 39-44), lo que ha llevado a plantear que igual este se inspiró en el evangelio secreto de Marcos, aunque adaptado a una situación distinta. Podría ser.

Pero la cosa se pone muy chula si traemos a la palestra al joven desnudo del que les hablé al principio de este capítulo, aquel que inexplicablemente estaba en el Monte de los Olivos en el momento exacto del arresto de Jesús. De ser auténtico este evangelio secreto, el misterio de ese muchacho en cueros en el huerto de Getsemaní quedaría aclarado: se trataba de un joven iniciado por Jesús mediante algún desconocido rito similar a los de cultos mistéricos, consistente en una especie de muerte simbólica.

El problema es que no hay un consenso claro en torno a la autenticidad de esta carta. Unos la dan por buena y consideran que esos fragmentos encajan en la trama y en el estilo de Marcos; pero otros estudiosos proponen que se trata de un fraude moderno, argumentando lo sospechoso que es que el libro que contenía el escrito haya desaparecido. De hecho, el propio Clemente escribió sobre los carpocracianos en su *Stromata* y no dijo nada de este supuesto evangelio secreto.

Barrabás

Otro personaje sobre el que se ha escrito, y que también forma parte de estos trascendentales episodios de la pasión de Jesús, es Barrabás. Ya saben, aquel que fue liberado gracias a una supuesta tradición judía que consistía en liberar a un preso durante la Pascua. Así lo contó Marcos:

«Pero durante la fiesta solía liberarles un preso, el que ellos [los judíos] habían pedido. Había entonces un hombre llamado Barrabás, que había sido hecho prisionero junto con los insurrectos que habían cometido un asesinato en la insurrección. Subió la muchedumbre y comenzó a pedirle lo que solía hacer en su favor. Pilato les contestó: "¿Queréis que libere al rey de los judíos?". Pues sabía que los jefes de los sacerdotes lo habían entregado por envidia. Pero los jefes de los sacerdotes incitaron a la muchedumbre para que les liberara mejor a Barrabás. Pilato les preguntó de nuevo» (Mc 15, 6-12).

Y de nuevo le dijeron que crucificase a Jesús. Así que Pilato liberó al tal Barrabás.

Pero hay varios problemas con esta escena. Por un lado, no hay constancia de que haya existido esa tradición. Además, resulta dudoso que un preso condenado por asesinato e insurrección fuese liberado para condenar a otro que no había matado a nadie. Pero por encima de todo esto, no resulta creíble que Pilato, con lo que era, propusiese liberar a un asesino sedicioso. Hubiese elegido, en todo caso, a algún delincuente de poca monta.

Ecce homo, Juan de Valdés Leal, 1657.

¿Por qué introdujo Marcos esta escena? Sin duda, para que el gobernante romano fuese inocente de la sentencia dictada contra Jesús y la carga de la culpa pasase al pueblo judío, que prefirió liberar a un revolucionario violento, o a un «preso famoso», según Mateo (27, 16), antes que al nazareno. Así, parece bastante probable que Marcos introdujese esta escena para liberar al poder romano de la responsabilidad de matar a Jesús, matando dos pájaros de un tiro: por un lado, culpaba a los judíos y por otro se congratulaba con los romanos. Ambas cosas, en resumen, facilitaban que el cristianismo fuese adoptado en el imperio.

Pero hay un detalle interesante: Barrabás en hebreo es Bar Abbâs, que significa «hijo del padre». Esto ha llevado a que algunos estudiosos, algo imaginativos, propongan que en realidad se refería al propio Jesús, que en muchas de sus plegarias se dirigía a su padre así, como Abbâ. Es más, en Marcos aparece como Jesús Barrabás, es decir, Jesús hijo del Padre. Así, lo que pasó realmente, según esta versión, es que Pilato intentó liberar a Jesús y el pueblo no quiso. Aunque hay quien propone de forma temeraria que sí fue liberado y que no murió en realidad.

Da lo mismo, ya que todo parece indicar que este episodio no procede de ningún suceso real. Abbâs era un nombre común en la época, así que también cabe la posibilidad de plantear que Marcos hiciese un juego de palabras: dos hijos del padre condenados, uno verdadero, injustamente, Jesús, y otro un conocido criminal, que termina siendo liberado.

Pilato

Otro personaje extraño, aunque este sí existió. Eso sí, no sabemos casi nada de él: ni cuándo nació, ni dónde —aunque una leyenda tardía defiende que era de Tarraco, la actual Tarragona, donde llegó a ejercer como gobernador—. Sí que se sabe que pertenecía a una noble y antigua familia romana y que formó parte de la prestigiosa Orden Ecuestre, una especie de nobleza de segundo grado creada por Augusto que se encargaba de misiones especiales.

En el año 26 fue nombrado por Tiberio *Praefectus Judeae*, prefecto de Judea, el quinto desde la conquista romana de Palestina y tras la destitución de Arquelao, el hijo de Herodes, permaneciendo en el cargo hasta el año 36. Curiosamente fue el que más tiempo duró... Ese cargo le permitió ostentar todo el poder en la región, aunque por encima suyo estaba el legado imperial de Siria.

También hay evidencia de que fue un tipo despiadado, irascible y violento y que, desde su palacio en Cesarea, su capital, dirigió Palestina con mano dura. El historiador Filón de Alejandría mencionó que en una ocasión provocó una airada protesta de los judíos al colocar unos escudos dorados con las efigies de Tiberio y de él mismo en la Torre Antonia, justo en frente del templo, donde se alojaba cuando visitaba Jerusalén. Tuvo que claudicar por el tono que cogieron los acontecimientos. Filón, además, describió su gobierno como tiránico, injusto, corrupto y violento. Josefo, que también habló de Pilato, relató otro lío en el que se metió: cogió dinero del tesoro del templo para construir un acueducto en Jerusalén, lo que, como es obvio, generó una revuelta que, en esta ocasión, fue reprimida violentamente.

Copia de una inscripción sobre Pilato hallada en 1961, entre los restos del teatro de Cesarea Marítima. En ella consta el nombre, mutilado, de Poncio Pilato ([...]ntius Pilatus) junto al término Tiberieum.

Fue Josefo el que nos informó del motivo de su destitución: por culpa de una matanza que había ordenado en Samaria, donde un grupo de personas se había congregado en torno a un iluminado que aseguraba que en el Monte Guerizim estaban los vasos sagrados que había escondido Moisés siglos atrás. Aquello acabó como el rosario de la aurora, con miles de samaritanos muertos, lo que provocó un aluvión de quejas y protestas que acabaron llegando a Vitelio, gobernador de Siria y superior de Pilato, que no dudó y rápidamente lo destituyó y le envió a Roma.

Y aquí se pierde el rastro a Pilato, aunque Eusebio, que tiraba mucho de imaginación y leyendas, dijo que durante el gobierno de Calígula se acabó suicidando.

Por otro lado, su esposa, cuyo nombre no aparece en ninguno de los evangelios, aunque la tradición cristiana, sin aportar nunca la fuente, la ha llamado Claudia Prócula, tuvo un papel estelar en el evangelio de Mateo: «Cuando estaba sentado en el tribunal su mujer le mandó un recado: "No te comprometas con este justo, pues hoy he tenido malos momentos en sueños a causa de él"» (Mt 27, 19).

Le Rêve de la femme de Pilate, Alphonse François, 1879.

Simón de Cirene

«Lo condujeron fuera para crucificarlo. Y forzaron a un cierto transeúnte, Simón de Cirene, que venía del campo, el padre de Alejandro y de Rufo, a que llevara la cruz» (Mc 15, 20-21).

Marcos afirmó esto en su evangelio, y Lucas (23, 26) y Mateo (27, 32) lo secundaron. En cambio, Juan no, dejando bien claro que Jesús, solito, llevó a hombros su propia cruz (19, 17).

Pero ¿quién era este señor?

Desafortunadamente, no volvemos a saber nada más de este Simón de Cirene, aunque podemos deducir ciertas cosas. Cirene fue una antigua colonia griega del norte de África, capital de una región que se llamó, precisamente, Cirenaica (en la actual Libia). Además, por su nombre, está claro que era judío. Sabemos que había muchos cirenaicos en Jerusalén, tal y como se comenta en Hechos (6, 9).

Por otro lado, tenemos la mención que hizo Marcos sobre sus dos hijos, Alejandro y Rufo, que ha llevado a pensar que podía tratarse de seguidores de Jesús conocidos por la comunidad. ¿Por qué los nombró si no eran personajes conocidos? De hecho, la tradición considera que existe un ligero indicio que podría demostrar esto: Pablo, en su carta a los Romanos, dijo lo siguiente: «Saludad a Rufo, escogido en el Señor, también a su madre y mía» (Ro 16, 3). ¿Se trataba del mismo Rufo? Nunca lo sabremos realmente.

Sea como fuere, según Marcos, este personaje fue el que llevó realmente la cruz hasta el lugar de la crucifixión, ya fuese durante todo el trayecto, como en este texto, o durante parte de él, como expusieron Lucas y Mateo. Pero no sabemos si esto sucedió realmente, aunque resulta probable que, dado el penoso estado que pudo presentar Jesús tras la flagelación, los romanos solicitasen que alguien le ayudase a cargar con el *patibullum*.

Pero también cabe plantearse esto como algo simbólico: Simón podría representar a todos los cristianos que, ante el sufrimiento de su líder, compartieron su dolor y su humillación, y, de camino, le ayudaron a soportar el terrible peso de la cruz, que a la vez simbolizada el pecado de los hombres.

Quizás así cobren sentido estas supuestas palabras puestas en bocas de Jesús por Marcos: «Si alguien quiere seguir mis pasos, niéguese a sí mismo, tome su cruz y sígame» (Mc 8, 34).

Por cierto, la tradición cristiana también ha querido ver otra posible referencia a este oscuro personaje: en los Hechos (13, 1) se menciona a un tal «Simón llamado Niger» como uno de los doctores y profetas de Antioquía, junto a otros, como Lucio de Cirene. Pues bien, hay quien ha planteado que esto de «niger» se refería a «negro», lo que se ha querido ver como una referencia al color de su piel. Y dado que Cirene estaba en África…

Simón de Cirene, grabado de Gustavo Doré.

José de Arimatea

Atención a esta escena de Marcos, que tiene lugar justo después de la muerte de Jesús en la cruz.

> «Llegada ya la tarde, ya que era el día de la preparación, es decir, víspera del sábado, vino José de Arimatea, un miembro destacado del Consejo, que también estaba esperando el reino de Dios. Armándose de valor, entró donde Pilato y solicitó el cuerpo de Jesús. Pero Pilato se admiró de que estuviera muerto ya, y tras llamar al centurión, le preguntó si estaba muerto ya. Tras saberlo por el centurión, concedió el cadáver a José. Y tras comprar un paño de lino, lo bajó, lo envolvió en el paño y lo depositó en un sepulcro que había sido tallado en la roca, e hizo rodar una piedra sobre la puerta del sepulcro. María Magdalena y María de Joseto observaban donde había sido puesto» (Mc 15, 42-47).

Así, sin previo aviso, de repente, entra en acción, en un momento realmente crucial de la trama evangélica, el tal José de Arimatea. ¿Por qué Marcos no había informado previamente de este señor? No lo sabemos, pero su papel es clave. Veamos por qué.

Sabemos por la historia que eran los propios soldados romanos los que descolgaban los cuerpos de los crucificados y, por lo general, los tiraban a una fosa común. Esto debió resultar de lo más indigno para los posteriores seguidores de Jesús. Así que decidieron buscarse a un amigo con posibles, y con las influencias necesarias como para que los romanos le concediesen llevarse el cadáver de un ejecutado para enterrarlo en un sitio digno. Alguien tenía que enterrar a Jesús, y los apóstoles, como ya saben, habían huido despavoridos. El elegido fue este señor.

¿Existió realmente? No lo sabemos, y hay un debate abierto entre los estudiosos. Unos defienden que sí, pero que fue manipulado con fines evidentes; y otros consideran que no, que es un personaje inventado por Marcos o por alguna de sus fuentes con la intención de legitimar que en efecto Jesús había sido enterrado con dignidad y para acallar algunos rumores que, en efecto, existieron, sobre que no había muerto de verdad o que los discípulos habían robado su cadáver, como veremos.

Claro, para que esto fuese creíble, el personaje en cuestión debía ser alguien importante. Solo así se podría explicar que consiguiese convencer a las autoridades romanas para que le entregasen el cuerpo de un ajusticiado a muerte por sedición, por este motivo «tuvo que armarse de valor», ya que le podían relacionar con el grupo de conspicuos; y por eso Marcos lo definió como «un miembro destacado del Consejo», que casi todos los estudiosos consideran que hacía referencia al Sanedrín. Pero también debía ser un discípulo o, al menos, un seguidor de Jesús.

Además, según la cronología de Marcos, es imposible que José de Arimatea comprase un paño de lino, ya que era la fiesta de la Pascua —en cambio, sí es coherente con la narración de Juan, que situó su muerte en la víspera; sin embargo, en ese texto no se dice que lo comprase—. ¿Por qué tuvo este error Marcos? No lo sabemos, pero el paño tenía que estar sí o sí. Según la tradición judía, los cadáveres se depositan cubiertos por una sábana en su tumba, y allí se dejaban macerando durante un año; pasado este tiempo, se recogían los restos, huesos casi todo, y se introducían en un osario de cerámica. El evangelista, conocedor seguro de esta tradición, se terminó liando...

Pero Mateo modificó de forma importante la narración de Marcos para solucionar este y otros problemas de la versión original.

> «Al atardecer llegó un hombre rico de Arimatea, llamado José, que era también discípulo de Jesús. Este acudió a Pilato y le pidió el cuerpo de Jesús, y Pilato ordenó que se lo entregaran. José recogió el cuerpo, lo envolvió en una sábana limpia y lo depositó en un sepulcro nuevo de su propiedad que había excavado en terreno rocoso; luego hizo rodar una gran piedra para cegar la entrada del sepulcro y abandonó el lugar. Estaban allí María la Magdalena y la otra María, sentadas delante de la tumba» (Mt 27, 57-61).

Es decir, Mateo no dijo nada de que comprase la sábana, además de eliminar las dudas de Pilato sobre si realmente había fallecido y dejar claro que era un hombre rico, tanto como para construirse su propio sepulcro —en Marcos no se dice que fuese suyo—, algo que no estaba al alcance de todas las economías, y que era discípulo de Jesús, ya que en Marcos no se decía explícitamente: se le mostraba más bien como un seguidor.

Pero Mateo omitió que fuese miembro del Sanedrín o de cualquier otro grupo de poder judío. El motivo es evidente. La afirmación de Marcos generaba un problema: si este señor era miembro de un tribunal judío, tuvo que estar informado de que andaban tras Jesús y de que había sido traicionado; lo lógico, en este caso, es que hubiera puesto sobre aviso a Jesús. Pero no fue así. Y Mateo lo solucionó a su manera, como tantas otras cosas.

Lucas resolvió este inconveniente de otra forma:

«Y he aquí que un varón de nombre José, miembro del Consejo, hombre bueno y justo —él no había estado de acuerdo con su decisión y su actuación—, procedente de Arimatea, ciudad de los judíos, esperaba el reino de Dios. Este, presentándose a Pilato, pidió el cuerpo de Jesús, y tras haberlo bajado, lo envolvió en una sábana y lo depositó en un sepulcro excavado en la roca, en el que nadie había sido puesto aún. Y era el día de la preparación y el sábado apuntaba. Y las mujeres que lo habían seguido, las que habían venido con él desde Galilea, vieron el sepulcro y cómo había sido colocado el cuerpo» (Lc 23, 50-55).

Descenso de Cristo de la Cruz, Rogier van der Weyden, 1435.

Como ven, ni dijo que era rico ni que aquella fuese su tumba, pero sí que era miembro del Sanedrín, aunque dejando claro que se había mostrado contrario al proceder de los judíos en el proceso contra Jesús.

Y como viene siendo habitual, el cuarto evangelista, rehízo la historia por completo.

«Después de esto José de Arimatea, que era discípulo de Jesús a escondidas por miedo a los judíos, pidió a Pilato retirar el cuerpo de Jesús; y Pilato se lo concedió. Fueron, pues, y retiraron su cuerpo. Fue también Nicodemo, el que había ido a él de noche al principio, con una mezcla de mirra y áloe, como cien libras. Tomaron, pues, el cuerpo de Jesús y lo envolvieron en lienzos con los aromas, como los judíos tienen por costumbre sepultar. En el lugar donde fue crucificado había un huerto, y en el huerto un sepulcro nuevo en el que aún nadie había sido colocado» (Jn 19, 38-41).

Es decir, según Juan, ni era rico ni era del Sanedrín, ni era el dueño de la tumba —que aquí está en un huerto cercano al lugar de la crucifixión—, ni enterró a Jesús solo, sino con la ayuda de un nuevo personaje: Nicodemo. Y, además, empleando nada más y nada menos que ¡34 kilos de una mezcla de mirra y áloe!, una auténtica barbaridad.

Por lo tanto, según todos los evangelios, el misterioso José de Arimatea, un judío rico y, supuestamente, seguidor en la sombra de Jesús, consiguió que el prefecto romano le permitiese llevarse el cadáver de un tipo recién ejecutado en la cruz.

Esto, como comprenderán, es raro. ¿Por qué motivo Pilato, con la mala leche que gastaba, le concedió a un judío que se llevase el cuerpo de un señor condenado a muerte? ¿Es mentira todo esto? Puede, pero la historia cumple varios de los criterios de historicidad: aparece en todos los evangelios y en multitud de apócrifos; además, que fuese un miembro del Sanedrín, como dijeron Marcos y Lucas, representaba tal dificultad para el cristianismo posterior que plantear que aquello era un embuste resulta bastante difícil. ¿Por qué iba a inventar Marcos algo tan delicado?

El caso es que José de Arimatea acabó siendo un personaje importantísimo para la tradición apócrifa, que consideraba que era hermano de Joaquín, el padre de la Virgen María, y por lo tanto tío-abuelo de Jesús —por no hablar de las leyendas del Santo Grial, en las que se convertirá en el gran protagonista—.

Y ya para terminar, tampoco está claro dónde estaba Arimatea. Solo Lucas dio alguna pista, al decir que era una «ciudad de los judíos». Pero no aparece con ese nombre en ninguna fuente literaria o arqueológica. Sí, se ha propuesto que puede tratarse de Ramá o Ramatayim, la localidad de Samuel según el Antiguo Testamento (1 Sam), de identificación incierta en la actualidad. ¿Por qué? Porque en la Biblia de los Setenta se la menciona como Armatayin. Quién sabe. Lo cierto es que, una vez más, nos encontramos con ciudades que parecen no haber existido nunca, como es este caso, o que no existían en aquella época, como sucede también, más o menos, con Nazaret o con Magdala.

Todo esto es muy extraño. Es más, en los Hechos de los Apóstoles, sorprendentemente, se ofrece una versión radicalmente distinta sobre el enterramiento de Jesús… en boca de Pablo de Tarso, durante su primera visita a Antioquía:

> «Pues los habitantes de Jerusalén y sus jefes, que no lo conocían ni a él ni a sus declaraciones de los Profetas que se leen cada sábado, las cumplieron al condenarlo. Y aunque no encontraron ninguna causa de muerte, pidieron a Pilato que lo eliminara. Y cuando cumplieron todo lo que estaba escrito acerca de él, lo bajaron del madero y lo pusieron en un sepulcro. Pero Dios lo resucitó de entre los muertos» (Hch 13, 27-30).

Es decir, según Hechos, fueron los jefes de los judíos los que lo bajaron de la cruz y lo enterraron, sin entrar en más detalle. ¿Cómo es posible esto?

Nicodemo

Como acabamos de ver, Juan incluyó en la escena de la sepultura de Jesús, además de al problemático José de Arimatea, a un tal Nicodemo, que, al contrario que el primero, no entra de forma abrupta en la narración, pues ya había aparecido en el capítulo 3, en el que se le muestra manteniendo una interesante conversación con Jesús, tras presentársele como un fariseo y un «jefe de los judíos»

(Jn 3, 1). Intrigado por los signos (milagros) que había mostrado Jesús, mantuvo con él una charla de lo más interesante sobre el Reino de Dios, la salvación y la fe.

Posteriormente, durante un rifirrafe que tuvo el nazareno con los fariseos, Nicodemo saltó en su defensa, pese a la ferviente oposición de sus camaradas, que le acabaron esputando lo siguiente: «¿También tú eres de Galilea? Investiga las Escrituras y llegarás a la conclusión de que los profetas jamás han surgido de Galilea» (7, 52) —una clara evidencia de que Jesús no nació en Belén de Judea—.

Lo cierto es que no hay la más mínima evidencia de la historicidad de este personaje, algo que no ha sido impedimento para que la tradición le considere santo y le dedique también algún libro apócrifo...

El Descendimiento, Pedro de Campaña, 1570. En la imagen se representa tanto a José de Arimatea como a Nicodemo.

¿Qué pasó después?

LAS TUMBAS

El Santo Sepulcro

Como hemos visto, Jesús, según los evangelios, fue enterrado en el sepulcro sin estrenar de José de Arimatea. Tres siglos después, Helena de Constantinopla, madre de Constantino, durante el viaje que emprendió a Tierra Santa hacia el año 326, a sus setenta y algo años, se propuso encontrar el lugar de la crucifixión y del entierro de Jesús. Y lo consiguió gracias a un tal Judas, un judío de Jerusalén que le dio la información clave: le contó que sus antepasados, para evitar que los cristianos encontrasen tan importante reliquia, tiraron las tres cruces a un pozo en el mismo Gólgota y lo rellenaron luego con tierra. Así, Helena encontró las tres cruces; y para comprobar cuál era la de Jesús organizó una solemne prueba que consistió en poner sobre cada una de las cruces el cuerpo de una pobre cristiana moribunda, esperando que Dios se apiadase de ella y la curase, indicándoles así cuál era la cruz de Jesús. Funcionó.

Helena partió la cruz en tres partes: una la envió a Constantinopla, otra a Roma y la otra se quedó en Jerusalén. Con el paso de los siglos, aquella supuesta cruz se ha multiplicado de manera exponencial.

Por desgracia, no tenemos la más mínima constancia histórica de este relato. Pero allí, por orden de Constantino, se levantó la basílica del Santo Sepulcro, sobre el sitio exacto en el que fue crucificado Jesús y muy cerquita del lugar en el que estaba la tumba de José de Arimatea.

Así, aunque no todos los evangelios ofrecen la misma versión de la historia, pues ninguno de los sinópticos especificó que la tumba estuviese junto al lugar de la crucifixión —sí lo hizo Juan—, la tradición ha unido todos estos elementos y ha establecido que fue enterrado en un huerto, o jardín, próximo al Gólgota.

Dentro de la iglesia del Santo Sepulcro, que ha sufrido mil avatares y que se reparten varias confesiones cristianas (la Iglesia católica romana, la apostólica armenia, la ortodoxa griega, la copta, la etíope y la ortodoxa siria), se conserva una piedra, marcada por un disco de plata, que tiene un agujero en el centro en el que supuestamente se levantó la cruz de Jesús. Y en el corazón del templo, en la llamada Rotonda de la Anástasis, está el lugar en el que, supuestamente, fue enterrado. O al menos eso creen los católicos y los cristianos armenios, griegos, coptos, etíopes y sirios.

Exterior del Santo Sepulcro, fotografía de Fede Padial.

Otras tumbas

Pero los anglicanos, los evangélicos y los mormones, que son muy suyos, no opinan igual, sino que creen que el lugar auténtico es la llamada Tumba del Jardín, *descubierta* en 1842 por un teólogo alemán llamado Otto Thenius, que propuso que un cerro rocoso situado al norte de la puerta de Damasco, fuera de las murallas de la antigua ciudad, era el auténtico Gólgota. Eso sí, la única evidencia que aportó fue que sus piedras formaban algo parecido a una calavera. Desde entonces, otros han apoyado esta afirmación y el lugar, poco a poco, comenzó a cobrar importancia.

Pero hay una tercera candidata en Jerusalén. El 28 de marzo de 1980, en Talpiot, un barrio situado en el sudeste de la ciudad, se descubrió una pequeña tumba, un cuadrado de dos metros y medio de lado, a la que se accedía mediante una entrada minúscula. En su interior se encontraron diez osarios, aunque uno de ellos desapareció misteriosamente. De los nueve restantes, tres no tenían ninguna inscripción tallada, pero los otros seis sí, además con unos nombres muy interesantes: Yehshúah B Yoshef (Jesús, hijo de José), Mariamne he Mara (Mariamne, la Señora), Yehudah Bar Yehshúah (Judas, hijo de Jesús), Yosh(e) (José-Josá), Mar(í)ah (María o Marah) y Matithyahu (Mateo).

El descubridor, Amos Kloner, miembro de la Autoridad de Antigüedades de Jerusalén, tras analizar el contenido y comprobar mediante estudios de ADN que los restos pertenecían a miembros de la misma familia, anunció que era posible que se hubiese encontrado la tumba de Jesús.

No está claro: en el osario clave, el de Yehshúah B Yoshef, ni se ve claramente el nombre de Jesús —se plantea que se trata de él por otro osario, el del tal Judas hijo de Jesús—, ni está clara la palabra *Bar* («hijo»), ya que solo se conserva la B. Mariamne he Mara se ha identificado como María Magdalena, ya que en algunos apócrifos gnósticos se la llama así. Pero no es suficiente evidencia para que sea considerada una prueba concluyente. Además, ¿qué hacía María Magdalena enterrada allí? Por otro lado, la inscripción Mar(i)ah se ha identificado con la Virgen María, pero esto es arriesgado, ya que aparece con el nombre latino, aunque en letras hebreas. Los otros dos nombres, Matithyahu y Yosh(e), son absolutamente desconocidos y no se relacionan fácilmente con esta familia.

La costumbre judía era enterrar los cuerpos bajo tierra o, como mucho, en tumbas excavadas en roca, que también era considerado suelo. Pero después de la primera guerra Judeo-Romana, debido a la gran afluencia de cadáveres provocada por la contienda, comenzaron a moverse muchos restos anteriores y a depositarse en osarios. Por lo tanto, entraría dentro de lo posible que fuese el osario de la familia de Jesús, teniendo siempre en cuenta que este jamás vivió en Jerusalén. Al menos, no lo dicen las fuentes.

RLC

Pero no piensen que se trata de las únicas tumbas propuestas. En la segunda mitad del siglo xx, como consecuencia del *boom* de todo lo relacionado con los enigmas de la historia y del cristianismo, surgieron varias propuestas interesantes, aunque sin duda alguna, muy alejadas de la realidad histórica.

El Monte Cardou. Fotografía del autor.

Por ejemplo, Richard Andrews y Paul Schellenberger, los autores de *La tumba de Dios: el cuerpo de Jesús y la solución a un misterio de 2000 años*, una obra publicada en 1996, consideran que Jesús fue enterrado realmente en el mítico Monte Cardou, situado a escasos kilómetros de Rennes-le-Château, en el sur de Francia. De hecho, planteaban que fue eso lo que permitió al famoso cura Bérenger Saunière, párroco de aquella localidad occitana, convertirse, según el mito moderno, en un importante millonario.

¿Cómo llegaron a esta llamativa conclusión? Por un lado, argumentaron que el nombre de aquella montaña procedía de *Le corp de Dieu*, el cuerpo de Dios: Corp-Dieu = Cardou; además, se sirvieron de unas complicadísimas formulaciones geométricas, presentes tanto en los supuestos pergaminos que supuestamente encontró el cura —que desde hace décadas se sabe que son falsos— como en los cuadros que, según se cree, compró Saunière en el Louvre (*Los pastores de la Arcadia* de Nicolas Poussin y *Las tentaciones de San Antonio* de Teniers), y que parecían coincidir con una serie de formaciones naturales y de construcciones humanas de la zona de Rennes-le-Château, que acababan milagrosamente señalando un punto exacto del Monte Cardou.

¿Cómo llegó hasta allí el cuerpo de Jesús? En la obra se apuntan varias posibilidades: quizás Jesús no murió en la cruz y huyó a las Galias, donde terminaría falleciendo un tiempo después; o igual sus restos mortales fueron traídos por sus familiares o sus seguidores; o lo mismo fueron los templarios, que pudieron encontrar su cadáver en algún lugar de Jerusalén durante las cruzadas. Todo vale.

Pero esta propuesta es un monumental castillo de arena que se desmorona en cuanto el sentido común y la información veraz entran en acción. Y es que el fundamento básico sobre el que se construyó esta delirante propuesta es falso: los famosos pergaminos que encontró Saunière no son reales. Punto.

Cachemira

Unos años antes, en 1976, el afamado investigador barcelonés de origen alemán Andreas Faber-Kaiser (1944-1994), publicó *Jesús vivió y murió en Cachemira*, todo un clásico de estos temas. Lo que proponía era realmente arriesgado: aseguraba que Jesús fue curado de sus heridas después de la crucifixión y que huyó de Palestina para salvar la vida y para ir en busca de las diez tribus perdidas de Israel. En su huida le acompañaron su madre María y Tomás. María murió en Pakistán, donde se conserva su tumba. Jesús y Tomás prosiguieron viaje a Cachemira, donde estaban los restos de las tribus perdidas de Israel. Allí, defendía Faber-Kaiser, vivió Jesús una segunda vida, tuvo hijos y murió de muerte natural, rebasados ya los cien años de vida.

Además, estaba convencido de que, en la capital de Cachemira, Srinagar, puede visitarse la tumba de Jesús y de que allí vivía un descendiente directo de Jesús.

¿Es posible que Jesús esté enterrado en Cachemira? Por desgracia, y desde el máximo respeto que sentimos por este gran investigador, todo parece indicar que su propuesta no tiene el suficiente fundamento. Aunque en realidad no fue culpa suya, sino de sus fuentes: el profesor Fida M. Hassnain.

Este señor, que entró en relación con esta trama en 1960, siendo director del Departamento de Archivos, Arqueología y Museos del estado indio de Jammu-Cachemira, llegó a la conclusión de que hubo un complot organizado para evitar la muerte de Jesús. Una vez liberado de su condena, huyó rumbo al Sol naciente, tras pasar a llamarse Yuzu Asaph, nombre de un santón que según varios autores musulmanes vivió en Cachemira por aquella época. Finalmente, tras varios años predicando por aquella zona, Jesús/Yuzu falleció por causas naturales. Faber-Kaiser aseguró que estuvo allí entre el año 60 y el 109, cuando falleció a la longeva edad de 116 años. Y allí, como imaginarán, fue enterrado.

Su supuesta tumba se encuentra en Rozabal, un santuario de la ciudad de Srinagar. Los lugareños creen que allí yace el tal Yuzu Asaph, un profeta procedente de Egipto que predicaba parábolas muy parecidas a las de Jesús. Pero nadie, hasta principios del siglo xx, había identificado a aquel santón con Jesús. Faber-Kaiser y Hassnain lo hicieron gracias a la información proporcionada por el fundador de la secta Ahmadía, Mirza Ghulam Ahmad, que ya había contado toda esta historia en un libro que se publicó un año después de su muerte (en 1908), *Jesús en la India*. Este señor, que aseguraba ser el Mesías judío, la segunda venida de Jesús y el Mahdi de los musulmanes, fue el auténtico inventor de esta alucinante propuesta que no tiene el más mínimo fundamento histórico.

Japón

Por alucinante que pueda parecer, en Japón podemos encontrar una propuesta similar. Sí, en Japón, en un pequeño pueblo de menos de 3000 habitantes llamado Shingo, en el distrito Sannohe (prefectura de Aomori). De hecho, la población se autopromociona como La casa de la tumba de Cristo, y, como en el caso de Cachemira, se dice también que allí vivieron sus descendientes, los antepasados de Sajiro Sawaguchi, un señor que a día de hoy afirma ser el último del linaje.

Según la leyenda local, Jesús no murió en el Gólgota, sino que fue su hermano, Isukiri (Jacobo), quien le reemplazó en la cruz, mientras que Jesús consiguió escapar y llegar hasta la provincia Mutsu, al norte de Japón. Una vez allí, cerca del actual Shingo, se convirtió en un cultivador de arroz, se casó con una japonesa llamada Miyuko y tuvo tres hijas. Y en aquel lugar vivió plácidamente hasta que falleció a la friolera de 106 años. A su muerte, dicen, su cuerpo fue expuesto durante cuatro años, hasta que fue enterrado allí mismo, en un montículo, como se solía enterrar en el antiguo Japón a las personas importantes. Pero, además, en otro montículo aledaño se enterraron dos curiosas reliquias: una oreja del hermano de Jesús y un mechón de pelo de la Virgen María.

Todo esto está en unos terrenos, propiedad del tal Sajiro Sawaguchi, reconvertidos en un parque público, con sus jardines y sus fuentes, y que son visitados anualmente por cerca de 30.000 personas, lo que sin duda supone una notable fuente de ingresos para esta agrícola localidad de Shingo y, especialmente, para la familia Sawaguchi.

¿Cuándo empezó a hablarse de esta historia? Todo comenzó en 1935, tras el supuesto descubrimiento por parte de un tal Kyomaro Takenouchi de unos antiguos documentos hebreos en la biblioteca de su familia, en los que se detallaba la vida y muerte de Jesús en el país nipón, y que formaban parte supuestamente del testamento escrito por el propio Jesús. Estos textos fueron transcritos hace dos mil años a caracteres kana (japoneses), y se conservaron en Koso Kotai Jingu (Isohara, Japón). Pero poco antes de la Segunda Guerra Mundial fueron llevados por las autoridades japonesas a Tokio, para desaparecer durante la contienda. Aunque gracias a ellos, según afirma la leyenda local, se descubrió la tumba de Jesús en Japón.

En realidad, todo esto es una patraña publicitaria organizada por el entonces alcalde de Shingo, Denjiro Sasaki, altamente implicado en la búsqueda de turistas para la zona. Pero nada, ahí sigue...

LA PROBLEMÁTICA RESURRECCIÓN

El problema de Marcos

«Si Cristo no ha resucitado, vana es nuestra fe», dijo Pablo en su carta a los Corintios (15, 17). La resurrección es el fundamento último de la fe cristiana, construida por completo sobre este sobrenatural episodio. Pablo, en esa misma carta, escrita varios años antes que el evangelio de Marcos, el más antiguo, menciona que Jesús, resucitado, se apareció a todos los apóstoles, a más de quinientos discípulos, a Jacobo y, finalmente, a él mismo.

Lo curioso es que los posteriores evangelios, claramente orientados y dirigidos hacia este momento sublime, ofrecen relatos muy dispares sobre estas supuestas apariciones. Pero hay que tener en cuenta algo importantísimo: Marcos no incluía ningún episodio de Jesús resucitado en su redacción original, aunque en todas las versiones existentes en la actualidad aparezcan en los doce últimos versículos de esta obra, fruto de una interpolación posterior.

En otras palabras: el primer evangelista no narró ninguna escena de la resurrección de Jesús, fundamento de la fe cristiana. Es más, Marcos se limitó a contar que María Magdalena, María, la madre de Jacobo, y Salomé fueron al sepulcro el domingo de madrugada para perfumar el cadáver y embalsamarlo. Cuando llegaron, se sorprendieron gratamente al encontrárselo abierto. Y en su interior vieron a un joven vestido de blanco que les informó de que Jesús había resucitado, además de exhortarles para que fuesen a informar a los apóstoles de la buena nueva y ordenarles que el Mesías se encontraría con ellos en Galilea. Las mujeres salieron despavoridas de allí. Pero, curiosamente, «no dijeron nada a nadie por el miedo que tenían» (Mc 16, 8).

Es decir, ¡no informaron a los apóstoles! Por tanto, ¡no se enteraron de que Jesús había resucitado! Y aquí terminaba originalmente el texto. Ni apariciones de Jesús, ni ascensión, ni nada más.

¿Cómo es posible esto? Una de dos, o las tradiciones en las que se basó no decían nada al respecto o las eliminó por motivos teológicos. ¿Acaso no conocía Marcos las apariciones que mencionaba Pablo? Si las conocía, ¿por qué no las incluyó en su obra? ¿Qué pretendía Marcos con esto?

Los estudiosos no lo tienen claro. Unos consideran que Marcos quiso terminar su evangelio así por algún motivo que se nos escapa; otros piensan que tuvo un final distinto, en el que se incluían algunas apariciones de Jesús, pero no se ha conservado.

Sea como fuere, esos versículos extra del final de Marcos se añadieron en una época muy temprana, pues aparecen en muchos manuscritos antiguos y son mencionados por algunos padres de la Iglesia, como Ireneo y Taciano. Sin embargo, tanto en el *Códice Sinaítico* como en el *Vaticano* no aparecen.

Las santas mujeres con mirra en la tumba de Cristo resucitado, Annibale Carracci, 1600.

Imaginen el papelón que se encontraron los evangelistas posteriores, Lucas y Mateo, que construyeron sus relatos tomando como punto de partida a Marcos. Nada que no se pudiese solucionar. Así, como pueden comprobar, ambos textos incluyen varias apariciones de Jesús resucitado, completando así la inexplicable omisión de su fuente principal. Ahora bien, ¿se las inventaron o proceden de otra fuente que Marcos no conocía? Complicado, pero una pista nos la puede dar el sorprendente hecho de que estas escenas de Jesús redivivo sean totalmente diferentes en Lucas y Mateo. Y eso sin hablar de las perturbadoras narraciones del cuarto evangelio, también divergentes.

¿Cómo es posible que, en algo tan importante como la resurrección, no se pusiesen de acuerdo los diferentes narradores cristianos? Recordemos una vez más que, desde Pablo, décadas antes de la redacción de los evangelios, se hablaba de estas apariciones. ¿Qué pasa aquí?

¿ROBARON EL CUERPO DE JESÚS?

Este problema generado por Marcos ha llevado a que algunos planteen una explicación tan desconcertante como sugerente: ¿y si la creencia en que Jesús había resucitado se debe a que alguien se llevó su cuerpo de la sepultura?

Que no estuviese allí el cadáver del finado no implica que hubiese resucitado.

Imaginen: el domingo, al alba, María Magdalena y las otras mujeres llegan a la tumba de José de Arimatea y se la encuentran abierta y vacía. El cadáver de Jesús no está. La sorpresa tuvo que ser mayúscula, sobre todo si tenemos en cuenta el estado emocional en el que se encontraban tras la muerte de su líder. Es razonable pensar que inmediatamente llegasen a la conclusión de que había resucitado. De ahí que algunos hayan aventurado que quizás se trataba de un equívoco: alguien pudo llevarse el cuerpo. Pero ¿quién?

Quizás fueron los judíos, con la idea de evitar que la tumba se convirtiese en un santuario o para evitar que sus seguidores pudiesen argumentar que había vencido a su cruel destino. Pero el resultado fue el contrario: al encontrar el sepulcro vacío, confirmaron la creencia de que había resucitado. De haber sido así, los dirigentes judíos podrían haber silenciado los rumores de la resurrección de Jesús reconociendo lo que habían hecho, pero esto no sucedió.

Quizás fueron los cristianos. Puede parecer llamativo, pero hay algo inquietante en el evangelio de Mateo que parece indicarlo.

> «Al día siguiente, es decir, el día después de la preparación de la Pascua, los jefes de los sacerdotes y los fariseos se congregaron ante Pilato y le dijeron: "Señor, recordamos que ese impostor dijo cuando aún vivía: a los tres días resucitaré. Así que manda asegurar el sepulcro hasta el día tercero, no sea que vengan sus discípulos, roben el cuerpo, y digan al pueblo que ha resucitado de entre los muertos, y este último engaño sea peor que el primero"» (Mt 27, 62-64).

¿Los judíos temían que los discípulos robasen el cuerpo de Jesús para fingir su resurrección? Es más, unos versículos después, Mateo cuenta que, una vez resucitado Jesús, los jefes de los sacerdotes le dieron una buena suma a los soldados para que dijesen que los apóstoles habían robado el cuerpo mientras dormían, para luego decir contundentemente que «esta es la versión que ha corrido entre los judíos hasta hoy» (Mt 28, 15).

Las tres marías en la tumba, Jan van Eyck, 1425-1435.
Obsérvese a los soldados romanos durmiendo.

¿Cómo? ¿Hasta hoy? Pensémoslo. Mateo escribió su evangelio hacia el año 80 d. C., por lo tanto, en esa época, según él, los judíos pensaban que fueron los discípulos de Jesús los que se llevaron el cuerpo de su líder para fingir su resurrección, aunque debido a que los jefes de los sacerdotes se encargaron de difundir ese falso rumor. Por lo tanto, estos sugerentes versículos no parecen ser históricos, sino más bien una adición suya para cargarse dicho rumor.

Pero… fue el único evangelista que contó esto y, por si fuera poco, su evangelio es el único en el que se habla de que había guardias que vigilaban la tumba. ¿Y si Mateo introdujo a los guardias para ocultar que realmente aquello había sucedido? Al fin y al cabo, la presencia de los guardias es el mayor impedimento para los defensores de esta teoría. ¿Cómo pudieron los discípulos mover la piedra que tapaba la tumba y llevarse el cadáver sin que se enterasen los guardias? Sencillo. No había guardias.

Así pues, hilemos ideas: Mateo comentó explícitamente que los judíos de su época (último cuarto del siglo I) pensaban que algunos de sus discípulos se habían llevado el cadáver para fingir que había resucitado. Y Marcos, el texto más antiguo, termina sorprendentemente con las mujeres encontrando la tumba vacía. Quizás algunos discípulos robaron el cadáver, lo que explicaría que las mujeres encontrasen el sepulcro vacío, y que estas, convencidas de que Jesús había resucitado, fueran a contárselo a los demás apóstoles —aunque eso no es lo que comentó Marcos—, y que algunos de estos, en momentos de una enorme efusividad emocional, tuviesen visiones de Jesús, o se las inventasen. Y esos rumores se fueron difundiendo hasta que llegaron a Pablo…

Quizás Marcos, el más antiguo de los evangelistas, fuese quien fuese, no tenía tan claro que fuesen reales aquellas apariciones de las que hablaba Pablo, la única fuente anterior que las mencionaba (que sepamos), y por ese motivo no incluyó ninguna en su evangelio.

Visto así, parece razonable pensar que igual pudo pasar aquello.

Los cristianos, lógicamente, han negado y niegan esta teoría, argumentando que, según informaron los padres de la Iglesia, muchos de los apóstoles fueron martirizados y que nadie moriría así por algo que era una farsa. Los defensores de la teoría del robo responden diciendo que igual no lo sabían todos, sino que fue cosa de unos pocos. Y que quizás la intención no era fingir su resurrección, como se comenta en Mateo, sino enterrar a Jesús por ellos mismos, con la firme creencia de que resucitaría.

Además, aunque esto fuese cierto, el problema de la resurrección no lo tenemos solucionado. ¿Cómo explicamos los relatos de las apariciones de Jesús que aparecen en los evangelios de Mateo, Lucas y Juan? Y peor aún, ¿cómo explicar las apariciones que mencionó Pablo de Tarso unos años antes de la escritura de Marcos?

Sefet Toledot Yeshu

El caso es que los judíos mantuvieron durante siglos esta postura, como evidencia la existencia de un curioso libro, una especie de antievangelio titulado *Sefer Toledot Yeshu*, que circuló con bastante éxito por Europa y Oriente Medio durante la baja Edad Media —el más antiguo es del siglo XI—, en el que no solo se dice que Jesús fue un hijo ilegítimo y un hechicero educado en Egipto, sino también que su cuerpo fue robado de la tumba. Se desconoce cuándo fue escrito, aunque se piensa que como mínimo debe ser del siglo IV, una fecha excesivamente tardía que no le da veracidad como fuente histórica.

Sobra decir que esta obra es un invento medieval con la clara intención de menospreciar a Jesús y a los cristianos. Pero no deja de ser curioso que durante un tiempo se moviese un libro como este. No en vano, la Iglesia lo prohibió en el año 1405.

Lo curioso es lo que cuentan las diferentes versiones del *Toledot Yeshu* sobre el robo del cuerpo: en una de ellas, en el manuscrito Wagenseil, se dice que Jesús fue condenado a muerte por pronunciar el inefable nombre de Dios, y que los judíos intentaron colgarlo de varios árboles, pero todos se rompían, por lo que finalmente le colgaron de un tallo de una col un día antes de la Pascua. Dos días después, sus seguidores informaron de que la tumba en la que había sido enterrado estaba vacía y que había ascendido a los cielos como el propio Jesús había profetizado. Pero aquello se debió en realidad a que un jardinero lo sacó de la tumba para evitar que sus seguidores robasen el cadáver para fingir que la profecía se había cumplido. Para terminar, el jardinero llevó el cuerpo ante las autoridades judías, dejando claro que la supuesta resurrección había sido una estafa.

La Magdalena

No, no he cambiado de tema, pero sí de capítulo. Y es que, estimados lectores, el personaje de María Magdalena, además de ser uno de los más curiosos e inquietantes de los que aparecen en los evangelios, es esencial para entender este complicado tema de la muerte y resurrección de Jesús, como podrán comprobar en breve. Es más, excepto un breve comentario que aportó Lucas, su presencia en estos textos se remite exclusivamente a estos trascendentales episodios. ¿Por qué? Intentemos averiguarlo.

¿MAGDALA?

En el año 2005, el sacerdote mexicano Juan Solana, miembro destacado de los Legionarios de Cristo —una congregación religiosa clerical fundada en 1941 por el polémico sacerdote mexicano Marcial Maciel Degollado (1920-2008)— y encargado del Instituto Pontificio Notre Dame de Jerusalén —un centro ecuménico controlado por esta misma congregación—, decidió crear un centro de retiro para peregrinos en Galilea, a orillas del mar de Tiberíades —también conocido como mar de Galilea o lago de Genesaret—. Según explicó el propio Solana, sentía una especial devoción por santa María Magdalena, pero, tras visitar Galilea en el año 2004, se mostró sorprendido por no encontrar nada que rindiese el merecido homenaje a su discípula favorita. Así, inspirado por la divinidad, según dijo, se hizo con unas tierras cercanas al actual Migdal, una pequeña localidad ubicada en la costa oeste del mar de Tiberíades, de no más de mil habitantes, casi todos emigrantes judíos sionistas venidos de Rusia hacia 1910, construida, según la tradición cristiana, sobre el antiguo pueblo de

Al-Majdal, del que se cree que era oriunda María Magdalena y del que procedería su apellido o, mejor dicho, su apelativo.

Este fue el origen de algo que terminaría llamándose The Magdala Center, un centro dirigido por el propio Juan Solana y el sacerdote Eamon Kelly, ambos Legionarios de Cristo, con la intención de realizar congresos, seminarios y eventos varios, así como «desarrollar un centro cultural para las mujeres en la ciudad natal de María Magdalena», tal y como afirman en su página web (www.magdala. org). La construcción comenzó el 11 de mayo de 2009, fecha en la que el fallecido papa emérito Benedicto XVI bendijo la primera piedra, durante su histórica visita a Tierra Santa.

Lo curioso es que, unos meses después, el 1 de septiembre, la Autoridad de Antigüedades de Israel dio a conocer que durante las excavaciones arqueológicas obligatorias, previas a la construcción de la casa de huéspedes del Magdala Center, se descubrieron los restos de una sinagoga del siglo I, una de las siete encontradas en Israel de ese periodo —«donde seguramente Jesús enseñó», tal y como proponen de manera algo atrevida los que organizan esto—, así como parte de las ruinas de la supuesta Al-Majdal.

La Piedra de Magdala. Piedra caliza, 60 cm de longitud por 50 de anchura y 40 de altura. Se conserva en la actualidad en el Museo Rockefeller, aunque en el Magdala Center hay dos réplicas.

«La Divina Providencia reservó semejante descubrimiento en Magdala para este momento histórico. Tal vez Dios estaba esperando el momento», dicen. Es más, la Divina Providencia debe estar detrás de otro hallazgo interesante: la llamada Piedra de Magdala, una réplica en miniatura del segundo Templo de Jerusalén que hacía las funciones de altar y que sería la primera representación artística del desaparecido centro neurálgico de la religiosidad judía. De hecho, en uno de los laterales aparece la imagen más antigua encontrada de la *menorá*, el candelabro de siete brazos que se alojaba en el templo.

Todo esto se puede visitar, previo pago, en el parque arqueológico del Magdala Center, cuya apertura estaba prevista para el 12 de diciembre del año 2011, aunque se terminó retrasando hasta el 28 de mayo de 2014. Cinco años después, en noviembre de 2019, se inauguró una casa de huéspedes con capacidad para más de trescientos peregrinos, así como un centro de espiritualidad donde los cristianos podrán meditar y rezar mientras disfrutan del paisaje. A día de hoy (finales de 2022), además del parque arqueológico y el centro para peregrinos, se puede visitar la iglesia, llamada Duc in Altum, y un restaurante de primer nivel. Todo lo necesario para que los viajeros cristianos tengan la oportunidad de «visitar un sitio donde Jesús caminó y enseñó, y de revivir la experiencia de los primeros seguidores de Jesús entre los cuales se contaba, de manera especial, a María de Magdala», como afirman los propietarios.

Según la popular web de reseñas TripAdvisor, es una de las cinco atracciones turísticas más populares de Israel…

Lo importante para el tema que nos ocupa es averiguar si Al-Majdal era el lugar del que procedía María Magdalena. La tradición cristiana lo tiene claro y considera que eso de Magdalena era un gentilicio. Pero esto es raro. Ninguna de las mujeres mencionadas en los evangelios se identifican mediante su lugar de procedencia, sino a través de algún varón. Sí, quizás los evangelistas no dieron más explicaciones porque daban por hecho que sus lectores sabían quién era y de dónde procedía.

Pero hay un problema añadido: en ningún texto de la época se nombra a esta localidad con este nombre. Sí sabemos, gracias a los arqueólogos, que existía en tiempos de Herodes Antipas, ya que se han encontrado restos romanos del siglo I. Y sí, Flavio Josefo, en *La Guerra de los judíos* (libro 1, 8-9 y libro 3, 10) habla de esta ciudad, haciéndose eco de una batalla entre sus fuerzas, judías, y las de Vespasiano, aunque no la nombró como Magdala sino como Tariqueae, su supuesto nombre griego. También es verdad que el Talmud de Jerusalén se menciona con el nombre Magdala Nunayya, pero esta obra se terminó de redactar en el año 400. Y es cierto que contamos con algunos testimonios de peregrinos cristianos que afirmaron haber visitado la casa y la iglesia de María Magdalena en aquella localidad hacia el siglo VI. De hecho, en un texto anónimo llamado *Vida de Constantino* se dice que la construcción de aquella iglesia fue cosa de Helena, la madre de aquel emperador, en el siglo IV, y que se edificó sobre el lugar en el que había vivido María Magdalena. Pero también es cierto que los peregrinos de la época de las cruzadas no mencionaron ninguna iglesia en aquel sitio.

Así pues, nadie, que sepamos, la menciona antes del siglo IV. Así que quizá lo de Magdalena no sea un gentilicio.

En Siria y Palestina eran habituales los apellidos *Majdal* y *Majdalani*, que significan «de Majdal». *Majdal* significa «torre» en árabe, al igual que la palabra hebrea *migh-dál*. Así, podríamos elucubrar que María de Magdala significada «María de la Torre». Es más, no hace demasiado tiempo, durante un prolongado periodo de sequía, el mar de Tiberíades bajó tanto de nivel que permitió que saliesen a la luz los cimientos de una antigua torre, lo que llevó a que algunos arqueólogos, siempre deseosos de encontrarse con alguno de los santos lugares evangélicos, planteasen que podría tratarse de la torre que dio nombre a la ciudad y a la santa, y que podría ser un faro. Por cierto, Magdala Nunayya, el nombre talmúdico de la ciudad, significa «Torre de Pescado...».

Todo perfecto, pero, hay un problema que no podemos olvidar: de haber existido una ciudad importante en el siglo I, según dicen los arqueólogos, bajo la actual aldea de Al-Majdal, ¿cómo puede ser que en los relatos evangélicos no se la mencione por su nombre?

Eso ha llevado a que algunos estudiosos planteen otras opciones. Por ejemplo, en Egipto, según algunos pasajes del Antiguo Testamento (Ex 14, 2 y Nm 33, 7), hubo una ciudad llamada Migdol o Migdal en la que acamparon los israelitas justo antes de cruzar el mar Rojo, durante el famoso éxodo del pueblo hebreo rumbo a la tierra prometida. Como ya hemos visto, *migh-dál* en hebreo significa «torre», de ahí que algunos eruditos hayan planteado que el Migdal egipcio podría hacer referencia a algún tipo de atalaya defensiva situada en la frontera egipcia. Pero no sabemos dónde estuvo esta torre o esta localidad. ¿Es posible que María Magdalena procediese en realidad de esta misteriosa y aún perdida ciudad? Algunos han planteado la posibilidad, pero no parece probable, por sugerente que pueda parecernos la idea de que la santa fuese egipcia.

Como tampoco veo posible que fuese oriunda de una remota aldea fortificada situada en una meseta del centro de Etiopía que, si bien hoy se llama Amba Mariam, en la antigüedad fue conocida como Makdala. Aun así, algunos imaginativos autores, como Lynn Picknett en *La verdadera historia de María Magdalena y Jesús: amante, esposa, discípula y sucesora*, 2008, han construido a partir de esto la posibilidad de que la Magdalena fuese negra...

A modo de conclusión: no tenemos ni idea de por qué la llamaban Magdalena. Ni idea.

LA MAGDALENA EN EL NUEVO TESTAMENTO

Pero la llamaban así.

Lucas la describe como «María, que se llamaba Magdalena» (*Maria kalouméne Magdalene*; 8, 2); mientras que el resto de evangelistas, canónicos o apócrifos, la denominan *Maria e Magdalene* («María la Magdalena»). Y nadie más, pues no existe ninguna evidencia extracristiana que haga alusión al personaje.

Como ya adelanté, sucede algo muy llamativo con este personaje: pese a que solo trece pasajes hablan de ella, tuvo un papel de primer nivel durante la crucifixión y la resurrección de Jesús. ¿Cómo es posible que ninguno de estos autores ofreciese más información sobre ella?

Solo uno, Lucas, la mencionó en otro contexto, y de una manera muy perturbadora... A saber:

> «Y sucedió a continuación que él [Jesús] iba por ciudades y aldeas proclamando y anunciando la buena nueva del Reino de Dios, y con él los doce, y algunas mujeres que habían sido curadas de espíritus malvados y de enfermedades, María la llamada Magdalena, de la que habían salido siete demonios, y Juana, la mujer de Cuzá, intendente de Herodes, Susana y otras muchas, que les servían con sus propios bienes» (Lc 8, 1-3).

¿Cómo? Según Lucas, la Magdalena y el resto de desconocidas mujeres que menciona acompañaban a Jesús y le asistían con sus bienes. ¿Qué quiere decir esto? Es sencillo: sostenían económicamente su ministerio, se encargaban de las provisiones, de mantener a aquel grupo de predicadores itinerantes y a su líder. Eran discípulas de Jesús, pese a que no se afirma de forma explícita.

¿Qué es eso de los siete demonios? Si hacemos caso al criterio de atestiguación múltiple, que permite considerar como veraz una escena evangélica o un dicho de Jesús si aparece en al menos dos fuentes independientes, no parece creíble, aunque demos por hecho que esto hacía alusión a algún tipo de desorden mental. Pero esto choca con el criterio de dificultad: si una escena pone en dificultades teológicas tanto a su autor como a los cristianos posteriores, es posible que sea cierta. Y en este caso es así: la Magdalena fue la primera persona que se encontró con el sepulcro vacío o vio a Jesús resucitado, según las distintas versiones evangélicas. Pero, si esta persona hubiese estado poseída por siete diablos, y si partimos de que esto posiblemente hacía referencia a algún tipo de desorden psicológico, se podría poner en duda su testimonio sobre sus supuestos encuentros con el resucitado y, yendo más lejos, se podría pensar que fueron visiones de una alucinada.

Crucifixión, Juan de Flandes, 1512.

Por lo tanto, cabe aceptar que la idea de que Magdalena hubiese estado poseída proceda de una tradición antigua, lo que no quiere decir, obviamente, que fuese real. Lucas lo comentó porque era algo sabido por los seguidores de Jesús. Pero quizás sea ese también el motivo por el que los demás evangelistas omitieron este dato, ya que ponía en duda su validez como testigo de la resurrección... Ya volveremos a esto.

Las otras doce ocasiones en las que se menciona a María Magdalena se sitúan en el contexto de la muerte de Jesús.

Todos la sitúan junto a la cruz —aunque unos algo lejos, y otros, como Juan, al pie mismo de esta—, pese a que la lista de allí presentes varía de uno a otro —y esto es de lo más significativo— y teniendo en cuenta que Lucas no la cita explícitamente en esta escena.

Marcos, en su texto, tras narrar la muerte de Jesús, escribió algo que quizá pudo ser la fuente de inspiración para la famosa cita de Lucas:

> «Había también mujeres que estaban mirando desde lejos, y entre ellas estaban María Magdalena y María, la de Jacobo el menor y madre de Joseto, y Salomé, quienes, cuando estaba en Galilea, lo seguían y servían, y muchas otras que habían subido con él a Jerusalén» (Lc 15, 40-41).

Ojo, allí no estaban ninguno de sus discípulos masculinos, que habían huido, solo mujeres. Y esto, como también veremos, tiene su miga.

Todos, excepto Juan, coinciden también en ubicarla durante su sepultura en la tumba de José de Arimatea. «María Magdalena y María de Joseto observaban dónde había sido puesto» (Mc 15, 47). Y también coinciden en situarla como una de las primeras testigos de las apariciones de Jesús tras la resurrección, aunque con ciertos matices.

Mateo comentó que, junto a «la otra María», se presentó en la tumba el domingo para perfumarlo —algo que no pudieron hacer el día de la muerte, pues se estaba poniendo el Sol y estaba a punto de comenzar el *sabbat*—, y nada más llegar, pasó lo siguiente:

> «De pronto tuvo lugar un gran terremoto, pues un ángel del Señor descendió del cielo, se acercó a la piedra, la hizo rodar y se instaló

sobre ella. Tenía un aspecto fulgurante; su vestimenta era blanca como la nieve» (Mt 28, 2).

Los guardias se quedaron patidifusos y paralizados. El ángel les dijo a las mujeres que aquel al que buscaban ya no estaba allí y que había resucitado. Además, les informó de que iba hacia Galilea y les instó a que se lo dijesen a los demás discípulos. «Allí le veréis. Ya os lo he dicho» (Mt 28, 6). Ellas, llenas de júbilo y alegría, fueron raudas y veloces a comentárselo a los demás, pero de pronto, Jesús se les apareció, les dijo que no tuviesen miedo y les insistió en que pidiesen al resto que fuesen a Galilea, donde lo podrían ver.

Lucas, en cambio, añadió más mujeres a su versión de los hechos: estaban María Magdalena y María la de Jacobo, pero también una tal Juana y algunas más de las que no especificó su identidad. Cuando llegaron al sepulcro, lo encontraron abierto y vacío —es decir, no lo abrió el ser aquel, como en Mateo—, y ante el desconcierto generalizado, hicieron acto de presencia «dos hombres con vestiduras resplandecientes» (Lc 24, 4) —recuerden que en Mateo era solo un ángel—, que informaron a las mujeres de que la profecía dictada por el propio Jesús se había cumplido. Había resucitado. Las mujeres comentaron el extraño suceso a los demás discípulos, pero «estas palabras les parecieron un delirio y no las creyeron» (Lc 24, 11). Pedro, en cambio, dudó, «se levantó y corrió al sepulcro, y al asomarse, vio solo los lienzos, y se volvió a su casa asombrado por lo sucedido» (Lc 24, 12).

Aunque hay ciertas discrepancias, las versiones coinciden más o menos. Lo curioso es que en el evangelio de Marcos, que estos dos, Lucas y Mateo, utilizaron como punto de partida, no se decía nada de esto…

Marcos, recordemos, no terminaba como termina en nuestras modernas Biblias y ¡no menciona ninguna aparición de Jesús resucitado! Pero no se alarmen, que resurrección parece ser que hubo: Marcos cuenta que María Magdalena, María, la madre de Jacobo, y Salomé fueron al sepulcro el domingo de madrugada para perfumar el cadáver y ungirlo. Se encontraron el sepulcro vacío, y en su interior vieron a un joven vestido de blanco que les informó de que Jesús había resucitado y les ordenó que informasen a los apóstoles, «y a Pedro». Las mujeres salieron despavoridas de allí. Pero, curiosamente, «a nadie dijeron nada porque tenían miedo» (Mc 16, 8). Es decir, ¡no informaron a los apóstoles! Y aquí terminaba originalmente el texto.

Los versículos añadidos —repito, introducidos de una forma de lo más tosca y burda, como pueden comprobar si tienen a mano un Nuevo Testamento— cuentan que Jesús se le apareció a la Magdalena, sin entrar en detalles, y que esta fue a decírselo a los demás que, como era de esperar, no la creyeron. Luego se narran otras apariciones.

La pregunta es: ¿por qué Marcos no mencionó ninguna aparición de Jesús resucitado? Una de dos, o las tradiciones en las que se basó no decían nada al respecto, o las eliminó por motivos teológicos. Lo cierto es que esto parece encajar con la teología del evangelista, más interesado en la parusía, la segunda venida de Jesús, que para él representaba la auténtica resurrección. De hecho, poco antes, puso en boca de Jesús un par de advertencias relacionadas con esto:

> «Cuidad de que nadie os engañe. Muchos vendrán usurpando mi nombre diciendo "Yo soy", y engañarán a muchos» (Mc 13, 5-6).

> «Si alguno os dice entonces: "¡Mira, aquí está el Mesías! ¡Mira, está allí!", no le creáis. Porque surgirán falsos Mesías y falsos profetas, y harán señales y prodigios con el propósito de engañar, si fuera posible, a los mismos elegidos. ¡Tened cuidado! Os lo he advertido de antemano» (Mc 13, 21-23).

¿Acaso con estos versículos pretendía denostar a otras comunidades cristianas contemporáneas a la suya que contaban historias ficticias sobre Jesús resucitado? Podría ser. De ser así, sería bastante esclarecedor...

En definitiva, no me discutirán lo importante que es que el primer evangelio no hablase de ninguna aparición de Jesús resucitado. Eso sí, en términos narrativos, el final es mucho mejor tal y como lo planteó el autor original. Imagínense cómo tuvieron que quedarse los antiguos cristianos al leer este sorprendente desenlace. Seguramente, llenos de curiosidad y de intriga por ver qué había pasado con el cuerpo de Jesús...

Y luego está Juan, que contó una historia totalmente distinta, en su línea: según su evangelio, María Magdalena fue al sepulcro sola y se lo encontró abierto y vacío. Alarmada, se marchó corriendo a decírselo a Pedro y «al otro discípulo, al que Jesús quería» (Jn 20, 2), y estos fueron rápidamente a comprobarlo con sus propios ojos. Cuando llegaron, vieron que las vendas de lino y el paño que habían colocado José de Arimatea y Nicodemo sobre la cabeza de Jesús estaban allí, pero no el cadáver. María, que había vuelto con ellos, se quedó fuera, llorando, una vez que estos regresaron a Jerusalén. Finalmente, decidió entrar al sepulcro, donde se encontró con dos ángeles que le preguntaron por qué lloraba —¿por qué no se habían manifestado a Pedro y al discípulo amado?—. La Magdalena respondió: «Se llevaron a mi señor y no sé dónde lo pusieron» (Jn 20, 13). Y justo después de decir esto vio a Jesús, pero «no sabía que era Jesús» (20, 14). ¿Por qué no le reconoció? No lo sabemos, pero en un primer momento pensó que era un hortelano. En cuanto se dio cuenta de que era él, se llenó de alegría y le llamó «maestro», aunque Jesús le dijo algo intrigante:

Noli me Tangere, Tiziano, 1514.

«No me retengas, pues aún no he subido al Padre, pero ve a mis hermanos y diles: "Subo a mi Padre y vuestro Padre, a mi Dios y vuestro Dios"» (Jn 20, 17).

Dicho y hecho, María se fue y avisó a los demás.

Por lo tanto, según los cuatro evangelistas, la Magdalena fue la primera en comprobar que la tumba estaba vacía, la que recibió la información de que había resucitado —ya sea gracias a un ángel, a dos, o al propio Jesús— y a la que se le ordenó que informase a los discípulos. Al margen de que esto sea histórico o no, lo cierto es que la tradición lo asumió como real, lo que dotaba a María Magdalena de un papel esencial.

Sin embargo, Pablo de Tarso, en el célebre párrafo de su primera carta a los Corintios (1 Cor 5-19) en el que enumera una lista de las personas a las que se le apareció Jesús, ni siquiera la incluyó, pese a que aporta un número de personas mayor que las que aparecen en los evangelios. ¿Por qué?

LAS *UNGIDORAS*

Insisto, pese a que todos los evangelistas le otorgan un rol importantísimo en los momentos más importantes de la historia de Jesús, ninguno aportó información sobre ella, excepto la breve mención de Lucas. Y eso que es la mujer cuyo nombre más veces se menciona en el Nuevo Testamento (diecisiete veces). Es más, ¿cómo puede ser que no se sepa nada de ella tras la muerte de Jesús en la cruz? Sí, hay leyendas y tradiciones cristianas tardías, pero ¿por qué no aparece en los Hechos de los Apóstoles? ¿Por qué no la mencionó Pablo?

Estas preguntas se las hicieron también los primeros padres de la Iglesia. Era un problemón. Y lo resolvieron a su manera, llegando a una asombrosa conclusión que permitía solucionar, en parte, lo poco que sabían sobre María Magdalena: aparecía en otras escenas, aunque con otro nombre, lo que solo condujo a enturbiar más su imagen…

Por un lado, la tradición concluyó que era la mujer pecadora que ungió con perfume los pies de Jesús mientras este disfrutaba de una buena comida en la casa de Simón el fariseo, una escena que aparece en el evangelio de Lucas, junto antes del episodio en el que se presenta a María Magdalena:

> «Y resultó que había en la ciudad una mujer pecadora, y sabiendo que estaba en la casa del fariseo, trajo un frasco de alabastro con perfume; y colocándose detrás, junto a sus pies, llorando, comenzó a regarlos con sus lágrimas, y los enjugaba con los cabellos de su cabeza, besaba sus pies y los ungía de perfume. Y al verlo el fariseo que lo había invitado, dijo para sus adentros: "Si este fuera profeta, conocería qué mujer y de qué clase es la que lo toca, ya que es una pecadora"» (Lc 7, 36-39).

Y Jesús, siempre al quite, salió en defensa de aquella misteriosa señora:

> «¿Ves a esta mujer? Entré en tu casa y no me diste agua para los pies, pero ella regó mis pies con sus lágrimas y los enjugó con sus cabellos; no me diste un beso, pero ella desde que entró no cesó de besarme los pies. No me ungiste la cabeza con óleo, pero ella ha ungido con perfume mis pies. Por esta razón te digo que se le perdona sus muchos pecados, porque ha amado mucho» (Lc 7, 44-47).

De aquí proceden dos de los atributos simbólicos habituales en la iconografía de María Magdalena: la generosa cabellera y el frasco de alabastro, así como la extendida idea de que era una prostituta. Pudo tratarse de un error, bastante desafortunado, de los primeros exégetas cristianos, que pensaron que la pecadora y la endemoniada eran la misma persona. O quizá fue una acción malintencionada con la intención de denigrarla. Además, no está claro que eso de «mujer pecadora» implique que era prostituta. Lucas empleó el vocablo griego *harmartolos*, que hace referencia a una persona que ha cometido un delito, en este caso contra la ley judía, pero no implica que se tratase de prostitución. De hecho, los evangelistas no tuvieron demasiado reparo en hablar de prostitutas sin utilizar subterfugios —véase Mateo 21, 31 y 32; Lucas 15, 30 y 1 Corintios 17, 1.

Por si fuera poco, hay algo raro aquí, pues Lucas tomó esta escena de Marcos, aunque transformándola por completo. Seguro que serán capaces de captar las evidentes diferencias.

«Estando él en Betania, recostado en casa de Simón el Leproso, vino una mujer que traía un frasquito de ungüento perfumado de nardo puro, carísimo. Tras romper el frasco de alabastro, lo vertió sobre su cabeza. Había algunos que, irritados, se decían entre sí: "¿Para qué este derroche de perfume? Pues este ungüento podría venderse por más de trescientos denarios y ser entregado a los pobres". Y se enfadaban con ella. Pero Jesús dijo: "¡Dejadla! ¿Por qué la molestáis? Hizo por mí una buena acción. Pues tenéis siempre pobres entre vosotros, y cuando queráis, podéis hacerles el bien, pero a mí no me tendréis siempre. Hizo lo que podía; se adelantó a ungir mi cuerpo para la sepultura. Pero os aseguro que, cuando se anuncie la buena noticia a todo el mundo, se hablará también de lo que hizo esta en recuerdo suyo"» (Mc 14, 3-9).

Escultura de María Magdalena, iglesia de Rennes-le-Château.

Es decir, ni era una pecadora, ni la escena se desarrollaba en Galilea, sino en Betania, en Judea, ni el motivo de la unción era un acto de penitencia de una arrepentida, sino que venía a ser más bien un vaticinio de la muerte de Jesús, un claro ejemplo de profecía *ex eventu*, de los muchos que podemos encontrar en los evangelios.

Mateo, a diferencia de Lucas, sí que transmitió esta escena prácticamente igual que aparece en Marcos, aunque la situó al final de la vida pública de Jesús, justo antes de la traición de Judas (Mt 26, 6-13). Y Juan, en su línea, ofreció otra historia que guarda ciertos parecidos con la versión marcana, aunque aquí sí se puso nombre a la enigmática mujer: se trata de María, la hermana de Marta y Lázaro de Betania, que también ha sido tradicionalmente identificada con María Magdalena. Pero hizo algo raro, ya que la mencionó en el episodio 11, en el que narró la fascinante historia de la resurrección de Lázaro:

«Había un enfermo, Lázaro de Betania, de la aldea de María y de su hermana Marta. (María, cuyo hermano Lázaro estaba enfermo, era la que ungió al Señor con perfume y enjugó sus pies con sus cabellos)» (Jn 11, 1-2).

En primer lugar, llama la atención que se introduzca esta acotación en el capítulo 11, cuando la historia se cuenta en el siguiente, reproduciendo la misma escena de Marcos, aunque con varias diferencias: tuvo lugar en la casa de María, Marta y Lázaro, después de la resurrección de este, y además no dice que le ungiese la cabeza, sino que, al igual que Lucas, «ungió los pies de Jesús y enjugó con sus cabellos sus pies» (Jn 12, 3). Además, en esta versión es Judas, al que se presenta como el tesorero del grupo, el que se queja del despilfarro del perfume.

Menudo lío, ¿no?

Según Marcos, la mujer no le secó a Jesús los pies con sus cabellos, sino que le ungió la cabeza. Pero en Lucas y en Juan sí que lo hizo. Juan mezcló las dos versiones y las situó en un contexto diferente y con una protagonista distinta: la mujer ya no es la anónima señora de Marcos y Mateo, ni es la pecadora de Lucas, sino que es María, la hermana de Marta y Lázaro.

Por si fuera poca la confusión, en otra parte de Lucas aparece una clara mención a las hermanas de Lázaro, aunque ni se nombra a este, ni se dice nada de Betania. Lean con atención:

> «Yendo ellos de camino, entro él en una aldea. Y una mujer, de nombre Marta, lo recibió. Y esta tenía una hermana llamada María, la cual, sentada a los pies del Señor, escuchaba su palabra. Pero Marta estaba ocupada en muchos quehaceres del servicio; y acercándose, dijo: "Señor, ¿no te importa que mi hermana me deje sola en el servicio? Dile, pues, que me ayude". Y le respondió el Señor diciendo: "Marta, Marta, te preocupas y te agitas con muchas cosas. Solo hay necesidad de una cosa; María ha elegido la parte buena, que no se le quitará"» (Lc 10, 38-42).

¿Por qué Lucas modificó esta historia y convirtió a esa mujer en pecadora, cuando en Marcos no se dice que lo fuese? Además, si se trataba de María de Betania, como propuso Marcos, ¿por qué Lucas no dijo directamente que era la misma persona de la que hablaba en el episodio 10, la tal María, hermana de Marta, la que no ayudaba a su hermana en las tareas de la casa para poder escuchar al Maestro? Para Lucas no se trataba de la misma persona.

Cristo en casa de Marta y María, Johannes Vermeer, 1655.

281

Todo este embrollo lo solucionó la tradición cristiana por las buenas: María Magdalena era la pecadora de Lucas y María de Betania. *C'est fini*.

La culpa de todo la tuvo el papa Gregorio I (540-604) —uno de los cuatro padres de la Iglesia latina, junto a Jerónimo, Agustín y Ambrosio—, que en una homilía del 21 de septiembre del año 591 dijo lo siguiente: «Ella, la cual Lucas llama la mujer pecadora, la cual Juan llama María, nosotros creemos que es María, de quien siete demonios fueron expulsados, según Marcos. ¿Y qué si no todos los vicios significan esos siete demonios?». Este señor pretendía, en realidad, exponer que se trataba de un ejemplo extremo de pecado y redención, comparándola con Eva, la primera mujer, y atacando a los vicios que aquel señor pensaba que tenían todas las hembras, siempre relacionados con el sexo.

De ahí que fuese considerada como la *beata peccatrix* a la vez que como la *castísima meretrix*. Gregorio lo dejó claro en aquella homilía:

> «Así pues, carísimos hermanos, volved la vista a vosotros mismos, e imitad el ejemplo de la mujer pecadora y penitente; llorad todos los pecados que os acordéis haber cometido, tanto en la adolescencia como en la juventud, y lavad con vuestras lágrimas las manchas que habéis contraído con vuestras costumbres y vuestras obras».

Mujer igual a pecado sexual. Toda mujer es mala por naturaleza, pero recuperable, pensaban. Ese sería el simbólico papel que adquirió María Magdalena para estos misóginos y autocastrados hombres de la Iglesia. Y todo parece deberse a un error, pues no hay nada que indique que algunas de estas mujeres que ungieron a Jesús, la pecadora pública de Lucas o María de Betania, fuese María Magdalena. Se entiende. Para ellos no tenía sentido que un personaje tan importante como la mujer que ungió a Jesús, anticipando su muerte, no estuviese luego presente a los pies de la cruz. Allí, como ya hemos comentado, estaba María Magdalena.

En conclusión, ni fue una prostituta ni hay nada que permita afirmar que la Magdalena fuese una de las mujeres que ungieron a Jesús. De hecho, en 1969, Pablo VI (1897-1978) desmintió esta asociación. Años después, en 1988, Juan Pablo II la volvió a nombrar *Apostola apostolorum* («apóstol de apóstoles»), tal y como aparece en los evangelios gnósticos.

Así, de prostituta y pecadora ha pasado a ser la discípula más importante, la elegida por Jesús para transmitir su mensaje, la que mediante sus lágrimas de dolor muestra el camino de la vida. Es más, la crítica actual, incluso la cristiana, ha planteado que, a tenor de lo que se dice en los propios evangelios, el hecho de que María Magdalena y otras mujeres acompañasen a Jesús durante su ministerio (y su muerte y resurrección) indica que este tenía especial interés por incluir al colectivo femenino, tan vilipendiado por el machismo patriarcal judío, en su movimiento.

EL PROBLEMA DE LA RESURRECCIÓN Y LAS MUJERES

Pero demos un paso atrás.

Como anteriormente adelanté, es sumamente significativo que las personas presentes durante la crucifixión, el entierro y el hallazgo de la tumba vacía de Jesús, lo que venía a indicar que había resucitado, sean mujeres, con María Magdalena a la cabeza.

¿Por qué? Porque los discípulos, como se dice expresamente, habían huido.

Pero también fueron mujeres las que observaron la sepultura de Jesús en la tumba excavada en la roca de José de Arimatea. Era importante que alguien estuviese allí, y claro, no podían ser los apóstoles. El maestro Antonio Piñero lo explica a las mil maravillas:

> «La descripción del entierro de Jesús era básica para la fe cristiana en la resurrección de Jesús, pues pronto comenzaron a correr noticias entre amigos y enemigos de los seguidores de Jesús de que este no había muerto de verdad o que los discípulos habían robado su cuerpo ya semivivo o muerto del todo. Es plausible, pues, que el relato premarcano de la pasión tuviera también noticias del enterramiento y de la tumba vacía. Es en verdad muy improbable históricamente que los romanos dejaran escapar vivos a tres sediciosos y menos en Judea» (Piñero, editor, 2021, 594).

Y una vez más, son mujeres las primeras que encontraron el sepulcro vacío y comprobaron que Jesús había resucitado.

No es asunto mío dilucidar si esto sucedió realmente, faltaría más. Pero sí me gustaría hacerme eco de una de las explicaciones racionalistas que se han aportado ante este extraordinario y esencial episodio: ¿y si se trata de visiones? Es probable que algunos seguidores de Jesús, en pleno estado de *shock* tras la dolorosa muerte de Jesús, tuviesen visiones subjetivas y creyesen verlo resucitado, siendo su testimonio suficiente para convencer a otros de sus colegas de que realmente Jesús había regresado del mundo de los muertos.

Ya David Strauss, en su obra *Vida de Jesús* (1835), propuso que algunos discípulos, especialmente emocionales y predispuestos, sufrieron alucinaciones en las que vieron a su líder redivivo. Y un tiempo después, el mismísimo Ernest Renan, uno de los pioneros de la búsqueda del Jesús histórico, defendió esta teoría en su *Vida de Jesús* (1863), culpando en parte a la pobre María Magdalena:

> «Digamos, sin embargo, que la viva imaginación de María de Magdala desempeñó en esta circunstancia un papel capital. ¡Divino poder del amor! ¡Sagrados momentos en los que la pasión de una alucinada da al mundo un Dios resucitado!» (Renan 1968, 290).

El entierro de Jesús representado en una escultura de la iglesia de la Notre Dame de Tonnerre, Francia.

En muchos cultos los creyentes sufren visiones, siempre provocadas por estados alterados de la conciencia, ya sea por la ingesta de alguna sustancia psicoactiva, por la privación de sueño o alimento o por una situación extrema de estrés. No parece que estos factores estuviesen presentes en las apariciones de Jesús, pero sí que lo estuvo otro factor importantísimo: la sugestión, fenómeno psicológico, aunque también social, mediante el cual una persona vive como real algo que no lo es. Sería la introyección de una creencia y la aceptación de un espejismo por parte de individuos muy predispuestos y absolutamente convencidos de sus creencias.

Así, un deseo ferviente —que Jesús no hubiese muerto realmente—, en un estado de *shock* emocional —la escandalosa muerte en la cruz—, pudo hacer que un creyente irracional y fanatizado confundiese una experiencia subjetiva con una verdad empírica. La hagiografía, las apariciones marianas y los diferentes cultos se mueven en esta dirección y han demostrado que las alucinaciones sugestivas pueden ser contagiosas e, incluso, colectivas. Dirección que, además, ha sido utilizada y promovida por las religiones, que facilitan estos estados alterados mediante una alta carga ritual y otros inductores de la sugestión.

Lo cierto es que, ya a mediados del siglo II, Celso, en su *Discurso verdadero contra los cristianos*, planteó que las apariciones de Jesús resucitado se debían a una alucinación o a una farsa. Y de nuevo culpó a una mujer.

«¿Y quién vio todo eso? Una mujer furiosa, como decís, y algún otro de la misma cofradía de hechiceros, ora lo soñara por alguna disposición especial de su espíritu, ora, según su propio deseo, se lo imaginara con mente extraviada; cosa, por cierto, que ha sucedido a infinitas gentes; o, en fin, lo que es más probable, quisiera impresionar a otros con este prodigio y dar, con parejo embuste, ocasión a otros charlatanes mendicantes» (Orígenes, *Contra Celso* II, 54).

«¿O es que tiene algún sentido que, cuando en vida no se le creía, predicaba a todos indistintamente; cuando, en cambio, podía presentar prueba de fe tan fuerte como su resurrección de entre los muertos, solo a una mujerzuela, solo a sus propios cofrades se les apareció a escondidas y de pasada?» (Orígenes, *Contra Celso* II, 69).

Pero hay un problema: si las historias sobre las apariciones de Jesús resucitado se deben a unas cuantas visiones de algunos de sus discípulos, tenemos que explicar dónde estaba su cuerpo, ya que parece probable que, en efecto, la tumba la encontrasen vacía. Además, de haber sido una invención o una simple visión extática, y de estar enterrado Jesús en una tumba localizable, los judíos, cuando comenzaron a surgir estas leyendas sobre el nazareno, lo hubiesen tenido muy fácil para demostrar que eran falsas: con ir a buscar el cuerpo hubiese sido bastante. En cambio, sabemos que en tiempos de Mateo la explicación que aportaban los paisanos de Jesús era otra... que alguien robó el cuerpo de Jesús, como vimos.

El dolor de María Magdalena, Jules Joseph Lefebvre, 1903.

Tomemos otra perspectiva.

Según los sinópticos, todos los apóstoles huyeron tras el arresto de Jesús; y también según Juan, aunque este situó al pie de la cruz al discípulo amado. De ser así: ¿cómo conocemos lo que sucedió durante la muerte, el enterramiento y la resurrección de Jesús? La respuesta es obvia: por las mujeres. Con esto no quiero decir que fuese realmente así. Marcos, al construir su relato de la pasión, tiró de tradiciones anteriores que circularon durante décadas de modo oral, las mismas que dejaron claro que todos los varones huyeron y que algunas mujeres presenciaron aquellos hechos cruciales que representan el núcleo mismo de la fe cristiana.

Piénsenlo. El testimonio de aquellas mujeres, con la Magdalena a la cabeza, es lo que garantizaba a los cristianos que Jesús, en efecto, había muerto, que fue sepultado en una tumba —y no en una fosa común, como era lo normal—, y que resucitó al tercer día. Ninguno de los apóstoles estuvo allí. Quizás por eso Juan introdujo al discípulo amado junto a la cruz y el sepulcro vacío —acompañado, además, de Pedro—.

Claro, podría pensarse que el relato se construyó así para defenderse de la posible acusación de que todo esto era una mentira. En efecto, los cristianos no podían defenderse diciendo que los discípulos fueron testigos, pero sí argumentando que otros seguidores de Jesús estaban allí, las mujeres.

Bien, no sería una mala hipótesis. Pero hay que tener en cuenta algo importante: ¿por qué motivo pondrían a mujeres como testigos? Su testimonio podría ser fácilmente descartado por los enemigos de los cristianos. Piensen que en aquella época la opinión de las mujeres no importaba un pepino. El propio Celso usó ese argumento en el siglo II. ¡Y David Strauss, un historiador, en siglo XIX! Cuesta creer que un redactor que anduviese buscando testigos que verificasen estos sucesos tan importantes para la cristiandad, en vez de inventar testigos varones, usase mujeres. Como vimos, eso fue lo que hizo Juan.

Por lo tanto, una de dos, o esto es histórico o Marcos, el primer redactor, quiso que fueran precisamente mujeres. Esta segunda posibilidad tiene su lógica, pues Marcos no duda en dejar mal parados a los varones en su relato, especialmente a los apóstoles, a los que una y otra vez muestra como cortos de entendederas. Jesús tiene que reprenderles en numerosas ocasiones porque no parecen enterarse ni de sus parábolas, ni de su destino, ni siquiera de quién es.

En cambio, muestra a las mujeres manteniéndose fieles hasta el final y observando los cruciales acontecimientos que, según las creencias cristianas, trajeron la salvación al mundo. Pero ojo, esa salvación implicaba una completa inversión de los valores: los últimos serán los primeros, sin diferencia de sexos. Y los últimos, junto a otros descastados, eran aquellas humildes mujeres de Galilea. Quizás por eso este evangelista pasó de incluir escenas de Jesús resucitado. Hubiese sido demasiado.

Pero cabe plantear una objeción: no solo lo afirmó Marcos, sino también Juan, que parece beber de otras fuentes, y el evangelio de Pedro, aquel apócrifo del siglo I, parcialmente perdido, del que ya les hablé. Además, aunque Marcos no lo hizo, los otros tres evangelios sí que afirmaron que María fue a informar a los apóstoles de que el sepulcro estaba vacío.

Por todo esto, cabe plantear como posiblemente histórico que María fue la primera que creyó descubrir la resurrección de Jesús y la proclamó a los demás, lo que la convierte, de algún modo, en la fundadora del cristianismo. ¿Por qué alguien inventaría que una mujer de la que apenas se sabe nada fue la primera difusora de la buena nueva de la resurrección? Quizás fue verdad que se encontró aquella dichosa tumba vacía…

Ahora bien, ¿por qué Pablo no habló de ella? ¿Por qué no mencionó que el sepulcro vacío fue encontrado por mujeres? Es posible que no lo supiese, o que esos relatos orales en los que se pudo inspirar Marcos aún no existiesen.

Parte 3.
Tras Jesús... Pablo

Un tal Saulo

El cristianismo, sin duda alguna, no sería lo mismo sin la trascendental intervención de un misterioso judío de la diáspora llamado Saulo que, tras convertirse de una manera francamente sorprendente, y tras cambiar su nombre por Pablo, se lanzó a una frenética labor misionera que le llevó a fundar un montón de comunidades cristianas por el Mediterráneo. Suyos son los primeros documentos escritos que hablan de Jesús, sus famosas cartas. Suya es la cristología que acabó triunfando y estableciéndose como oficial unos siglos después —con matices—. Su influencia llegó incluso a los propios evangelistas, que siguieron muchas de sus ideas, aunque, y esto es curioso, aportando nuevos detalles y perspectivas. No concluyó con Pablo la evolución, el desarrollo y la aparición de nuevos cristianismos, aunque su importancia fue tal que todos, de un modo u otro, bebieron de sus propuestas.

Pero su hazaña más importante fue separar, paulatina pero contundentemente, las ideas acerca de la salvación que tenían los judíos, del mensaje liberador que, según pensaba, había propuesto Jesús. En otras palabras, la salvación no se conseguía como hasta ese momento había pensado el pueblo de Israel, mediante la obediencia y el cumplimiento de la ley, sino mediante la fe en la muerte expiatoria de Jesús, su resurrección, su ascensión al cielo y su pronta venida para inaugurar el Reino de Dios. Esto puede parecer baladí, pero no, supuso un antes y un después: gracias a Pablo, o por su culpa, para convertirse al cristianismo dejó de ser necesario ser un estricto cumplidor de la ley. El camino era otro, y eso supuso el comienzo de la separación definitiva de ambas religiones. Y Pablo, además, lo había recibido directamente, sin mediación de nadie, sin influencia alguna de los apóstoles. Por una revelación personal.

Lo inquietante es que sabemos poquísimo sobre Pablo. Poquísimo.

No sabemos de dónde era, por ejemplo, aunque una tradición muy antigua, presente en los Hechos de los Apóstoles, defendía que era oriundo de Tarso, una populosa y helenizada ciudad, situada al sur de la actual Turquía, que era considerada como uno de los mayores centros intelectuales del Imperio romano. ¿De dónde sacó esta información el autor de los Hechos? Ni idea. Pablo jamás dio información alguna al respecto. Quizás el autor de los Hechos se lo inventó para engrandecer la alcurnia intelectual de Pablo, aunque sí parece seguro que vivió en una ciudad populosa que tenía una comunidad judía.

El apóstol Pablo, Rembrandt, 1633.

Del mismo modo, no tenemos la más mínima idea de cuándo nació ni la edad que tenía cuando recibió la iluminación, aunque se da por hecho, con cierta lógica, que debió nacer en la primera década del siglo I.

Sí que sabemos que era judío. Él mismo afirmó que procedía de la tribu de Benjamín y que había sido fariseo. Parece probable. Además, tenía amplios conocimientos de la Biblia judía, era bastante cascarrabias, un poquito autoritario, y contaba con un físico no demasiado agraciado. ¡Ah!, y tenía un talento descomunal para la reflexión filosófica y para la retórica.

También parece claro que tuvo que criarse en alguna ciudad helenizada, ni de Judea ni de Galilea —como evidencia el talante universalista que mostró tras su conversión y su dominio del griego (posiblemente, su lengua natal)—, que era un ciudadano romano, aunque esto hay que tomarlo con cautela, y que estaba bastante bien informado tanto de las religiones en boga en aquella época y en aquella región del Imperio romano —los cultos mistéricos— como de los movimientos filosóficos de moda —estoicos, epicúreos y cínicos—.

En definitiva, era un judío de la diáspora —palabra que significa, por cierto, «dispersión»— que se crio en un entorno pagano. Pero ¿era un ciudadano romano, como se afirma en los Hechos (22, 25)? Controvertido tema. Pablo nunca lo afirmó en sus cartas. Y resulta raro, sobre todo si tenemos en cuenta que los romanos libres debían realizar, por ejemplo, sacrificios ocasionales a los dioses oficiales por el bien del Estado. Pero, siendo estrictos, no hay forma de demostrar una cosa o la otra.

Un detalle importante es que Pablo, como comenta en sus propias cartas, reconoció que, antes de su conversión, persiguió con ímpetu a los cristianos (Flp 3, 4-6; Gál 1, 13-14). En los Hechos también se afirma, aunque es raro, que el sumo sacerdote de Jerusalén le encargó que arrestase a los cristianos de Damasco para que fuesen juzgados. Pero este señor no tenía jurisdicción en aquella ciudad. Además, Pablo no dijo nada al respecto.

¿Por qué Pablo perseguía a los cristianos? Una cosa era estar en contra del mensaje de Jesús y otra perseguir a sus seguidores, incluso usando la violencia. Además, no había demasiados cristianos en aquella época. Fue él, precisamente, el que lanzó el movimiento. Hay quien ha propuesto que su odio inicial se debía a la afirmación de

Jesús y los suyos de que era el Mesías esperado, sobre todo si tenemos en cuenta que murió en la cruz. ¿Le resultaba imposible y/u ofensivo a Pablo creer que el libertador profetizado había muerto en la cruz como un vulgar delincuente sedicioso? Es posible, sobre todo si tenemos en cuenta que compartía con Jesús las populares ideas apocalípticas judías. Pablo, quizás, como otros tantos judíos, esperaba la llegada de un Mesías grandioso, potente y guerrero; pero Jesús era un profeta tranquilote, que en esencia solo había predicado en Galilea y que terminó muriendo vilmente en la cruz.

Quizás por eso se entregó de lleno a erradicar esa peligrosa forma de judaísmo.

LA FE DEL CONVERSO

Lo sorprendente es que pasó de perseguir a los cristianos a convertirse en su principal apologista, y todo por algo fascinante que ha generado ríos de tinta: su maravillosa conversión. Hablemos un poco de este radical cambio en sus creencias.

> «Quiero que sepáis, hermanos, que el evangelio anunciado por mí no es una invención de hombres, pues no lo recibí ni lo aprendí de hombre alguno; Jesucristo es quien me lo ha revelado» (Gál 1, 11-12).

La «vocación» o la «llamada», como él mismo lo denominó, la recibió del propio Jesús. Aunque también defendía que mucho antes Dios le había elegido desde el seno de su madre (Gál 1, 15), pero el momento clave, según se cuenta en los Hechos, sucedió durante un viaje a Damasco, a donde se dirigía con la vil intención de capturar a todos los cristianos que le fuese posible.

> «Saulo, respirando todavía amenazas y muerte contra los discípulos del Señor, se presentó al sumo sacerdote y le pidió cartas para las sinagogas de Damasco, para que, si encontraba a hombres o mujeres pertenecientes al Camino, los llevará presos a Jerusalén. Mientras iba de camino y se acercaba a Damasco, de repente una luz del cielo lo envolvió con su resplandor, y cayendo a tierra, oyó una voz que le decía: "Saúl, Saúl, ¿por qué me persigues". Y respondió: "Quién eres, Señor?". Y él dijo: "Yo soy Jesús, a quien tú persigues. Pero levántate,

entra en la ciudad y se te dirá qué hacer". Los hombres que iban con él de camino se detuvieron mudos de espanto; oían la voz, pero no veían a nadie. Tomándolo de la mano lo introdujeron en Damasco. Estuvo tres días sin ver, y no comió ni bebió (Hch 9, 1-9).

Que conste que nada de esto lo contó él, sino que fue Lucas, el supuesto autor de este texto. ¿Por qué Pablo no se hizo eco en sus cartas de algo tan alucinante? Raro. Sí que afirmó varias veces que había tenido una visión —«¿Es que no he visto yo a Jesús, nuestro señor?» (1 Cor 9, 1)—, pero nunca afirmó que gracias a ella se produjese su conversión.

La conversión de San Pablo en el camino a Damasco, Caravaggio, 1600.

Algunos descreídos exagerados y facinerosos han propuesto que aquello fue una alucinación provocada por un ataque epiléptico o por el empleo de alguna sustancia psicoactiva. Otros, aún más osados, han propuesto directamente que es mentira, y que con este cuento quiso legitimarse a sí mismo como apóstol. Y quizás no les falte razón.

En cualquier caso, Pablo no conoció a Jesús en vida, sino que lo vio, presuntamente, una vez muerto y resucitado, y no demasiado tiempo después de su muerte.

> «Pues os transmití en primer lugar lo que recibí: que el Mesías murió por nuestros pecados según las Escrituras; que fue sepultado y que fue resucitado al tercer día, según las Escrituras; que se apareció a Cefas y luego a los Doce; después se apareció a más de quinientos hermanos a la vez, de los cuales todavía la mayor parte permanecen hasta ahora y otros durmieron. Luego se apareció a Jacobo; más tarde, a todos los apóstoles. Y en último lugar, se me apareció también a mí» (1 Cor 15, 3-8).

Pero hay algo muy interesante en lo que merece la pena ahondar: Pablo afirmaba que su conversión había sido cosa de la divinidad y que no recibió influencias ni información de nadie, ni siquiera de los apóstoles de Jerusalén.

Fue llamado por Dios, como los profetas del Antiguo Testamento a los que Dios elegía para transmitir sus mensajes al pueblo de Israel. Pero, como dejó claro en esta cita, no fue elegido para predicar la buena nueva de Jesús entre los judíos, sino entre los gentiles. Y la prueba definitiva la encontró cuando se le apareció Jesús resucitado, no por sí mismo, sino por la acción divina. Y claro, eso lo cambiaba todo.

Sea como fuere, se acabó haciendo cristiano. Y con el mismo fervor obsesivo con el que defendió sus creencias judías, defendió el mensaje de Jesús tras recibir la *llamada*.

EL MISIONERO

A partir de ese momento comenzó a predicar por distintos pueblos de la zona, desde Cilicia a Antioquía, aunque al margen de la comunidad cristiana de Jerusalén. Y esto lo sabemos gracias a su propio testimonio, pues Pablo llegó a afirmar en alguna de sus cartas que en aquellos años solo conoció a Pedro y Juan, de entre los apóstoles, y a Jacobo, el hermano de Jesús y líder de aquella comunidad.

Un momento clave fue el llamado Concilio de Jerusalén, que se cree que tuvo lugar en torno al año 50. Pablo habló de ello en su carta a los Gálatas:

> «Luego, después de catorce años, subí de nuevo a Jerusalén con Bernabé, llevando conmigo también a Tito. Subí según una revelación, y expuse en privado a los notables —para saber si corro o había corrido en vano— el evangelio que proclamo ante los gentiles» (Gál 2, 1-2).

> «Conociendo la gracia a mí concedida, Jacobo, Cefas [Pedro] y Juan, los considerados columnas, nos dieron la mano en señal de comunión a mí y a Bernabé para que fuéramos nosotros a los gentiles y ellos, a los de la circuncisión; solo que nos acordáramos de los pobres, lo que me apresuré a hacer» (Gál 2, 9-10).

Pablo y Bernabé en Listra, Nicolaes Berchem, 1650.

Es decir, en este cónclave, que también aparece en Hechos (capítulo 15), se decidió que los convertidos paganos no tenían que cumplir totalmente la ley de Moisés, que en cambio sí debía ser obedecida íntegramente por los judíos conversos. Pablo se encargaría de ejercer su ministerio entre los gentiles, y los de Jerusalén (Jacobo y los apóstoles) entre los hebreos. Fue en este contexto donde se dio el conflicto entre cristianos circuncidados (judeocristianos) y cristianos no circuncidados (gentiles convertidos que no cumplen estrictamente la ley). Pablo fue el abanderado de los segundos, al considerar que esta insistencia en cumplir con las normas mosaicas era un impedimento para la captación de conversos, además de pensar que la salvación no se obtenía mediante esta obediencia, sino mediante la fe en la muerte expiatoria de Jesús, su resurrección y su segunda venida.

No deja de ser curioso que en estos primeros momentos del cristianismo existiesen dos clases distintas de salvación...

La actividad misionera fue, sin duda, uno de los factores que marcarán la importancia de Pablo para la historia del cristianismo, junto con su radical reinterpretación del personaje de Jesús. Viajó por toda Asia Menor, el mar Egeo y Macedonia, creando diferentes comunidades cristianas. Pero, como consecuencia de esta intensa actividad, sufrió muchos y severos castigos durante toda su vida de predicación, unas veces por los judíos y otras por los romanos. Y, posiblemente, esta fue la causa de que terminase siendo ejecutado por estos últimos hacia el año 62, durante la persecución contra los cristianos que realizó Nerón.

Pero resulta muy complicado establecer con cierta precisión cómo sucedió todo esto. Sí, en sus cartas da bastante información, pero no es suficiente para completar el cuadro. Además, en los Hechos de los Apóstoles, pese a que veces se narran escenas coherentes con las descritas por el propio Pablo, en otras muchas ocasiones podemos encontrar contundentes discrepancias e incoherencias. ¿El motivo? Simple: el autor no tenía especial interés por presentar un relato fidedigno del apóstol ni de sus viajes misioneros —hasta el punto de que en numerosas ocasiones contradice los propios recuerdos de Pablo al respecto—. Es más, en varios momentos parece corregir al propio Pablo para atenuar las diferencias que se produjeron entre este y el grupo de Jerusalén.

Un ejemplo muy chulo: al comienzo de la carta a los Gálatas, tras explicar brevemente su conversión, dijo lo siguiente:

«Pero cuando le pareció bien a Dios, el que me separó desde el seno de mi madre y me llamó para su gracia, para revelar en mí a su Hijo, para que lo evangelizase entre los gentiles, al punto, sin pedir consejo ni a la carne ni a la sangre, no subí a Jerusalén donde los apóstoles anteriores a mí, sino que fui a Arabia, y de nuevo volví a Damasco. Luego, tres años después, subí a Jerusalén para conocer a Cefas [Pedro] y permanecí con él quince días. A ningún otro após-tol vi salvo a Jacobo, el hermano del Señor. Y en lo que os escribo... ¡Mirad! Delante de Dios afirmo que no miento» (Gál 1, 15-20).

Pablo quería mostrar con esto a sus seguidores gálatas que su mensaje no procedía de los apóstoles de Jesús —«sin pedir con-sejo ni a la carne ni a la sangre»—, sino directamente de Dios, que le «llamó para su gracia». Por lo tanto, nadie le podía acusar de haber corrompido el mensaje recibido, pues procedía del pro-pio Jesús. Es más, según Pablo, no fue a Jerusalén hasta tres años después.

Uno podría esperar que Hechos contase lo mismo, o algo pare-cido. Pero no. La versión es radicalmente distinta, a saber: tras la sor-prendente conversión en el desierto camino de Damasco —de la que, repito, Pablo no dijo nada—, y tras pasar un tiempo en la ciudad, se vio obligado huir porque los judíos locales se lo querían cargar por traidor. Acto seguido, se narra lo siguiente:

«Llegado a Jerusalén trató de unirse a los discípulos, pero todos le tenían miedo, porque no creían que fuera un discípulo. Entonces Bernabé lo acogió y lo condujo a los apóstoles; y él les explicó cómo había visto en el camino al Señor y que le había hablado, y cómo había predicado con libertad en el nombre de Jesús. Y estaba con ellos, entrando y saliendo de Jerusalén, predicando con toda libertad en el nombre del Señor» (Hch 9, 26-29).

¿Por qué esta trascendental diferencia? Porque el autor de Hechos estaba especialmente interesado en mostrar que Pablo contactó de inmediato con los apóstoles de Jerusalén y se hizo su coleguita, y que todos remaban a la vez. Y no fue la única vez que lo hizo. Lucas, o quien fuese el dichoso autor, intentó una y otra mitigar las eviden-tes diferencias entre Pablo y sus comunidades y el grupo de la ciudad santa, y para ello no dudó en manipular la historia real.

De ahí también que en Hechos se relativice la misión que el propio Pablo defendía que le había sido adjudicada por el mismísimo Jesús: convertirse en el apóstol de los no judíos. Como vimos, pensaba y defendía que estos no debían convertirse al judaísmo para poder creer en Jesús y alcanzar la salvación; al contrario que el grupo de Jerusalén, que, según Pablo, sí defendía esto.

Pues bien, en Hechos, sorprendentemente, no se muestra a Pablo como el primero que predicó entre los gentiles, ¡sino a Pedro!, al que se le adjudica la conversión de un centurión romano de Cesarea llamado Cornelio. Es más, el autor le dedica un capítulo entero, y casi medio del siguiente, a esta historia (Hch 10;11), además de adjudicarle palabras más propias de Pablo. Sirva esto de ejemplo:

«Todavía estaba Pedro hablando de estas cosas cuando descendió el Espíritu Santo sobre todos los que escuchaban su palabra. Y quedaron estupefactos todos los fieles circuncisos, que habían venido con Pedro, porque el don del Espíritu Santo se había derramado también sobre los gentiles, pues los oían hablar en lenguas y glorificar a Dios. Entonces dijo Pedro: "¿Puede acaso alguien impedir que reciban el agua del bautismo estos que han recibido el Espíritu Santo como nosotros?"» (Hch 10, 44-47).

No parece creíble, en parte porque el propio Pablo mostró un grave desencuentro con Pedro que tuvo lugar en Antioquía:

«Pero, cuando llegó Cefas a Antioquía, me enfrenté con él cara a cara porque era digno de represión. Pues antes de que llegaran algunos de Jacobo, comía con los gentiles [algo prohibido por la ley]; pero cuando llegaron, se apartaba y retiraba por temor a los de la circuncisión. Y lo imitaron en su hipocresía también los demás judíos, de modo que Bernabé se vio arrastrado igualmente por la hipocresía de aquellos. Pero cuando vi que no caminaban con rectitud respecto a la verdad del evangelio, dije a Cefas delante de todos: "Si tú, siendo judío, vives como gentil y no como judío, ¿cómo obligas a los gentiles a judaizar?"» (Gál 2, 11-14).

En resumidas cuentas, Hechos muestra a un Pablo muy distinto del que podemos encontrar en sus cartas, un Pablo que aún permanece fiel a la ley y que nada tiene que ver con el que realmente fue: un profeta apocalíptico que estaba convencido de que el fin del mundo estaba a la vuelta de la esquina y de que la salvación solo se podía conseguir por la fe en la muerte redentora de Jesús, en su resurrección como garantía de una futura resurrección colectiva y en su promesa de regreso para instaurar el Reino de Dios.

A ese Pablo, estimados lectores, lo podemos encontrar en sus cartas...

CARTAS

Aunque la tradición eclesiástica llegó a identificar como suyas trece de las cartas del Nuevo Testamento —y otras tantas apócrifas, como la tercera carta a los Corintios, la de los laodicenses o la curiosa y sorprendente correspondencia que mantuvo, dicen algunos, con el filósofo Séneca—, esto no es cierto. No son suyas todas. Pero para el caso es lo mismo. Pablo, desde el punto de vista histórico, es el único de los protagonistas de esta fantástica epopeya que dejó algo escrito, diga lo que diga la Iglesia. Ni siquiera Jesús lo hizo.

Ahora bien, ¿cómo podemos saber cuáles son las cartas verdaderas de Pablo y cuáles son pseudoepigráficas? ¿Saben qué significa este palabro? Sencillo, es un eufemismo para referirse a lo que, hablando en plata, eran falsificaciones: textos escritos por personas desconocidas que se los adjudicaban a alguien con algún tipo de autoridad y prestigio especial. Pues bien, muchos cristianos de los siglos i y ii lo hicieron y usaron a Pablo, o a Pedro, o a Juan, para dotar de legitimidad a sus escritos. Y algunas de estas cartas, como ya ha quedado claro, se colaron en el Nuevo Testamento.

Hasta tal punto esto era así que, en una de las cartas atribuidas a Pablo, 2 Tesalonicenses, se dice lo siguiente:

> «Os rogamos, hermanos, acerca de la venida de nuestro Señor Jesús, el Mesías, y de nuestra reunión con él, que no os mováis tan a la ligera de vuestro pensamiento, ni os alarméis ni por un espíritu, ni por una palabra, ni por una carta presuntamente nuestra, como si estuviera inminente el día del Señor» (2 Tes 2, 1-2).

«Ni por una carta presuntamente nuestra», dice el autor de esta misiva, que en realidad ¡no fue Pablo! No me negarán que esto es de lo más irónico. ¡Una carta escrita de alguien que se hace pasar por Pablo hablando de cartas falsas!

301

Tampoco deberíamos llevarnos las manos a la cabeza. Muchos de estos escritos pseudoepigráficos se colaron en el Nuevo Testamento porque consiguieron su objetivo, ser aceptadas como auténticas, ya que los que comenzaron a recopilar los textos cristianos ni eran eruditos ni expertos en las formas literarias. No tenían medios para detectar con precisión si eran verdaderamente de sus autores, y como lo parecían... pues eso.

Por fortuna, los estudiosos de los últimos dos siglos sí que han sido capaces de separar el grano de la paja, gracias a complejos métodos de análisis literario, estudios de vocabulario y de los estilos gramaticales o, simplemente, por el propio contenido.

Dicho esto, existe un amplio consenso actual según el cual, de las trece supuestas cartas de Pablo, solo siete son indiscutiblemente suyas: Romanos, 1 y 2 Corintios, Gálatas, Filipenses, 1 Tesalonicenses y Filemón. Sin duda, son una fuente impresionante que permite conocer en profundidad el complejo y vastísimo pensamiento de Pablo, aunque también hay que tener en cuenta las posibles interpolaciones —es decir, añadidos tendenciosos de escribas o transcriptores posteriores— que se realizaron.

Pablo escribiendo sus cartas, Valentin de Boulogne, 1620.

Las otras seis (Efesios, Colosenses, 2 Tesalonicenses, 1 y 2 Timoteo y Tito) son cosa de cristianos posteriores que adoptaron el nombre de Pablo para legitimar sus propias ideas. Algunas son claramente espurias, tanto por su vocabulario y su estilo como por sus puntos de vista teológicos; otras, en cambio, evidencian su falsedad porque aluden a momentos históricos posteriores, en los que la comunidad cristiana estaba ampliamente desarrollada. Por lo tanto, no son útiles para conocer el pensamiento paulino, pero sí son una fuente de información valiosísima para comprender la evolución de la Iglesia durante los siglos II y III.

También es importante entender algo: las cartas de Pablo no son ensayos en los que recogía pormenorizada y sistemáticamente sus ideas sobre Jesús, la salvación o el fin del mundo. No. En realidad, se trata de misivas que envió a comunidades que anteriormente había fundado él mismo en centros urbanos del Mediterráneo, que se enfrentaban a algún tipo de problema o a alguna duda teológica, o, lo que es más llamativo, que habían hecho algo que había molestado a Pablo, que escribía, en ocasiones bastante mosqueado, y con mucha vehemencia, para regañar a sus discípulos.

Aun así, pese a que se trata de cartas escritas en un momento concreto y a un destinatario claramente identificado, se han extraído muchísimas ideas sobre sus propuestas teológicas.

Un ejemplo. En 1 Corintios podemos encontrar la única referencia paulina a la eucaristía:

«Porque yo recibí del Señor lo que os transmití: que el Señor Jesús, la noche en que fue entregado, tomó pan, y después de dar las gracias, lo partió y dijo: "Este es mi cuerpo por vosotros; haced esto en recuerdo mío". Asimismo, también la copa después de cenar diciendo: "Esta copa es la nueva alianza en mi sangre. Cuantas veces la bebierais, hacedlo en recuerdo mío". Pues cada vez que coméis este pan y bebéis esta copa, anunciáis la muerte del Señor hasta que venga» (1 Cor 11, 23-26).

Pero Pablo no dijo esto porque sí, sino para regañar a los de Corinto porque, al parecer, no le daban la importancia debida a este acto ritual:

«Cuando os reunís en común no es para ingerir la cena del Señor, porque cada uno se adelanta a tomar su propia cena, y mientras uno pasa hambre, otro se embriaga. ¿No tenéis, pues, casas para comer y beber? ¿O despreciáis las iglesias de Dios y avergonzáis a los que no tienen? ¿Qué os diré? ¿Os alabaré? ¡En eso no os alabo!» (1 Cor 11, 20-22).

«Por tanto, quien coma el pan o beba la copa del señor indignamente será reo del cuerpo y la sangre del Señor [...] De modo que, hermanos míos, cuando os reunáis para la cena, esperaos los unos a los otros. Si alguno tiene hambre, coma en su casa, a fin de que no os reunáis para vuestra sentencia» (1 Cor 11, 27-33).

Y así todo.

LA SALVACIÓN SEGÚN PABLO

Además, en sus cartas podemos ver algo muy interesante: tras su conversión, comenzó a pensar hacia atrás, como diría el exégeta E. P Sanders. Convencido de que Jesús había sido resucitado por Dios, empezó a consultar las Escrituras judías en busca de testimonios que vaticinasen de algún modo este plan divino: mandar a su hijo a la carne para que muriese en un acto redentor y resucitase como prueba de su gloria. Y claro, encontró un montón.

Así, Pablo llegó a la conclusión de que Jesús había sufrido en nombre de todos los pecadores que habían violado la voluntad divina y eran objeto de su ira. Jesús asumió esta ira para sí, en lugar de que cayese en aquellos. Por lo tanto, la pasión fue algo vicario: murió por el bien de los pecadores, lo que venía a significar que murió en nombre de todos. Y eso formaba parte de un plan divino trazado muchos siglos atrás. Fue cosa de Dios. Solo así se podría conseguir la justificación, la salvación.

Claro, esto era un marrón. ¿Qué pasa entonces con la antigua idea judía de que la salvación se conseguía gracias al cumplimiento de la ley? Además, eso implicaba que no solo los judíos podían lograrlo. También los gentiles, que ni siquiera necesitaban hacerse judíos y observar la ley.

Esto le llevó a replantearse el papel de la ley judía: no era algo indispensable para conseguir ser parte del verdadero pueblo elegido, que ya tampoco eran los judíos. Sí, era algo santo y bueno, pero, pensó Pablo, no garantizaba la salvación porque, en la práctica, resultaba imposible cumplirla por la presencia del pecado y del mal en el mundo. Y es que creía que el pecado era una fuerza cósmica real —como la muerte— que empujaba a la gente a hacer el mal y a actuar en contra de su voluntad. Dado que ningún judío podía hacer lo que Dios le pedía por la intromisión del pecado, se crearon los sacrificios redentores. Y eso mismo representaba la muerte de Jesús: un sacrificio redentor que acababa con todos los anteriores.

Moisés rompiendo las Tablas de la Ley, Rembrandt, 1659.

De hecho, algunos profetas ya habían vaticinado que en un tiempo futuro la ley dejaría de tener vigencia.

> «He aquí que vienen días, dice Yahvé, en los cuales haré nuevo pacto con la casa de Israel y con la casa de Judá. No como el pacto que hice con sus padres el día que tomé su mano para sacarlos de la tierra de Egipto; porque ellos invalidaron mi pacto, aunque fui yo un marido para ellos, dice Yahvé. Pero este es el pacto que haré con la casa de Israel después de aquellos días, dice Yahvé: Daré mi ley en su mente, y la escribiré en su corazón; y yo seré a ellos por Dios, y ellos me serán por pueblo. Y no enseñará más ninguno a su prójimo, ni ninguno a su hermano, diciendo: Conoce a Jehová; porque todos me conocerán, desde el más pequeño de ellos hasta el más grande, dice Yahvé; porque perdonaré la maldad de ellos, y no me acordaré más de su pecado» (Jr 31, 31-34).

Ese nuevo pacto, esa nueva alianza, había llegado con Jesús. Los que tuviesen fe en su muerte y resurrección habrían recibido la nueva ley, la ley de Jesús, en sus corazones, y gracias a eso habían sido liberados del imperio del pecado. Esto no quiere decir que la antigua ley dejase de tener validez por completo, sino más bien que había sido superada. La antigua fue un regalo de Dios para los judíos, el pueblo elegido, para que tomasen conciencia de sus transgresiones y sus pecados y pudiesen llevar una vida recta y piadosa. Pero no otorgaba la salvación *per se*. Para eso estaba la nueva ley, la ley del Mesías, entregada ahora a toda la humanidad.

Los judíos, eso sí, no debían renunciar a su ley. Al contrario, ahora, gracias a que Jesús había eliminado el pecado del mundo, podían cumplirla como Dios manda. Pero los gentiles no tenían por qué hacerlo. ¿Quiere eso decir que no estaban sometidos a ninguna norma ética? No, claro que lo estaban, pero a otras leyes que también aparecen en las Escrituras, como el decálogo de Moisés.

Muy relacionada con todo esto está otra idea: para Pablo, Jesús y su muerte suponían la realización de todas las promesas que Dios había regalado al pueblo de Israel anteriormente. Es decir, era la realización misma del judaísmo.

LA RESURRECCIÓN DE LOS MUERTOS

Pero, ojo, no podemos olvidar que todo esto lo pensaba Pablo convencido de que se estaban viviendo los últimos tiempos y de que estaba a punto de instaurarse el Reino de Dios —que vendría acompañado por la segunda venida de Jesús, a la que Pablo hizo referencia en multitud de ocasiones—, que por fin acabaría con las fuerzas malignas —la muerte, el pecado— y que conduciría a la resurrección de los muertos; y aquellos que se hubieran puesto de parte de Dios serían recompensados con la vida eterna. Pero esto no lo pensaban todos los judíos, como ya comentamos anteriormente. Lo pensaban muchos fariseos, y los esenios, pero también Jesús.

Es más, Pablo tenía claro que Jesús había sido el primer resucitado, algo que sin duda había orquestado Dios para que liderará a todos los demás. Por eso se refería a él como «primicia de los que durmieron» (1 Cor 15, 20,23). En este caso, Pablo tiró de metáfora agrícola: las primicias son los primeros frutos que el agricultor recoge cuando considera que la cosecha está a punto, justo antes de recoger el resto, algo que haría al día siguiente. Así, Pablo estaba convencido de que esto era algo inminente: por eso había que estar preparado, por eso se lanzó a una actividad proselitista y misionera tan tremenda.

Es más, esto de la resurrección de los muertos tenía su problemática. ¿Qué pasaba, por ejemplo, con los que por desgracia fallecían antes de la llegada del Reino de Dios? Eso mismo se plantearon los cristianos de la ciudad de Tesalónica, una comunidad que el propio Pablo había fundado. Al parecer, le escribieron preguntándoselo, y Pablo les respondió en la primera carta a los Tesalonicenses.

«Pues si creemos que Jesús murió y resucitó, del mismo modo Dios llevará también consigo por medio de Jesús a los ya dormidos. Os decimos esto fundados en una palabra del Señor: nosotros, los que vivimos, los que quedamos hasta la venida del Señor, no nos adelantaremos a los ya dormidos. Porque el Señor mismo, a una orden, a la voz de un arcángel y por la trompeta de Dios, bajará del cielo, y los que murieron en el Mesías resucitarán en primer lugar. Después nosotros, los que vivamos, los que quedemos, seremos arrebatados en nubes, junto a ellos, al encuentro del Señor en los aires. Y así estaremos siempre con el Señor» (1 Tes 4, 14-17).

Ojo, Pablo da por hecho que él no será uno de los que «murieron en el Mesías», claro indicio de que pensaba que el fin de los tiempos eran inminente. En cualquier caso, afirmaba que los vivos serían arrebatados en nubes hacia el cielo, creencia a la que han sacado mucho jugo los cristianos evangélicos, los adventistas y los testigos de Jehová. Lo curioso es que el Apocalipsis no dice nada de esto. En ningún momento. Pero la Iglesia, siempre atenta, terminó creando un corpus en el que el arrebatamiento, la resurrección de los muertos y la gran tribulación final de la que hablaba el Apocalipsis iban de la mano.

Además, debemos tener claro que esa resurrección no era algo espiritual: no habla de almas que irán al cielo, sino de cuerpos que recobrarán la vida realmente. Eso sí, no serán cuerpos *normales*, sino cuerpos gloriosos, similares al de cuando regresó Jesús tras la muerte, perfectos, inmortales, sin dolor, sin corrupción.

> «Y digo esto, hermanos, que la carne y la sangre no pueden heredar el reino de Dios: ni la corrupción hereda la incorrupción. ¡Mirad! Os digo un misterio: no moriremos todos, pero todos seremos transformados. En un instante, en un pestañeo de ojos, con la trompeta final, pues sonará la trompeta, los muertos serán resucitados incorruptibles y nosotros seremos transformados. Pero es necesario que esto corruptible se revista de incorruptibilidad; y esto mortal se revista de inmortalidad» (1 Cor 15, 50-53).

Resurrección de la carne, Luca Signorelli, Capilla de San Brizio, Duomo, Orvieto, 1500.

ENEMIGOS

Es curioso. Uno de los lugares comunes de las cartas auténticas de Pablo es la presencia de distintos *enemigos* a los que atacaba con contundencia e ira, más que nada porque algunos de ellos se dedicaban a malmeter y a atacar sus ideas en las propias comunidades que él había fundado.

En la región de Galacia, por ejemplo, hubo varios atrevidos que afirmaban que Pablo había malinterpretado y manipulado el mensaje de Jesús al proponer que los conversos varones no debían circuncidarse para formar parte del pueblo de Dios, el nuevo pueblo elegido. No sabemos quiénes son, pero está claro que atacaban a Pablo por considerar que la salvación no se conseguía automáticamente por obedecer la ley judía; además, y esto es importante, afirmaron que los líderes de la Iglesia de Jerusalén (Pedro, Juan y Jacobo, el hermano de Jesús) pensaban lo mismo. Por lo tanto, la acusación era que Pablo había corrompido las enseñanzas originales de Jesús y, por extensión, que no era un apóstol de verdad.

Pablo les respondió con crudeza y rabia en su carta a los Gálatas, carta que comienza con toda una declaración de intenciones.

«Pablo, apóstol, no de parte de los hombres ni por medio de hombre, sino por Jesús, el Mesías, y Dios Padre, que lo resucitó de entre los muertos» (Gál 1, 1).

En otras palabras: No solo soy un apóstol de verdad, sino que mi vocación no depende de ningún hombre, como la vuestra, sino directamente de Jesús, el Mesías, y de Dios. Chupaos esta. Por eso le dolía que aquellos gálatas le hubiesen hecho caso a los facinerosos y anónimos apóstoles que le criticaban.

> «Me maravillo de que tan rápidamente desertéis del que os ha llamado en la gracia del Mesías a otro evangelio, pues no hay otro, si no es que hay que algunos que os perturban y quieren cambiar el evangelio del Mesías. Pero, aunque nosotros mismos, o un ángel del cielo, os predicara un evangelio distinto al que os hemos evangelizado, ¡sea anatema!» (Gál 1, 6-9).

Para defenderse, Pablo argumentó lo que ya vimos: que su evangelio es fruto de una revelación divina y que Dios le había encargado convertir a los gentiles.

Pero es evidente que había fricciones entre los distintos grupos cristianos y que no todos estaban de acuerdo con Pablo, especialmente los dirigentes de la Iglesia de Jerusalén, con los que tuvo varios encontronazos. Esto no puede ser pasado por alto ni se le puede restar importancia, pues evidencia, de nuevo, que no había un solo cristianismo, sino varios. Y que los enemigos de Pablo no dudaban en ir tras él para desacreditarle.

Y no solo en Galacia. En Corinto también había varios detractores, a los que calificó Pablo como «superapóstoles», que negaban su autoridad y defendían que era un advenedizo, que no tenía ni de idea del mensaje de Jesús y que carecía del carisma y de la retórica necesarias. Especialmente se mostraban contrarios a la idea de que los muertos resucitarían en cuerpo y alma; pensaban que el cuerpo era algo irrelevante y que no importaba lo que se hacía con él. Pablo arremetió duramente contra ellos al final de la carta a los Corintios, exponiendo sus ideas sobre que, cuando aquello se produjese, los cuerpos de los resucitados no serían los mismos, al igual que sucedería con los de los arrebatados, como ya vimos.

Pero para que esto sucediese era necesario llevar una vida digna, cuidando tanto el cuerpo como el alma, cosa que, al parecer, no hacían los corintios… A eso se refería Pablo cuando decía que los que le siguiesen debían llevar una vida de dolor y sufrimiento, aunque luego, al final, serían recompensados. Y por eso en varias de sus cartas se empeña en mostrar cuáles deben ser las virtudes de los buenos cristianos (por ejemplo, en Romanos 12, 15).

Es más —y esto es flipante—, en el propio Nuevo Testamento podemos encontrar algunos ataques velados hacia sus ideas y enseñanzas; por ejemplo, en la tardía y polémica carta de Jacobo (posiblemente de mediados del siglo III, como vimos, aunque elaborada sobre un texto anterior, quizás de comienzos del siglo II), criticada duramente por Lutero —la llamó «epístola de paja»—. Sin entrar en mucho detalle, se puede apreciar claramente en este texto una respuesta a Pablo en torno a sus ideas sobre la salvación, que solo se obtenía, por parte de los gentiles, mediante la fe; en cambio, aquí se dice que, además de por la fe, la justificación se lograba por las obras.

JUDAÍSMO VS. CRISTIANISMO

Esto es importante entenderlo: aunque Pablo se convirtió a la fe de Jesús tras una suerte de epifanía sobrenatural, no es correcto considerar que en ese momento abandonó el judaísmo y se hizo cristiano. Cuando esto sucedió, posiblemente a finales de la década de los años cuarenta del siglo I, no existía el cristianismo. Todos los cristianos de la época eran judíos, y los que no, como hemos visto, tenían que hacerse judíos.

Sí, él fue el primero en abrir la puerta para que los conversos al evangelio de Jesús no tuviesen que pasar por ese paso previo, que comenzó a considerar innecesario. Pero eso no quiere decir que renegase del judaísmo. Al contrario, defendió con especial ahínco que la fe en Jesús como el esperado Mesías de las Escrituras representaba la forma correcta de entender la religión en la que se había formado. Así, al convertirse, no pasó de una religión a otra, sino que aceptó a Jesús como el esperado libertador enviado por Dios para liberar a su pueblo, aunque pronto empezó a considerar que ese pueblo no estaba compuesto solo por los descendientes de Jacob, sino por toda la estirpe de Adán, todos nosotros.

Es importante entender además que era un judío de la diáspora, como la mayoría de los judíos, de hecho. Y esto tenía sus implicaciones, desde no hablar la misma lengua (el griego, en lugar del arameo) a convivir cotidianamente con personas que profesaban religiones distintas. Es decir, Pablo, a diferencia de Jesús o del resto de apóstoles, nació y se crio entre gentiles que creían en otros dioses; y no solo en los dioses oficiales del panteón grecorromano, sino también en las deidades locales de la naturaleza, las ciudades y la vida doméstica, sin libros sagrados, sin revelaciones divinas y sin sistemas éticos sancionados por la divinidad. Las diferencias con las creencias y las prácticas judías eran abismales, empezando por la esencial idea de la alianza entre Dios y el pueblo elegido, y continuando con la práctica de sacrificios en el templo, la obediencia estricta de la ley judía, el respeto a la Torá y a los otros libros sagrados o la circuncisión.

Pablo, como él mismo relató, pese a ser judío de la diáspora, «sobrepasaba en judaísmo» a muchos de sus compatriotas (Gál 1, 13). Sin duda, conocía en profundidad las Escrituras judías y la ley. Es más, como también indicó, fue fariseo, lo que implica que estaba muy puesto en la tradicional retórica dialéctica sobre la correcta interpretación y aplicación de la ley en la vida cotidiana. Lo que no parece tan probable es lo que afirmó el autor de los Hechos: que estudió en Jerusalén con el prestigioso maestro fariseo Gamaliel (Hch 22, 3). De haber sido así, lo habría comentado en alguna de las ocasiones en las que habló de su pasado como estricto judío en sus cartas.

Aun así, no dudó en atacar duramente a los judíos cristianos que exigían a los conversos que se circuncidasen. En Filipenses les califica como «perros».

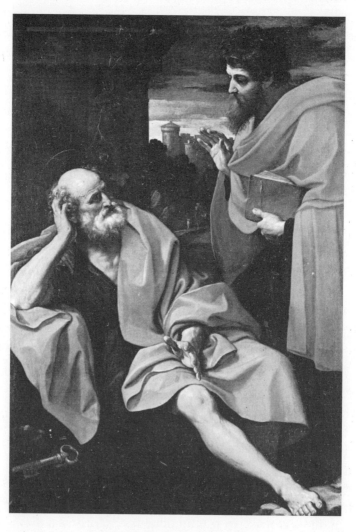

Pedro y Pablo, Guido Reni, 1605.

El problema es que eso mismo es lo que defendía la Iglesia de Jerusalén, dirigida, según Hechos y el propio Pablo, por uno de los hermanos de Jesús, Jacobo, como ya vimos. En Gálatas ataca pública y duramente a Pedro por hipócrita, ya que mientras estaban en Antioquía comía y alternaba con los gentiles conversos sin problema, pero cuando llegaron «algunos del grupo de Jacobo», cambió y dejó de hacerlo. Recuerden la cita que les comenté antes:

> «Cuando llegó Cefas a Antioquía, me enfrenté con él cara a cara, porque era digno de represión. Pues antes de que llegaran algunos de los de Jacobo, comía con los gentiles; pero cuando llegaron, se apartaba y retiraba por temor a los de la circuncisión. Y lo imitaron en su hipocresía los demás judíos» (Gál 2, 11-13).

Que había un enfrentamiento entre Pablo y la Iglesia de Jerusalén es evidente. Sí, parece que llegaron a un acuerdo, quizás porque no había otro camino. Pero el choque es obvio. Y eso se puede apreciar si ponemos el foco en la carta de Jacobo, de la que ya les hablé anteriormente, en la que parece atacarse a Pablo por considerar que la salvación solo se consigue por la fe, no por las obras. Sí, esta carta no es de Jacobo, pero llama la atención que en el Nuevo Testamento se incluya una misiva en la que se ataca de forma clara al de Tarso.

Una prueba más de que en esta pequeña biblioteca cristiana estaban presentes varios cristianismos, y que casi ninguno de ellos se hacía eco del mensaje real de Jesús.

Los que sí lo hicieron, o al menos pretendieron hacerlo, fueron los ebionitas, un grupo de cristianos que pervivieron hasta mediados del siglo III que aseguraban ser fieles a Jacobo y renegaban de Pablo, al que acusaban de ser un falso apóstol.

Esto de ebionitas procede del hebreo *ebyon*, que significa «pobre». Al parecer, defendían la pobreza, la humildad y la vida comunitaria, tal y como hicieron, según Hechos, los primeros cristianos. Además, defendían que para seguir a Jesús había que hacerse primero judío y observar la ley, como pensaba que había hecho Jesús. Además, eran adopcionistas, pues creían que no era hijo real de Dios, sino que fue adoptado durante el bautismo en el Jordán, como también parecía pensar Marcos; fue, pensaban, un hombre de carne y hueso que recibió el encargo divino de sacrificarse por los pecados del mundo, terminando así con los sacrificios prescritos por la Torá. Claro, esto implicaba que renegasen también del evangelio de Juan.

Así, los ebionitas se situaban en el extremo opuesto de Marción. Por lo tanto, era normal que considerasen a Pablo como un falso apóstol.

INFLUENCIA

Sea como fuere, lo cierto es que Pablo se terminó convirtiendo en un personaje esencial en la formación del cristianismo como una nueva religión. Tanto que incluso cristianos con diferentes perspectivas apelaban a su autoridad. Un ejemplo:

> «Podéis contar con la generosa salvación de nuestro señor, según os escribió nuestro amado hermano Pablo con la sabiduría que le ha sido otorgada. En sus cartas ha hablado de estos temas. En ellas hay algunos puntos difíciles, sin que falte gente inculta y poco formada que los distorsionen como al resto de las escrituras, con lo cual andan perdidos» (2 Pe 3, 15-16).

No sabemos quién escribió esta carta, y es lógico que le otorgase autoridad a Pablo. Pero también lo hacían aquellos a los que criticaba en esta misiva, que tampoco sabemos quiénes son, aunque es muy probable que se trate de cristianos gnósticos. Además, y esto mola, esta carta, escrita probablemente a principios del siglo II, deja claro que ya en aquella época circulaban colecciones con las cartas de Pablo y que eran ya parte del corpus literario de la nueva fe.

¿Recuerdan lo que comentamos páginas atrás sobre Marción de Sínope? Pese a que su movimiento fue declarado como herético, también consideraba que Pablo era la máxima autoridad y la más acorde con su particular y alucinante postura dualista, que le llevaba a considerar que había dos deidades distintas: el dios creador del mundo material de los judíos y el dios espiritual y bueno de Jesús.

En cualquier caso, es obvio que, después de Jesús, Pablo es la figura más importante en la historia del cristianismo. Gracias a su labor misionera, el pequeño movimiento judío se extendió por el Imperio romano y terminó convirtiéndose en una religión universal.

Además, sus propuestas teológicas, centradas en la muerte y resurrección de Jesús, se convertirán en el epicentro del mensaje cristiano y, junto a sus escritos, serán esenciales para la confección de los evangelios y del Nuevo Testamento en general. Recuerden que, aunque no sean realmente suyas, de los veintisiete libros, trece han sido adjudicados a Pablo.

Aunque habría que ver qué pensaría el apóstol si viese en qué se ha convertido aquel movimiento, pensando como pensaba que el fin del mundo, la llegada del Reino de Dios y la resurrección de los muertos iba a tener lugar en su propia vida.

Sin embargo, llama la atención que en el Nuevo Testamento se contradiga en ocasiones el mensaje que él mismo defendió en sus cartas, especialmente en los Hechos de los Apóstoles, una obra que, en gran parte, gira en torno a él. ¿Cómo es posible esto? Sencillo: el autor de este libro escribió una generación después de Pablo y con toda seguridad bebió de reinterpretaciones secundarias de sus ideas. Podría ponerles muchos ejemplos, pero creo que con este será suficiente para ilustrar lo que pretendo explicar.

En Hechos, justo después de cambiar su nombre —ahora hablaremos de esto—, se narra que Pablo y Bernabé llegaron en su primer viaje misionero a la ciudad de Antioquía de Pisidia, en el centro de la actual península de Anatolia. Era sábado, andaban por la sinagoga, y Pablo se vino arriba y lanzó un extensísimo discurso (Hch 13, 16-41), en el que, además de comentar brevemente la historia de los judíos, habló de Jesús, descendiente de la casa de David, y comentó que fue rechazado por su propio pueblo, que le entregó a Pilato para que fuese ejecutado. Pero Dios le resucitó de entre los muertos, continúa comentando, y además su muerte formaba parte del plan: murió por nuestros pecados. Ya saben.

El sermón fue un pelotazo, según el autor de Hechos, tanto que a la semana siguiente había una multitud esperando a oír a Pablo, pero las autoridades judías, cegadas por la envidia, acabaron contraatacando y consiguieron echarles a patadas de Antioquía. Por este motivo decidió centrarse desde entonces en los gentiles.

Esto no casa con lo que Pablo comentó en sus cartas. No es que se dirigiese a los judíos en primer lugar y, tras recibir el rechazo de estos, decidiese evangelizar a los gentiles, sino que Pablo defendió hasta la extenuación que su misión, ordenada por Dios mediante una revelación personal, consistía en predicar la buena nueva solo y exclusivamente a los gentiles.

En realidad, este sermón de Hechos es una metáfora de la historia de Jesús, comenzando con sus orígenes como descendiente de la casa de David, continuando con su muerte a mano de los judíos y terminando con su gloriosa resurrección.

Es más, a Pablo no parecía importarle la vida *física* de Jesús. En sus cartas apenas contó nada sobre esto, ni mencionó a casi ninguno de los protagonistas de los posteriores dramas evangélicos.

Además, hay una diferencia teológica clara entre lo que se afirma en este sermón sobre la muerte de Jesús y lo que defendía Pablo. Para este, la muerte de Jesús supuso el fin de pecado, un sacrificio voluntario en nombre de todos para que no tuvieran que pagar ellos mismos por lo que habían hecho. Sin embargo, aquí no se dice eso exactamente, sino que la muerte de Jesús condujo al perdón de los pecados. No es lo mismo. Perdonar libera al pecador de la obligación de pagar por lo que ha hecho. Y según este discurso, y según la teología general de Hechos, Jesús fue condenado a muerte por error, lo que provocará que, cuando la gente lo entienda, se arrepienta de sus pecados y obtenga, de camino, el perdón de Dios. ¿Entienden la diferencia?

HECHOS DE PABLO

Esto es especialmente significativo si partimos de que el autor de Hechos, identificado tradicionalmente con Lucas, miembro de una de las iglesias que fundó Pablo, consideraba a este como el gran héroe de la fe. No en vano, le dedicó dos tercios de la obra. Es más, en cuanto Pablo entra en acción, todo se centra en él y el resto de apóstoles, inexplicablemente, desaparecen. Sin embargo, pese a esto, y pese a que es posible que le conociese, no nos ofrece un relato veraz de sus hechos, como ya hemos visto.

Tampoco sería la única ocasión en la que alguien que veneraba a Pablo y escribió sobre él nos ofreciese una versión de su vida y su mensaje que contradiga lo que el propio Pablo defendía en sus cartas: el anónimo autor de los Hechos de Pablo no parece conocer bien su teología, y en vez de mostrarle explicando sus ideas sobre la muerte vicaria de Jesús y su resurrección gloriosa, le sitúa como una especie de eremita abstemio que predica un evangelio de la renuncia.

Este texto apócrifo fue escrito a mediados del siglo II. Tertuliano escribió sobre él en el año 200, afirmando que era un texto herético porque consideraba que instaba a las mujeres a predicar y bautizar. Sin embargo, Hipólito de Roma sí lo consideró legítimo.

Por supuesto, no es asunto mío analizar esta obra que, como saben, no aparece en el Nuevo Testamento; y me gustaría, ya que, entre otras cosas, es aquí donde se cuenta por primera vez el supuesto martirio de Pedro en Roma, que, según la tradición, pidió ser crucificado bocabajo para no recibir la misma muerte que Jesús; además de que contaba la complicada historia de Pablo y Tecla de Iconio, una joven conversa que se convirtió en su fiel compañera. De hecho, dentro de este volumen existe otro más concreto que se llama precisamente Hechos de Pablo y Tecla.

LAS OTRAS CARTAS

Lo importante para mí era mostrar que el autor de este libro, como el de Hechos, pese a defender a muerte a Pablo como el principal apóstol, se alejó de su verdad histórica. Y no serán los únicos: los autores de las cartas atribuidas a Pablo que aparecen en el Nuevo Testamento —recuerden, 2 Tesalonicenses, Efesios, Colosenses, 1 y 2 Timoteo y Tito— expusieron ideas que chocaban de frente con lo que el propio Pablo exponía en sus epístolas.

Un ejemplo: en 2 Tesalonicenses se comenta algo que contradice abiertamente las ideas de Pablo sobre el fin de los tiempos en 1 Tesalonicenses, donde expuso que la segunda venida de Jesús estaba al caer y que llegaría «como un ladrón en la noche», sin avisar, por lo que hacía falta estar preparado. Sin embargo, en la segunda carta se muestra que los destinatarios creían en esto, pero no su autor, que escribe explícitamente que antes de que esto suceda deben ocurrir unas cuantas cosas (2 Tes 2, 1-12). Está claro que el anónimo redactor, que escribió mucho tiempo después del de Tarso, pretendió solucionar así el problema de que el fin del mundo no había llegado en vida de Pablo. Por el motivo que sea, la movida se había retrasado. Y mientras tanto, había trabajo que hacer, como organizar una Iglesia.

Otro ejemplo: en la carta a los Efesios se indica a los potenciales lectores que ya han experimentado la resurrección espiritual, que ya gozan de la gloria y los dones divinos y que Dios ya los ha sentado en los cielos (2, 5-6). Pero esto, precisamente esto, es contra lo que Pablo escribió en 1 Corintios, donde afirmó que la resurrección no sería algo espiritual que ya había tenido lugar, como pensaban algunos en Corinto, gracias al bautismo, sino que sería algo físico, cárnico, que solo tendría lugar cuando Jesús regresase.

Y ya puestos, en las epístolas pastorales (1 y 2 Timoteo y Tito), llamadas así porque supuestamente iban dirigidas a dos compis a su cargo (Timoteo, pastor de Éfeso, y Tito, pastor de Creta), sus autores se centran en explicar cómo deben gestionar y dirigir sus comunidades. Es decir, muestran ya una organización compleja y estructurada, con un consejo de ancianos al timón y un grupo de diáconos subordinado. Pero nada de esto existía en tiempos de Pablo, que pensaba que no hacía falta organizar nada porque el fin era inminente. Es más, ni siquiera tuvieron en cuenta que Pablo permitía que las mujeres desempeñaran un papel relevante en sus iglesias, pues en las pastorales se muestra explícitamente que han sigo ninguneadas por completo y que ni siquiera pueden hablar en la iglesia (por ejemplo, 1 Tim 2, 11-15).

En definitiva, todos estos seguidores de Pablo lo recordaban con cariño y fe, pero no dudaron en manipular su mensaje según sus particulares creencias. Lo curioso es que fueron estos, entre otros, los que formaron la primigenia ortodoxia y quienes decidieron qué libros se incluirían en el Nuevo Testamento, enfrentándose claramente a los gnósticos y a Marción, ¡que también veneraban a Pablo!

EL CAMBIO DE NOMBRE

Pero volvamos atrás.

Andaba Pablo, durante su primer viaje misionero, por la isla de Chipre. Hasta allí había llegado en compañía de Bernabé, enviados, claro está por el Espíritu Santo. Y allí se encontraron con un cierto mago, un «falso profeta judío, cuyo nombre era Barjesús» (Hch 13, 6) —esto significa, literal y curiosamente, «hijo de Jesús»—, también conocido como Elimas. Este tipo estaba muy bien relacionado, pues contaba con el apoyo del procónsul romano local, Sergio Paulo, que, al parecer, estaba interesado en el mensaje de los recién llegados. El mago, mosqueado por aquella intromisión, intentó convencer al procónsul para que no hiciese caso a los dos misioneros. Y Pablo, enterado, decidió intervenir y le dijo:

> «Hombre lleno de toda clase de engaño y de todo fraude, hijo del diablo, enemigo de toda justicia, ¿no vas a cesar de torcer los caminos rectos del Señor? Pues ahora fíjate, la mano del Señor está sobre ti y quedarás ciego sin poder ver el sol por cierto tiempo» (Hch 13, 10-11).

¿Qué creen que pasó? Sí, la amenaza se cumplió.

> «Inmediatamente cayeron sobre él oscuridad y tinieblas. Y dando vueltas, buscaba a alguien que lo llevase de la mano. Entonces, cuando vio el procónsul lo sucedido, creyó» (Hch 13, 11-12).

Nada de esto aparece en sus cartas, por lo que la crítica especializada da por hecho que se trata de una leyenda. Tampoco hacía falta ser muy listo para percatarse. Lo guapo es que esta historia guarda mucha relación con el cambio de nombre de Saulo a Paulo. En el propio episodio se dice lo siguiente al respecto: «Saulo, también llamado Pablo» (13, 9). Sin más. ¿Por qué este cambio? Hasta este capítulo 13 de Hechos siempre se le nombra como Saulo, helenización del hebreo Sha'ul/Saúl, nombre del primer rey de Israel. La tradición cristiana siempre ha defendido que asumió el nombre de Pablo (Paulo), helenización del nombre latino Paulus, que significa «pequeño», en este momento. De hecho, a partir de ahí ya no se le llama más Saulo —tampoco aparece con este nombre en ninguno de los libros del Nuevo Testamento—.

Quizás el motivo sea un guiño para iniciados. Si lo vemos desde otra perspectiva, Pablo abandonó su nombre original, Saulo, el mismo del mítico rey judío, por un vocablo romano que significa «pequeño». Por esto, numerosos exégetas cristianos han planteado que fue un acto de humildad, de reconocimiento de su nuevo papel como siervo de Dios. No en vano, era habitual que los esclavos, tras cambiar de dueño, asumiesen el nombre del nuevo propietario. ¿Es posible que Pablo reprodujese esto simbólicamente, al pasar de ser un hombre libre a convertirse en un siervo de Dios? Sí, es posible, pero nunca lo sabremos.

Esto encajaría, además, con algo que podemos leer en 1 Corintios 15, 8-10:

«Y en último lugar se me apareció también a mí, como a un abortivo. Pues yo soy el menor [el más pequeño] de los apóstoles, que no soy digno de ser llamado apóstol, porque perseguí a la Iglesia de Dios. Mas, por la gracia de Dios soy lo que soy».

Además, en sus cartas solía identificarse como «Pablo, esclavo [*doúlos*] de Jesús, el Mesías, llamado, apóstol, apartado para el evangelio de Dios», como sucede, por ejemplo, en Romanos 1, 1.

Parece razonable. Además, hay que tener en cuenta que se trata del primer viaje misionero de Pablo, que inauguró así su intensa actividad proselitista entre los gentiles. Sin duda, este cambio de nombre, además, simbolizaba eso, su alejamiento del judaísmo y su entrega absoluta al apostolado de aquellos.

La conversión del procónsul, Rafael, 1515.

Esta idea, bastante asumida por los cristianos desde antiguo, en cambio, no era aceptada por todos los padres de la Iglesia. Jerónimo de Estridón, significativamente, argumentaba que el cambio se debe a este relato legendario del que hablábamos antes, a la conversión del procónsul Sergio Paulo, la primera que hizo Pablo; claro que este señor también defendía, sin evidencia alguna, que ya se conocían de antes y que su familia había recibido la ciudadanía romana gracias al chipriota este.

Para acabar con esto, otros han defendido que no había tanto lío aquí, sino que era habitual que los judíos que también eran ciudadanos del imperio tuviesen dos nombres, uno hebreo y otro latino o griego, que, además, solían parecerse. No parece cierto.

PABLO EL MILAGRERO

Eso sí, este milagro, que acabó con el pobre mago aquel ciego, no fue el único que, según el Nuevo Testamento realizó Pablo —hay un montón más, pero aparecieron en obras apócrifas—. Unos capítulos después, se cuenta otro casi más alucinante.

Andaba Pablo predicando en la región de Tróade, en el noroeste de la península de Anatolia. Un buen día, domingo para más concreción, mientras Pablo enseñaba a sus discípulos en el tercer piso de una casa, uno de estos, un joven llamado Eutico, que estaba sentado en una ventana, se quedó frito por la chapa que el apóstol llevaba lanzando durante horas —«por cuanto Pablo disertaba largamente» (Hch 20, 9)—, con tan mala suerte que cayó y se pegó un buen leñazo, que acabó con su vida al instante.

Imaginen el drama.

Pero Pablo, siempre atento, bajó, le abrazó e hizo su magia. «No os alarméis, pues está vivo» (20, 10). Solucionado el problema, subieron juntos y Pablo, famoso por sus discursos a lo Fidel Castro, continuó hablando sin parar hasta el amanecer...

Es curioso, pero Lucas, el famoso Lucas del que ya hablamos, era uno de los allí presentes. Como vimos, la tradición le atribuye la escritura de los Hechos de los Apóstoles. Pues bien, justo hasta este punto, el autor, pretendidamente Lucas, escribe en tercera persona; pero a partir de aquí, a partir del versículo 13 del capítulo 20, comienza a hacerlo en primera persona del plural. Y así lo hace hasta finales del capítulo siguiente, en el que se narra la detención de Pablo.

San Pablo levantando a Patroclo, Agostino Carracci, 1583. El grabado se
hace eco de una curiosa escena apócrifa que fue recogida en la *Leyenda
dorada* de Santiago de la Vorágine, una recopilación de hagiografías
publicada a mediados del siglo xiii, que a su vez se hizo eco de una
escena incluida en los Hechos de Pablo, del siglo ii. La historia cuenta
que un señor llamado Patroclo, copero del emperador, se cayó desde una
ventana del palacio del Nerón, tras quedarse dormido mientras escuchaba
un sermón que estaba pronunciando Pablo. Este, enterado, bajó y lo
resucitó... Los parecidos con la historia del pobre Eutico son obvios.

En los Hechos de los Apóstoles se mencionan unos cuantos milagros más de Pablo, como el del tullido que no podía caminar de la ciudad de Listra (14, 8-18), o el de la joven esclava poseída por un demonio a la que sanó en Filipos (16, 16-34), o cuando sobrevivió él mismo a la mordedura de una bicha (28, 3-6). De algún modo, estos milagros, como sucedía en el caso de Jesús y sus apóstoles, le daban autoridad y validez a su mensaje.

Es más, aunque Pablo no fue demasiado explícito con esto, también reconoció en sus cartas que el poder de Dios se manifestaba a través suyo mediante señales y prodigios.

«No me atreveré a hablar de cosa alguna que el Mesías no haya operado por mi medio, para la obediencia de los gentiles de palabra y obra, con el poder de señales y prodigios, con el poder del Espíritu de Dios» (Rom 15, 18-19).

Pero ¿qué es lo que hacía? No lo sabemos, no lo dijo, seguramente porque sus lectores, a los que iban dirigidas sus cartas, ya lo sabían. Pero algo hacía, y «no solo con palabras, sino también con poder y con el Espíritu Santo» (1 Tes 1, 5).

Una última curiosidad: esto no era solo un don de Pablo, sino también de muchos de sus seguidores. Miren como lo expresó en 1 Corintios:

«Hay diversidad de carismas, pero el Espíritu es el mismo; diversidad de ministerios, pero el Señor es el mismo; diversidad de operaciones, pero el mismo Dios que obra con todos. Y a cada cual se le da la manifestación del Espíritu para la utilidad común. Pues a uno se le da por el Espíritu palabra de sabiduría; a otro, palabra de ciencia según el mismo Espíritu; a otro, fe en el mismo Espíritu; a otro, poder de milagros; a otro, profecía; a otro, discernimiento de espíritus; a otro, diversidad de lenguas; a otro, don de interpretarlas» (1 Cor 4, 10).

Pablo comenta esto en el contexto de una trifulca que había entre aquellas gentes en torno a esos dones espirituales. Como pueden apreciar, algunos de esos dones eran sobrenaturales, como la capacidad de obrar milagros o de ver el futuro. Pero eso de «diversidad de lenguas»... Pablo no quería indicar con esto la capacidad de hablar en idiomas extranjeros, don que reciben los apóstoles durante la famosa escena del día de Pentecostés de la que hablaba Hechos, para el que se usa el término xenoglosia; sino a lo que se conoce como glosolalia, palabro que hace referencia a la vocalización de sílabas sin significado comprensible, algo más bien propio del lenguaje infantil. Para Pablo no era eso, sino una especie de manifestación extática que en ocasiones él mismo denominó como hablar la «lengua de los ángeles» (1 Cor 13, 1). Por eso precisamente otro de los dones era la capacidad para interpretar y descifrar el significado de aquellas palabras sin sentido.

Es más, en esa misma carta ahondó en el tema:

> «Aspirad a los dones espirituales, especialmente el que profeticéis. Pues que el que habla en lenguas no habla a los hombres, sino a Dios; pues nadie lo oye: dice en espíritu cosas misteriosas. Por el contrario, el que profetiza habla a los hombres para su edificación» (1 Cor 14, 1-3).

Curioso.

LA MUERTE DE PABLO

Por desgracia, no sabemos cómo terminó sus días Pablo. Y en parte se debe a que no se cuenta en los Hechos de los Apóstoles, que, como vimos, termina de una forma abrupta.

La tradición defiende que murió en Roma decapitado por orden del emperador Nerón.

En la primera carta de Clemente, dirigida a la iglesia de Corinto desde Roma, escrita hacia al año 95, se habla explícitamente de su muerte.

> «Por causa de envidias y contiendas, Pablo señaló el camino al premio que conlleva el tesón a toda prueba. Siete veces estuvo en cadenas, fue enviado al exilio y apedreado; sirvió como heraldo tanto en Oriente como en Occidente, y adquirió una reputación noble por su fe. Enseñó la rectitud al mundo entero, y llegó a los límites de Occidente, para dar testimonio antes los gobernantes. Y así fue liberado de este mundo y transportado al lugar santo».

De hecho, según Clemente, Pablo cumplió con su intención de ir a los «confines de la tierra», como expresó en Romanos, es decir, a Hispania. Pero no dijo nada de su martirio.

Fue en los Hechos de Pablo, de finales del siglo II, cuando se contó cómo fue su muerte: Pablo, según este libro, llegó a Roma y alquiló una casa que sirviese de punto de encuentro con los cristianos de allí —a los que no había convertido él—. Uno de aquellos era Patroclo, escanciador oficial del emperador Nerón. Un buen día, mientras escuchaba al maestro sentado en una ventana de la planta alta, se quedó frito y acabó desplomándose y perdiendo la vida —les suena esto, ¿no?—. Nerón, enterado, se cogió un enfado enorme. Pero mientras tanto Pablo hizo de las suyas y le devolvió la vida al joven. Claro, cuando Patroclo se presentó vivito y coleando ante Nerón, este se quedó pasmado; más aún cuando le contó lo sucedido. Nerón, muerto de envidia, y temiendo por su puesto, decidió detener al escanciador y se lanzó a perseguir a los cristianos.

Pablo en prisión, Rembrandt, 1627.

Finalmente, según esta leyenda tardía, Pablo terminó siendo detenido por las huestes romanas y llevado ante el propio emperador, que no dudó en amenazarle de muerte. Dicho y hecho: Nerón ordenó que acabasen con su vida y terminó siendo decapitado. Pero se produjo un fascinante milagro: en lugar de sangre, de su cuello brota leche. ¿Por qué? No está muy claro, aunque se da por hecho que simboliza que la muerte no es el final, sino el inicio de una nueva vida.

Pero, ¿qué problema podía tener el Imperio romano con Pablo? Es sabido que los romanos no solían meterse en asuntos religiosos ni perseguían a nadie por sus creencias, excepto en casos concretos. Es posible plantear una escena similar a la que se comenta en la primera carta de Pedro, con Roma persiguiendo a las comunidades cristianas por considerarlas antisociales y contrarias al bien común. Pero, repito, no lo sabemos.

EL MISTERIOSO CAPÍTULO 29

Repito: los Hechos de los Apóstoles terminan de una forma abrupta, como si su autor hubiese tenido que terminar la narración por algún desconocido motivo, o como si su final hubiese sido amputado. Y no solo porque la trama queda incompleta, que queda, sino porque no concluye con el siempre necesario «amén» de todas las obras neotestamentarias.

El último capítulo es el 28, que termina de una manera muy desconcertante: Pablo, tras ser detenido, es enviado a Roma, junto a Lucas, ya que había apelado a la autoridad del césar como ciudadano romano que afirmaba ser. Una vez allí, «se le permitió a Pablo vivir en un alojamiento propio con un soldado que lo custodiara». Es decir, lo pusieron bajo arresto domiciliario a la espera de juicio.

Y así estuvo dos años.

> «Permaneció Pablo dos años enteros en el mismo domicilio alquilado, y recibía a todos los que acudían a él. Predicaba el reino de Dios y enseñaba lo referente al señor Jesús, el Mesías, con toda libertad y sin impedimentos» (Hch 28, 30-31).

Y ya está. Aquí acaba el libro. ¿Por qué? No está claro, aunque muchos estudiosos consideran que el autor quiso dejarlo ahí para magnificar su figura, pues explicitar lo que sucedió posteriormente, y su supuesta ejecución, jugaría en su contra. Aunque en realidad parece que lo que se pretendió fue dejar en buen lugar al imperio.

Lo interesante es que a principios del siglo XIX se publicó el que pretendía ser el capítulo 29, el curiosísimo *Manucrito Sonnini*.

La historia es fascinante.

El autor del supuesto hallazgo fue un naturalista francés llamado Charles-Nicolas-Sigisbert Sonnini de Manoncourt (1751-1812), especializado en el estudio de los anfibios. El texto en cuestión se encontró en una traducción al inglés de una obra publicada en 1801 por este señor, titulada *Voyage en Grèce et en Turquie*. Pero, ojo, el ejemplar en cuestión apareció en 1871 en la biblioteca del prestigioso político angloirlandés Sir John Newport (1756-1843), fallecido unos años antes.

En una nota que aparecía al comienzo, firmada por el supuesto editor, se decía que el escueto escrito había sido traducido a finales del siglo XVIII a partir de un manuscrito griego que, aseguraba, había sido descubierto en los archivos de Constantinopla, y que él pudo conocer gracias al sultán Abdoul Hamid I (1725-1789).

El pequeño texto, sin una continuidad clara respecto al abrupto final de Hechos —no explica cómo Pablo consiguió escapar—, comienza con Pablo partiendo desde Roma rumbo a Hispania, adonde tenía pensado viajar desde un tiempo antes —lo comentó en Romanos 15, 24—, con la intención de marchar después hacia Britania, porque «había oído en Fenicia que algunos de los hijos de Israel, en el tiempo del cautiverio asirio, habían escapado por mar a las "islas lejanas", como dijo el profeta, llamadas por los romanos Britania» (v.2; todas las citas proceden de la obra crítica de Edgar J. Goodspeed, E. J. *Strange new gospels*, publicada por la Universidad de Chicago en 1931).

Así, después de una breve pero exitosa campaña misionera por distintos lugares de Hispania, Pablo, junto a unos cuantos seguidores, tras tomar un barco en la región francesa de Armórica (más o menos la actual Bretaña gala), desembarcaron en el puerto de Raphinus, donde fue recibido por multitudes. Y al día siguiente, siempre según este texto, llegó al monte Lud, especialmente importante en la mitología bretona.

Y allí lanzó una profecía:

«He aquí, en los últimos días el Dios de paz morará en las ciudades, y sus habitantes serán contados; y en la séptima cuenta del pueblo, sus ojos serán abiertos, y la gloria de su heredad resplandecerá delante de ellos. Y las naciones subirán a adorar en el monte que da testimonio de la paciencia y longanimidad de un siervo del Señor. Y en los últimos días saldrán nuevas noticias del evangelio de Jerusalén, y los corazones del pueblo se regocijarán, y he aquí, se abrirán fuentes, y no habrá más plaga. En aquellos días habrá guerras y rumores de guerras; y se levantará un rey, y su espada será para la sanidad de las naciones, y su pacificación permanecerá, y la gloria de su reino será un prodigio entre los príncipes (10-12).

Los druidas que allí se congregaron, encantados con la visita, le mostraron a Pablo «sus tiros y ceremonias, que descendían de los judíos que escaparon de la esclavitud en la tierra de Egipto; y el apóstol creyó estas cosas» (13).

La incredulidad de Santo Tomás, Mathias Stomer, c. 1645.

A continuación, tras permanecer tres meses allí, Pablo regresó a las Galias y continuó predicando entre los galos y entre los romanos; para posteriormente partir hacia el monte en el que, según la tradición, Poncio Pilato se precipitó de cabeza, junto al lago de Lucerna, en Suiza.

Pablo extendió sus manos sobre el agua y rezó para que Dios enviase una señal de que, en efecto, Pilato había muerto allí.

> «He aquí que vino un gran terremoto, y la faz de las aguas cambió, y la forma del lago se parecía al Hijo del Hombre colgando en agonía sobre la cruz. Y salió una voz del cielo que decía: "Aun Pilato ha escapado de la ira venidera, porque se lavó las manos delante de la multitud en el derramamiento de sangre del Señor Jesús"» (21-22).

Por último, tras visitar el monte Julio (los Alpes julianos, entre Italia y Austria), donde había dos columnas erigidas por César Augusto, y profetizar que dichas columnas «permanecerán hasta el derramamiento del Espíritu sobre todas las naciones, y el camino no será estorbado de generación en generación» (25), partió de nuevo hacia el este, rumbo a Macedonia y Asia.

Punto final.

Curioso, ¿no? Sí, pero también falso. El supuesto manuscrito original nunca ha sido encontrado, algo bastante indicativo. Además, en el propio texto se pueden encontrar numerosas pistas que evidencian que estamos ante un fraude moderno: por ejemplo, la alusión al suicidio de Pilato, tardía y apócrifa; o a la leyenda del lago de Lucerna, o la más que evidente referencia al séptimo censo británico que se realizó en 1861, o la alusión al lugar en el que se levantaría posteriormente la catedral de San Pablo de Londres, Ludgate Hill, el Monte Lud. Es más, Sonnini, en aquella obra, ni contó nada de esto ni afirmó hacer conocido personalmente al sultán.

Lo cierto es que detrás de este evidente fraude moderno estuvo un movimiento de lo más curioso que se merece unas líneas: el israelismo británico, una extraña creencia nacionalista y pseudohistórica que considera, atención, que el pueblo de Gran Bretaña original estuvo formado por los descendientes directos de las diez tribus perdidas de Israel. Este movimiento, que nunca llegó a ser demasiado importante, se desarrolló en el Reino Unido a partir de 1870

—recuerden, el capítulo 29 apareció en 1871—, aunque también en Estados Unidos, y perduró hasta la década de los años veinte del siglo xx, aunque en la actualidad aún quedan algunos grupúsculos residuales.

Pero no se consideraban judíos, descendientes de la tribu de Judá (que absorbió a la de Benjamín), sino israelitas. De hecho, se mostraron abiertamente antisemitas. ¿Cómo llegaron hasta allí? No lo trabajaron mucho, pero más o menos creían que las diez tribus se terminaron mezclando con los celtas, los escitas, los cimerios y otros pueblos que llegaron hasta las islas.

Sea como fuere, también eran cristianos, aunque anglicanos. Y es ahí donde cobra todo su sentido este espurio capítulo 29 de los Hechos: Pablo fue allí porque sabía que allí vivían las tribus perdidas de Israel. Recuerden que, según algunos pasajes evangélicos, Jesús había dicho que su misión consistía en reunir a aquellas gentes...

Bibliografía

Andrade, G.: *Jesucristo ¡vaya timo!*, Pamplona: Laetoli, 2015.

Arias, J.: *La Magdalena: el último tabú del cristianismo*, Barcelona: Santillana, 2005.

Asimov, I.: *Guía de la Biblia: Nuevo Testamento*, Barcelona: Plaza & Janes, 1990.

Baigent, M., R. Leigh y H. Lincoln: *El enigma sagrado*, Madrid: Ediciones Martínez Roca, 2006a.

Benítez, J. J.: *Jesús de Nazaret: nada es lo que parece*, Barcelona: Planeta, 2010.

Bornkamm, G.: *Pablo de Tarso*, Salamanca: Sígueme, 2018.

Bultmann, R.: *Historia de la tradición sinóptica*, Salamanca: Sígueme, 2000.

Calvo Martínez, J. L. y M. D. Sánchez Romero: *Textos de magia en papiros griegos*, Madrid: Editorial Gredos, 1987.

Carcenac Pujol, C.: *Jesús, 3000 años antes de Cristo: Un faraón llamado Jesús*, Barcelona: Plaza & Janes, 1988.

Crossan, J. D.: *El Jesús de la historia: vida de un campesino judío*, Barcelona: Crítica, 2000.

___ *El nacimiento del cristianismo*, Santander: Sal Terrae, 2002.

Crossan, J. D y J. L. Reed: *Jesús desenterrado*, Barcelona: Crítica, 2007.

Cullmann, O.: *Jesús y los revolucionarios de su tiempo*, Madrid: STVDIVM ediciones, 1973.

Dawkins, R.: *El espejismo de Dios*, Barcelona: Booket, 2009.

De la Vorágine, J.: *La Légende Dorée*, París: Perrin et Cie, libraires-éditeurs, 1910.

De Segovia, J.: *Historias extraños sobre Jesús*, Barcelona: Publicaciones Andamio, 2008.

Duquesne, J.: *Jesús*, Santiago de Chile: Editorial Andrés Bello, 1997.

Eco, H. y C. M. Martini: ¿*En qué creen los que no creen?*, Madrid: Temas de Hoy, 1997.

Ehrman, B. D.: *Simón Pedro, Pablo de Tarso y María Magdalena*, Barcelona: Ares y Mares, 2007.

Eslava Galán, J.: *El catolicismo explicado a las ovejas*, Barcelona: Booket, 2013.

___ *La madre del Cordero*, Barcelona: Booket, 2017.

Faber-Kaiser, A.: *Jesús vivió y murió en Cachemira*, Barcelona: A.T.E., 1976.

Fábrega, Ó.: *Prohibido excavar en este pueblo*, Barcelona: Booket, 2014.

___ *Pongamos que hablo de Jesús*, Barcelona: Booket, 2017.

___ ¿Son reales? Reliquias de Cristo, Barcelona: Ediciones Oblicuas, 2017.

___ *La Magdalena, verdades y mentiras*, Almería: Editorial Guante Blanco, 2018.

Fernández Urresti, M.: *La vida secreta de Jesús de Nazaret*, Madrid: EDAF, 2005.

Gómez Segura, E.: *Hijos de Yahvé, una arqueología de Jesús y Pablo*, Madrid: Dilema, 2021.

James, E. O.: *Introducción a la historia comparada de las religiones*, Madrid: Ediciones Cristiandad, 1973.

Keale, M.: *Historia de las creencias contada por un ateo*, Madrid: Santillana, 2013.

Meier, J. P.: *Un judío marginal: nueva visión del Jesús histórico. Tomo I: Las raíces del problema y la persona*, Estella: Editorial Verbo Divino, 1998.

___ *Un judío marginal: nueva visión del Jesús histórico. Tomo II/1: Juan y Jesús. El reino de Dios*, Estella: Editorial Verbo Divino, 1999.

___ *Un judío marginal: nueva visión del Jesús histórico. Tomo II/2: Los milagros*, Estella: Editorial Verbo Divino, 2000.

___ *Un judío marginal: nueva visión del Jesús histórico. Tomo III: Compañeros y competidores*, Estella: Editorial Verbo Divino, 2003.

___ *Un judío marginal: nueva visión del Jesús histórico. Tomo IV: Ley y amor*, Estella: Editorial Verbo Divino, 2010.

Merz A. y G. Theissen: *El Jesús histórico*, Salamanca: Ediciones Sígueme, 1999.

Montserrat Torrents, J.: *Jesús el galileo armado: historia laica de Jesús*, Madrid: EDAF, 2007.

Nolan, A.: ¿Quién es este hombre? Jesús antes del cristianismo, Maliaño: Sal Terrae, 1981.

Picknett, L. y C. Prince: *La revelación de los templarios*, Madrid: Ediciones Martínez Roca, 2006.

___ *Las máscaras de Cristo*, Madrid: Luciérnaga, 2017.

Picknett, L.: *La verdadera historia de María Magdalena y Jesús; amante, esposa, discípula y sucesora*, Barcelona: Ediciones Robin Books, 2008.

Piñero, A.: *Guía para entender el Nuevo Testamento*, Madrid: Editorial Trotta, 2006.

___ *Jesús, la vida oculta: Según los evangelios rechazados por la Iglesia*, Madrid: Esquilo, 2007.

___ *Los cristianismos derrotados*, Madrid: EDAF, 2007.

___ *Jesús y las mujeres*, Madrid: Aguilar, 2008.

___ *Guía para entender a Pablo de Tarso*, Madrid: Editorial Trotta, 2015.

Piñero, A (editor): *Todos los evangelios*, Madrid: EDAF, 2009.

Piñero, A (editor): *Los libros del Nuevo Testamento, traducción y comentario*, Madrid: Editorial Trotta, 2021.

Puente Ojea, G.: *Elogio del ateísmo: los espejos de una ilusión*, Madrid: Siglo veintiuno, 1995.

___ *El mito de Cristo*, Madrid: Siglo veintiuno, 2000.

Puig, A.: *Un Jesús desconocido*, Barcelona: Ed. Ariel, 2008.

Renan, E.: *Vida de Jesús*, Madrid: EDAF, 1968.

Rodríguez, P.: *Mentiras fundamentales de la Iglesia católica*, Barcelona: Ediciones B, 1997.

Rolland, B. y Christiane Saulnier: *Palestina en tiempos de Jesús*, Estella: Editorial Verbo Divino, 1981.

Rops, D.: *Jesús en su tiempo*, Madrid: Ediciones Palabra, 2004.

Santos Otero, A.: *Los evangelios apócrifos*, Madrid: Biblioteca de Autores Cristianos, 2003.

Smith, M.: *Jesús el mago: las claves mágicas del cristianismo*, Barcelona: Martínez Roca, 1988.

Thiering, B.: *Jesus the Man: Decoding the Real Story of Jesus and Mary Magdalene*, Londres: Ed. Corgi, 2005.